PRÊTRE ET VICTIME

Abbé Paulin GILOTEAUX

PRÊTRE ET VICTIME

L'ABBÉ
LÉOPOLD GILOTEAUX

1886 - 1928

Ouvrage illustré de 14 gravures hors texte

QUATRIÈME MILLE

LIBRAIRIE PIERRE TÉQUI
82, RUE BONAPARTE, 82
PARIS (VIᵉ)

IMPRIMERIE DE MONTLIGEON
LA CHAPELLE-MONTLIGEON
(ORNE)

CHEZ L'AUTEUR :
INSTITUTION SAINT-JEAN
DOUAI (Nord)
1930

(Cliché Bonnaire.)

L'abbé Léonard Diloteaux.

Abbé Paulin GILOTEAUX

PRÊTRE ET VICTIME

L'ABBÉ
LÉOPOLD GILOTEAUX
1886-1928

Ouvrage illustré de 14 gravures hors texte

QUATRIÈME MILLE

LIBRAIRIE PIERRE TÉQUI
82, RUE BONAPARTE, 82
PARIS (VIe)

IMPRIMERIE DE MONTLIGEON
LA CHAPELLE-MONTLIGEON
(ORNE)

CHEZ L'AUTEUR

INSTITUTION SAINT-JEAN
DOUAI (Nord)

1930

AUX AMES SACERDOTALES

POUR LEUR ÉDIFICATION SPIRITUELLE,

DANS L'ESPOIR

DE LEUR PERFECTIONNEMENT SURNATUREL

ET EN VUE DE

L'ACCROISSEMENT DE LA GLOIRE DIVINE

CONFRATERNEL HOMMAGE.

DÉCLARATION

Conformément au décret du Pape Urbain VIII, je déclare que les titres de **Vénérable,** de **Bienheureux,** de **Saint,** appliqués parfois dans le cours de cet ouvrage à des personnes sur lesquelles la sainte Église ne s'est pas encore prononcée, ont simplement une valeur humaine et privée.

De même, dans l'exposé des faits extraordinaires qui sont rapportés, je n'entends pas prévenir le jugement du Souverain Pontife, mais m'y soumettre par avance, sans réserve.

INTRODUCTION

Le 10 avril 1928, s'éteignait à Dancé (Orne), au château de
« la Beuvrière » (1), où il était chapelain depuis 1923, un prêtre âgé
seulement de 41 ans. Sa mémoire, comme celle de tout bon
prêtre, serait sans doute tombée peu à peu dans l'oubli, si ce
serviteur de Dieu n'avait laissé des « notes spirituelles » remarquables par leur élévation surnaturelle, et si sa mort n'avait été
précédée et suivie par certains faits mystiques. Ce prêtre était
mon frère aîné et mon unique frère : l'abbé Léopold Giloteaux.
Le lecteur ne s'étonnera pas, en conséquence, si, au cours des
pages qui vont suivre, j'ai dû parfois me mettre en scène.

*
* *

Doués de tempéraments différents, mais soulevés par des aspirations sacerdotales identiques, nous nous étions toujours, mon
frère et moi, parfaitement entendus, car après la mort de notre
père, survenue au cours de notre plus tendre enfance, notre mère,
malgré la diversité de nos caractères, avait su créer entre nos
âmes une unité morale qui ne fit sans cesse que grandir. Dès
août 1921, à la mort de cette pieuse mère, notre union s'intensifia encore davantage dans le souvenir de celle qui nous avait
légué son esprit de foi, son aimable charité et son amour de la
perfection, si bien qu'à partir de cette date, nous mîmes pour ainsi
dire en commun nos pensées, nos actions et nos souffrances,
pour constituer une sorte de capital surnaturel unique.

Toutefois, malgré cette union constante et ces excellentes
relations fraternelles, nous ne nous étions jamais fait de confi-

---

(1) « La Beuvrière » se trouve dans le diocèse de Séez.

dences intimes, relativement à notre propre vie spirituelle. C'est seulement un mois avant sa mort, que mon aîné m'apprit avoir rédigé, au cours de la longue maladie qui devait petit à petit le conduire au tombeau, des « notes spirituelles » où il avait relaté ses états d'âme. Dès que j'eus connaissance de cette rédaction, je brûlais du désir de la lire. En raison de l'éloignement et des circonstances, il ne me fut donné d'en prendre connaissance que quelques jours avant le départ pour le ciel de ce frère tant aimé, mais au fur et à mesure que j'avançais dans ma lecture, je me rendis compte de la valeur des pensées exprimées et de certains faits exposés.

Avec cette documentation, je sollicitais de mon frère l'autorisation de publier ses écrits après sa mort. Par humilité, mon aîné s'y refusa tout d'abord formellement. Il me fit remarquer que ces notes étaient des secrets d'âme d'un caractère si particulier d'intimité, qu'il était préférable de ne pas les divulguer; que beaucoup de biographies spirituelles, publiées avec un but apparent d'édification, n'étaient en réalité qu'une manifestation de recherche personnelle où se cachait un subtil orgueil, incapable, par conséquent, de produire de véritables fruits surnaturels. Ensuite, il ajouta qu'il était inutile de faire du bruit autour de son nom après sa mort; qu'en raison de sa santé toujours chancelante, il avait sans cesse vécu dans l'humilité, et, en conséquence, qu'il était plus normal de laisser à sa personne le caractère obscur auquel la Providence l'avait réduit pendant sa vie. Mon frère aimait mieux l'ombre que l'éclat du soleil, l'oubli que le renom, le mépris que la gloire. Il entendait descendre silencieusement dans le tombeau et retourner à Dieu dans le secret d'une âme qui avait vécu humble et cachée, en Lui. avec Lui et pour Lui.

Malgré ces observations judicieuses et ces assertions très sincères, je maintins ma demande et je fis observer à mon frère qu'il ne s'agissait pas de sa propre gloire, mais de la gloire divine; que, si la souffrance et l'obscurité avaient été son lot pendant sa vie, l'action surnaturelle et le rayonnement spirituel pouvaient être son fait après sa mort; qu'à l'exemple de sainte Thérèse de Lisieux,

(Cliché Bonnaire.)

Maison natale de l'abbé Léopold Giloteaux, à Fourmies (Nord).

ignorée et inconnue pendant son existence, Dieu l'appellerait peut-être à remplir une mission providentielle, en invitant les âmes à suivre les sentiers qu'il avait lui-même fréquentés, pour les conduire à une éminente perfection.

A l'exposé de ces pensées, mon frère se mit à réfléchir. Peu à peu, la lumière se fit dans son intelligence, et progressivement, après de nouvelles conversations spirituelles, il leva l'interdiction portée antérieurement. Avec l'intime persuasion, cette fois, que ses écrits seraient à même d'éclairer les esprits et d'entraîner principalement les âmes sacerdotales vers les sommets du sacrifice, il me donna toute liberté d'action, surtout si certains faits providentiels m'amenaient à conclure que la publication de ses pages serait susceptible de provoquer un accroissement possible de gloire divine. C'est grâce à cette autorisation et à l'aide des « notes spirituelles » de mon frère que j'ai pu composer ce livre.

*
* *

Peut-être, en prenant connaissance de cet ouvrage, le lecteur se demandera pourquoi je n'ai pas publié les notes de mon aîné, telles qu'elles ont été rédigées par lui, dans leur ordre chronologique. Il me sera facile de lui répondre.

Ces notes, renfermées dans deux modestes carnets et écrites au jour le jour, révèlent sans doute les secrets de l'âme de mon frère, mais ne présentent pas celle-ci d'une manière suffisamment synthétique. Par leur succession rapide, dépourvue de lien logique, elles fragmentent en quelque sorte le principe d'où elles émanent, sans laisser transparaître la splendeur unifiante de son rayonnement surnaturel.

Présentées au public de cette manière, elles auraient eu l'inconvénient, comme tout recueil de pensées, ou de fatiguer le lecteur, ou de ne pas lui faire connaître exactement la source d'où elles jaillissent. Pour ce motif, j'ai pensé préférable d'écarter le procédé analytique, pour faire une sorte de synthèse, utilisant pour les mettre en œuvre les documents fournis.

Ce ne sont donc pas « les notes spirituelles » de mon frère, telles qu'il les a écrites, que je vais présenter au lecteur. Je ne me suis pas davantage attardé à rédiger une sorte de biographie, racontant en détail les principaux faits d'une vie sacerdotale édifiante, mais incapable, à cause de sa simplicité, de retenir longtemps l'attention. Mon intention a été différente. J'ai voulu, en passant en revue les divers aspects de la vie spirituelle de mon frère, fournir une idée exacte de son âme transfigurée sous l'influence de la grâce et magnifiée par la pratique des plus éminentes vertus.

C'est pourquoi, j'ai sérié les notes pour les ranger sous le titre de différents chapitres. Après avoir tracé les grandes lignes de l'existence terrestre de mon aîné et esquissé ses qualités naturelles, j'ai montré son grand désir de perfection, révélé les vertus fondamentales de sa vie spirituelle, décrit son esprit de prière, et situé le centre de sa vie surnaturelle dans l'exercice de la charité divine s'épanouissant dans l'amour du prochain, l'esprit de sacrifice et l'offrande en victime. Pour terminer, j'ai relaté les pensées admirables qui ont fini par caractériser sa physionomie surnaturelle durant ses derniers jours, exposé les faits mystiques qui ont encadré sa mort, et relaté les funérailles qui ont accompagné sa descente au tombeau.

D'où les douze chapitres suivants, intitulés successivement :

I. Dans la vallée de larmes.
II. Les qualités naturelles.
III. Le désir de la perfection.
IV. Les vertus fondamentales.
V. L'esprit de prière.
VI. La charité divine.
VII. L'amour du prochain.
VIII. L'esprit de sacrifice.
IX. L'holocauste.
X. L'épanouissement des vertus.
XI. Les faits mystiques.
XII. Les funérailles.

Ainsi, — le lecteur pourra s'en rendre compte, — comme le

peintre désireux de faire un tableau, après avoir déposé sur sa palette ses couleurs, choisit les différents tons qui doivent lui servir à faire vivre sur la toile le portrait qu'il s'est formé dans l'esprit, j'ai pris dans les « notes spirituelles » de mon frère tout ce qui était susceptible de donner une idée exacte de son âme, pour en dresser une physionomie idéale en même temps que foncièrement véridique.

*
* *

J'ai parlé antérieurement de faits mystiques. Je ne m'attarderai pas à les exposer ici, puisque je leur ai consacré un chapitre. Qu'il me suffise de dire, pour l'instant, que ces phénomènes extra-ordinaires ont eu surtout pour but d'affirmer le rapide passage de l'âme de mon aîné de la terre au ciel, et, en raison de leur caractère particulier, d'attirer l'attention sur son état de perfection surnaturelle. Ce sont ces faits qui ont fini par me donner la conviction que mon frère, longtemps visité par la souffrance et consumé par l'amour de Dieu, était parvenu à un très haut degré d'élévation surnaturelle et que la Providence, dans ses desseins de miséricorde, semblait devoir lui accorder après la mort, une prodigieuse puissance d'intercession, susceptible, par ses effets, d'entraîner les âmes sacerdotales vers les sommets de la sainteté.

Je laisse à mon frère, dans la gloire, le soin de manifester cette puissance; au lecteur, la possibilité de se rendre compte de l'élévation spirituelle de son âme; à la sainte Église, le loisir de s'intéresser à sa cause pour se prononcer sur l'héroïcité de ses vertus, me contentant d'affirmer, en déposant la plume, de n'avoir eu d'autre désir, par la mise en lumière de la physionomie surnaturelle de mon aîné, que de travailler par l'édification des âmes à un plus grand accroissement de la gloire divine.

Daigne Jésus, Prêtre et Victime, bénir ce travail et exaucer mon pieux et vif désir !

« *La Beuvrière* ». *Du 15 juillet au 15 septembre* 1928.

P. G.

CHAPITRE PREMIER

DANS LA VALLÉE DE LARMES

Que n'ont pas dit les philosophes sur la valeur et le sens de la vie? Les uns l'ont critiquée à outrance, affirmant, à cause des douleurs engendrées par elle, qu'elle ne valait pas la peine d'être vécue. D'autres, au contraire, en raison des plaisirs qu'elle procure, l'ont exaltée avec enthousiasme. Toutefois, la véritable idée à s'en faire se trouve dans la notion qu'en donne le christianisme. Pour le chrétien, en effet, l'homme vient de Dieu et s'en retourne à Dieu. L'existence, en conséquence, n'a de valeur qu'en fonction de l'éternité.

Non, la vie ne vaudrait pas la peine d'être vécue, si elle n'était capable de fournir que les joies de ce monde. Les biens d'ici-bas sont trop vains et trop fugitifs pour mériter qu'on s'y arrête et qu'on se donne la peine de les acquérir. « Vanité des vanités, et tout est vanité », disait avec justesse l'*Ecclésiaste*, « sauf aimer Dieu et le servir », ajoutait judicieusement le pieux auteur de l'*Imitation de Jésus-Christ*. Les plaisirs de la terre se brisent comme du cristal ou s'évanouissent comme des ombres, et encore se prolongeraient-ils toute une vie, qu'il faudrait y renoncer à l'heure suprême des cruelles séparations.

Cependant, il serait injuste de médire de la vie. Elle a un prix réel, mais pour le découvrir, il faut l'envisager à la lumière de la foi chrétienne. La vie, en effet, vaut par les avantages qu'elle procure, et, comme elle est capable de fournir un bonheur infini, elle paraît revêtue d'une valeur infinie. En fait, le pessimisme est une doctrine tronquée, fondée sur une conception étroite de la vie. L'optimisme chrétien, au contraire, qui ne prétend pas que tout va pour le mieux dans le meilleur des mondes, mais

1

qui regarde l'existence à la lumière des espérances supra-terrestres et considère notre passage sur la terre comme une épreuve, une ascension pénible, une montée au Calvaire, pour aboutir à la gloire éternelle, fournit réellement le vrai sens de la vie. Qu'on le veuille ou non, l'homme est sur cette terre, non pour jouir, mais pour souffrir, afin de mériter, pour l'autre monde, les joies du paradis.

Dès lors, si la vie a un sens, il faut l'orienter, la conduire et la vivre, avec la préoccupation constante de la sublime idée qui la domine : le ciel. Puisque l'homme est sur la terre en marche vers l'éternel, il ne doit pas s'attacher au passager et au frivole, mais se river à l'immuable et à l'immortel. D'ailleurs, la vie chrétienne est une vie progressive qui se développe, s'augmente, s'intensifie, en proportion des efforts de l'homme et du concours de Dieu. Si elle impose la peine, la lutte, le sacrifice, Jésus de son côté donne la grâce à qui la lui demande; à sa suite, il veut que le chrétien gravisse, comme lui, la montée du Calvaire, afin de mériter les allégresses éternelles.

« *La douleur du Calvaire*
   a été suivie de la joie de la Résurrection (1),
écrivait mon frère, en citant Mme Craven,

   mais la joie de la Résurrection
      doit être suivie maintenant
         de la douleur de la séparation ;
et cette seconde douleur,
      qui est la douleur normale, inévitable,
         la douleur **désirable** *de la vie du chrétien,*
      doit être à son tour adoucie
par l'attente, la promesse et l'espérance calme et certaine,
      achetée pour nos âmes
         par le sang de Jésus-Christ (2). »

---

(1) En écrivant ses notes ou en citant certains auteurs, mon frère avait souvent l'habitude, surtout à la fin de sa vie, de rédiger le texte d'une manière logique, qui donne à sa composition littéraire l'allure d'une poésie non rimée. J'ai respecté cette disposition particulière au texte. En outre, tous les textes cités par mon frère ou écrits par lui, seront toujours transcrits en italique.

(2) Mme Craven, *Une année de méditations* (Résurrection).

Ailleurs, il écrivait encore dans le même esprit et d'après le même auteur :

> « *La vie ne peut jamais être tout à fait heureuse*
> *parce qu'elle n'est pas le ciel,*
> *ni tout à fait malheureuse*
> *parce qu'elle y conduit* (1). »

Puis, quelques pages plus loin il affirmait lui-même :

> « *Le moyen d'être heureux,*
> *c'est d'être généreux !* »

On retrouvera souvent dans les écrits de mon frère cette note dominante : le bonheur se trouve dans l'esprit de sacrifice. Cette pensée, d'ailleurs, est conforme à la doctrine chrétienne, qui se plaît à affirmer que la terre est une « vallée de larmes » au cours de laquelle il faut savoir souffrir en vue de la récompense éternelle : attitude très logique, puisque notre bonheur au ciel sera proportionné à l'état d'élévation surnaturelle dans lequel nous aurons été trouvés à notre mort; plus nous aurons mérité et souffert, plus notre joie sera profonde; plus nous nous serons mortifiés, purifiés, sanctifiés, sur la route de l'exil, plus nous serons exaltés, magnifiés, glorifiés, dans la demeure de notre Père.

Mon frère vivait de ces pensées. Avec ses qualités naturelles, il aurait pu poursuivre ici-bas le bonheur et acquérir par elles, une certaine somme de jouissances; mais à l'éphémère, il préféra l'éternel. Son existence, du reste, à cause du caractère douloureux dont elle fut marquée, n'a été pour lui qu'un long et pénible chemin de croix. Sans se plaindre, sans gémir, heureux de s'immoler pour la gloire de Dieu et le bien des âmes, il l'a suivi généreusement, avec le secret espoir d'atteindre, par lui, les hauteurs éthérées où règne la sainteté.

*
* *

Mon frère naquit le jeudi 22 juillet 1886 à deux heures du matin, dans la maison qui porte le numéro 6 de la rue de la Houppe-du-Bois, à Fourmies (Nord). Il fut baptisé le dimanche

---

(1) Mme Craven, *Une année de méditation*

1er août, en l'église Saint-Pierre de la même ville, et y reçut les
prénoms de Léopold, Henri, Auguste, Sylvestre, en mémoire
de ses père, parrain, grands-pères, maternel et paternel.

Notre père, dans son enfance et son adolescence, avait mani-
festé des velléités de vie sacerdotale, mais ses humanités terminées
au Petit Séminaire de Cambrai, où, au dire de ses condisciples,
il se fit remarquer par son intelligence et sa conduite exemplaire,
il rentra dans le monde. Au cours de son service militaire, effectué en Cochinchine Française, il contracta une maladie de foie
qui devait le ravir très tôt à l'affection des siens. De retour en
France, il épousa à Fourmies, son pays d'origine, la sœur de l'un
de ses anciens condisciples de séminaire. Après neuf ans de mariage, il mourut le 22 mai 1893, à l'âge de 36 ans, laissant une veuve
et deux jeunes garçons, âgés respectivement de six et quatre ans.

Notre mère, de son côté, petite de taille, fine d'esprit, aimable
mais ferme de caractère, ne fut pas beaucoup mieux favorisée
au point de vue de la santé. Restée veuve assez jeune, avec la
charge d'élever deux enfants, elle eut à supporter de longues
et pénibles épreuves, mais sa foi la soutint, et son plus grand
bonheur fut de conduire ses fils au sacerdoce pour les offrir
successivement à Dieu.

De l'union de notre père et de notre mère, contractée en 1884,
naquit en 1885 une fille qui reçut au baptême le nom de Lucienne.
Six mois après sa naissance, elle quittait la terre pour aller chanter
au ciel l'hosanna éternel. Notre père fit graver sur sa tombe cette
inscription chrétienne : « Les anges ne se plaisent pas sur la terre ».

Léopold, deuxième enfant de la famille, révéla très tôt les
marques d'une intelligence éveillée, ouverte aux pensées de la
foi et aux aspirations vers l'idéal. Du reste, le milieu chrétien dans
lequel il vivait donna rapidement à son âme une orientation
vers la piété.

Un de ses oncles, clerc de la sainte Église, au cours de la maladie qui devait le conduire au tombeau, le fit venir, tout jeune
enfant, près de son lit de souffrances et lui dit :

« — Petit, sais-tu ce que le Bon Dieu attend de toi ? »

Avec de grands yeux étonnés, l'enfant répondit timidement
sans comprendre la question qui lui était posée :

« — Non, mon oncle. »

Le malade lui dit alors avec solennité :

« — Que tu deviennes un saint ! »

L'enfant ne saisit pas sans doute l'étendue de la réponse fournie, mais elle demeura gravée dans sa mémoire, en attendant
sa réalisation pour ainsi dire prophétisée.

Puis, peu à peu, Léopold grandit. Il fréquenta l'asile des
religieuses de Sainte-Thérèse d'Avesnes, qui avaient ouvert
une école à Fourmies, et l'école primaire communale où bientôt
il donna les signes d'une intelligence remarquable, en prenant
la tête de sa classe, qu'il ne devait plus jamais quitter au cours
de ses études.

A l'âge de dix ans, il fut atteint d'une affection pulmonaire
dont il ne guérit pas entièrement et qui devint le point de départ
de sa longue et redoutable maladie.

Au cours de sa onzième année, il subit avec succès les épreuves
du certificat d'études primaires, où il obtint la plus haute récompense accordée aux concurrents de tout le canton, appelée à cette
époque : premier prix départemental. Trois semaines auparavant,
il avait fait sa première communion en l'église Saint-Pierre de
Fourmies, sa paroisse, où avec la même facilité il s'était classé
premier parmi les enfants qui fréquentaient le catéchisme.

Léopold reçut son Dieu, pour la première fois, avec une grande
piété. Son attitude recueillie fit impression autour de lui. Comme
il tenait la tête du catéchisme, il eut à réciter, au nom de ses petits
compagnons, à la cérémonie des Vêpres, l'acte de rénovation
des vœux du baptême, et il le fit avec une piété particulièrement
édifiante. Une de nos cousines, après avoir appris sa mort, me
rappela ces faits dans sa lettre de condoléances. Elle m'écrivait :
« Je n'ai jamais oublié le jour de sa première communion, où il
me donna l'impression d'un chérubin descendu du ciel pour
quelques heures, afin de glorifier le Dieu de la sainte Eucharistie ! » Comme elle, ceux qui ont assisté aux diverses cérémonies
de cette fête ont gardé le fidèle souvenir de la pieuse impression
produite par l'enfant autour de lui, en ce beau jour.

Léopold, après avoir fait sa première communion le dimanche 30 mai 1897, fut confirmé le jeudi 3 juin de la même
année, par Mgr Monnier, évêque de Lydda, auxiliaire de
Mgr Sonnois, archevêque de Cambrai.

Les succès intellectuels précoces de mon frère pouvaient permettre les plus belles espérances. Ses études primaires terminées, Léopold entra à l'Institution Saint-Pierre de Fourmies, où s'affirma à nouveau la supériorité de son intelligence et où se traduisirent extérieurement les premières manifestations de sa vocation sacerdotale. C'est parce que l'enfant se savait admirablement doué au point de vue intellectuel, qu'il exprima le désir de se consacrer à Dieu, avec la pieuse intention de mettre au service de Celui qui la lui avait donnée, l'intelligence remarquable qui lui valait tant de succès.

L'étude du latin et du grec ne fit qu'affiner cette faculté qui se frayait si facilement une voie dans tous les domaines du savoir. Bientôt, cependant, l'épreuve allait venir. Dès l'âge de 14 ans, les forces physiques de l'enfant le trahirent. Au cours de sa classe de troisième, il fut obligé d'interrompre ses études, mais après quelques mois de repos, — les études secondaires, à cette époque, n'allaient pas au delà de la classe de troisième à l'Institution Saint-Pierre de Fourmies, — il entra au Petit Séminaire de Cambrai, où il acheva ses humanités, couronnées par le grade de bachelier en Lettres-Philosophie.

Comme Léopold ne donnait pas encore à cette période de sa vie, les marques d'une santé robuste, ses supérieurs ecclésiastiques ne crurent pas pouvoir lui permettre d'entrer au Séminaire Académique des Facultés Catholiques de Lille, où il aurait eu la facilité de préparer une licence. Dans ces circonstances, le jeune bachelier suivit simplement, pendant un an, les cours du Séminaire de Philosophie Scolastique de Cambrai.

On était arrivé au temps des lois de persécution contre l'Église. Jusque-là, les élèves ecclésiastiques, déjà soumis au service militaire, n'étaient tenus à fournir qu'une année de présence à la caserne, au lieu de trois. Comme cette dispense, en raison de la préparation des lois de persécution en perspective, allait être bientôt abrogée, Léopold devança l'appel; la vie militaire, au lieu de raffermir sa santé, lui fut funeste.

Pendant son année de service, en effet, il fut attaché à un bataillon du 84e Régiment d'Infanterie, qui se tenait en garnison dans la ville du Quesnoy (Nord), et, comme durant ce laps de temps, une grève de mineurs avait éclaté dans le Douaisis, il y fut envoyé avec sa compagnie, car on avait sollicité le concours de l'armée pour le maintien de l'ordre. Au cours de son séjour aux grèves, Léopold, délicat de santé, fut exposé à toutes les intempéries. Il prit froid, et bientôt des hémoptisies se manifestèrent. Le jeune homme, sans connaître la gravité du mal, termina vaille que vaille son année de service militaire, et récupéra ensuite sa liberté.

L'administration diocésaine, dans l'espoir de raffermir les forces du jeune séminariste, l'envoya à l'École d'agriculture de Genech (Nord), pour y prendre le diplôme d'ingénieur agronome, utile aux aumôniers agricoles, dont l'archevêché avait décidé la création en vue de faciliter l'évangélisation des campagnes. Mais après un mois de séjour dans cette maison, le jeune abbé fut dirigé vers le Séminaire Académique de Lille, avec mission d'y préparer une licence en Sciences Naturelles. En raison de ce contretemps, Léopold arriva après l'ouverture des cours de la Faculté, et comme ses confrères séminaristes étaient entrés avant lui, on lui attribua au Séminaire Académique, la dernière chambre disponible, c'est-à-dire la plus froide, ce qui ne devait pas améliorer son état de santé. De fait, les hémoptisies, qui s'étaient à nouveau manifestées à l'École d'agriculture de Genech, reprirent de plus belle. Dans l'impossibilité de poursuivre ses études, le jeune étudiant dut rentrer à la maison maternelle. Sa vie parut un moment en danger. Pendant un an et demi, Léopold resta dans l'inaction, loin des études qu'il affectionnait pourtant si ardemment. Après ce laps de temps, comme ses forces étaient un peu revenues, il songea à atteindre le plus rapidement possible le Sacerdoce.

Au lieu de retourner au Séminaire Académique de Lille, Léopold entra au Grand Séminaire de Saint-Saulve, situé à la campagne. Dès son arrivée, le médecin de l'établissement l'ausculta et dit à ses maîtres : « Laissez-le commencer l'année; hélas ! il ne pourra la finir ! » Malgré ce pronostic pessimiste, à force de soins et de précautions, le jeune lévite put se maintenir dans un état de santé relativement suffisant pour gravir successivement tous les degrés du sanctuaire.

Toutefois, au moment du Sous-Diaconat, certaines hésitations se manifestèrent. L'aspirant au sacerdoce ne ressentait aucun goût pour le ministère paroissial; il avait résolu dans sa jeunesse de se consacrer à Dieu pour mettre au service du Seigneur sa belle intelligence, et il n'entrevoyait pas dans la vie du clergé séculier le moyen immédiat de réaliser son pieux désir. C'est pourquoi, avant de faire le pas décisif qui allait le consacrer à Dieu et l'attacher définitivement au diocèse de Cambrai, il se demanda s'il ne serait pas mieux pour lui d'entrer dans la vie religieuse et d'aller prendre place dans les rangs des fils de saint Benoît. Mais sa santé toujours précaire s'opposait à toute réalisation de vie religieuse. Alors, le directeur spirituel du jeune lévite lui prêcha l'abandon à la Providence divine et l'invita, en raison des dispositions surnaturelles qu'il accusait, à faire le pas décisif.

Éclairé par les événements et rassuré par son directeur, Léopold fit cette fois, sans hésitation et avec intrépidité, le pas du Sous-Diaconat. La générosité fut toujours une des notes de sa vie spirituelle. Après avoir désiré se donner à Dieu dans sa jeunesse, il allait pouvoir renoncer officiellement au monde et s'attacher pour toujours au Seigneur. Un an après, il était prêtre.

C'est avec une grande ferveur qu'il reçut l'onction sacerdotale, dans la chapelle du Grand Séminaire de Saint-Saulve, le dimanche 11 juillet 1911, et célébra solennellement sa Messe de prémices, dans l'église Saint-Pierre de Fourmies, le 16 du même mois. Les parents et amis qui ont assisté à ces deux cérémonies ont conservé le souvenir de l'impression édifiante donnée alors par le jeune prêtre. Une sorte d'irradiation surnaturelle semblait sortir de son visage; on le sentait profondément possédé par la grâce, et lorsqu'on le voyait s'avancer vers l'autel, on avait l'impression que c'était plus un ange qu'un homme qui allait célébrer les saints mystères.

Après les joies de l'ordination sacerdotale et de la première messe, se présenta la perspective du ministère. L'administration diocésaine confia au jeune prêtre le poste de second vicaire de la paroisse de Notre-Dame de l'Assomption du Quesnoy (Nord), dans lequel il avait à s'occuper du catéchisme et du patronage des garçons, ainsi que du cercle militaire des soldats attachés à la garnison. Ce poste lui avait été donné comme poste de repos, mais le jeune vicaire ne compta pas avec son zèle. Il se dépensa avec ardeur auprès des enfants, dont il gagna rapidement l'affection, et des soldats qui, chaque jour, réclamaient son ministère très tardivement dans la soirée. De plus, il résolut d'étendre son influence aux jeunes gens qui suivaient les cours du collège. A cet effet, il les réunissait le soir, après la classe, pour leur parler apologétique et spiritualité. Bientôt, de cette manière, l'apostolat du jeune prêtre se développa en étendue et en profondeur.

En 1914, la guerre éclata. Léopold, en raison des hémoptisies violentes qui avaient accompagné et suivi son service militaire, s'était présenté en 1905 devant un conseil de réforme qui le libéra définitivement de toute obligation envers la Patrie. En conséquence, au moment de la mobilisation, le jeune prêtre, toujours fragile de santé, resta au Quesnoy, où il allait avoir à déployer son zèle au milieu d'une population attristée par les douleurs de l'occupation étrangère.

Les quatre années de guerre, au cours desquelles la restriction alimentaire se fit terriblement sentir dans les régions envahies, ne furent pas sans exercer une influence déprimante sur le tempérament débilité de l'abbé Léopold. En outre, aux privations de nourriture, vinrent s'adjoindre de redoutables inquiétudes morales, car les armées occupantes, après la conquête de la Belgique, au cours de laquelle le clergé catholique s'était montré ardemment patriote, tenaient les prêtres en suspicion. A la moindre incartade, les prêtres étaient arrêtés, emprisonnés en France ou emmenés en Allemagne. Mon frère n'eut pas à subir la prison, mais il fut un jour souffleté par un officier allemand, qu'il avait refusé de saluer, et condamné à une forte amende, que la population du Quesnoy, par sympathie pour son vicaire, s'empressa immédiatement de couvrir et de solder.

Dès le début de la guerre, le jeune prêtre, dont l'intelligence s'adaptait immédiatement à tout genre de travail, s'était mis sans tarder à l'étude de la langue allemande, connaissance qui lui fut très utile au cours de l'occupation; puis, comme certains jeunes gens étaient sans maître, il se fit tour à tour leur professeur de latin, de grec et de philosophie, si bien que ces élèves, remarquables d'ailleurs pour la plupart par leur intelligence, purent affronter sans crainte, au cours et à la fin de la guerre, les épreuves du baccalauréat. Ces jeunes gens ne manquèrent pas d'attribuer leur succès aux leçons claires et précises de leur professeur improvisé.

La ville du Quesnoy n'eut guère à souffrir des opérations militaires pendant la guerre, mais elle eut à subir un peu avant l'armistice, au moment de la retraite des Allemands, les dangers du bombardement. C'est à ce moment surtout que l'abbé Léopold donna des preuves de sa valeur et de son caractère. Malgré de multiples périls, il remplit comme son confrère, avec une ponctualité remarquable, les devoirs de sa charge, portant aux contagieux soignés dans les hôpitaux les secours de la religion, et visitant les habitants réfugiés dans les caves, afin de maintenir leur moral, dans l'attente d'une prochaine libération.

Sous le bombardement qui dura près de trois semaines, les derniers devoirs à rendre aux morts n'étaient pas sans présenter de véritables dangers. D'ordinaire, au moment du convoi suprême, le défunt était accompagné seulement par le prêtre et les agents des pompes funèbres. Le dévoué vicaire s'acquitta de ses fonctions avec un sang-froid remarquable et un souverain mépris de la mort.

Lorsque les inhumations se faisaient encore *extra muros*, dans un cimetière proche d'un magasin de ravitaillement particulièrement visé par l'ennemi, l'abbé Léopold fut maintes fois obligé de s'abriter, à plat ventre, derrière les monuments funéraires, pour se protéger des éclats d'obus; puis, vers la fin du bombardement, alors qu'on n'enterrait plus qu'à l'intérieur des remparts de l'ancienne petite ville fortifiée, un jour, au cours d'un convoi funèbre, trois schrapnels éclatèrent non loin de lui, mais heureusement sans le blesser. Malgré la situation tragique et l'éventualité d'une mort possible, le courageux ecclésiastique n'en continua pas moins sur le parcours du convoi, à chanter avec sérénité le *Miserere*, à la grande admiration des habitants qui, réfugiés dans leurs caves, assistaient derrière leurs soupiraux, au défilé du lugubre cortège. Le jour du dernier enterrement, effectué dans de pareilles conditions, le bombardement fut encore plus intense. Lorsque les employés des pompes funèbres eurent descendu le défunt dans la fosse, ils se retirèrent en hâte; le prêtre consciencieux, sans s'inquiéter du danger, resta seul afin de réciter les dernières prières.

Cette attitude énergique fit impression dans la population. Après les hostilités, une pétition fut faite par certains habitants du Quesnoy en faveur des deux vicaires de la paroisse, qui, à quelque temps de là, en récompense de leur conduite admirable pendant la guerre, reçurent la médaille attribuée aux braves qui se sont fait remarquer « pour actes de courage et de dévouement ».

L'abbé Léopold, on le sait, était chargé, par ses fonctions de vicaire, du catéchisme des jeunes garçons. Au cours des hostilités, comme les loisirs des enfants étaient plus nombreux, le prêtre ardent en profita, non seulement pour exposer à ses catéchistes les éléments de la doctrine chrétienne, mais aussi pour les initier à la prière et à l'oraison; chaque matin, exercice difficile pour des enfants de cet âge, il leur faisait faire un quart d'heure de méditation !

Cette pieuse initiative, ainsi que les fonctions de professeur remplies bénévolement pendant la guerre, attirèrent sur le prêtre dévoué l'attention de l'autorité ecclésiastique. Celle-ci, en effet, après avoir appris ce double fait, proposa à l'abbé Léopold un changement de situation dans l'apostolat. Après pourparlers, il fut décidé que mon frère passerait du ministère paroissial dans le professorat, qui répondait mieux à ses aptitudes et à son attrait personnel. Léopold reçut donc, durant les vacances de 1918, une nomination de professeur au Séminaire de Saint-Saulve, où les cadres, en raison de la guerre, étaient à réorganiser; mais, comme à cette époque les événements militaires se précipitaient et que la retraite des troupes allemandes s'accentuait, le nouveau professeur reçut l'ordre de rester momentanément à son poste de vicaire.

L'armistice arriva, et avec lui la réunion des membres des familles dispersées pendant la guerre. L'abbé Léopold, après quatre années de séparation d'avec les siens, vint retrouver notre mère réfugiée à Tours, où il me rencontra au cours d'une de mes permissions militaires. Il regagna le Nord vers la fin de janvier 1919 et reçut définitivement sa nomination de professeur au début de mars de la même année.

C'est à partir de ce moment que l'abbé Léopold, sentant de plus en plus la nécessité d'une vie intérieure intense, sollicita son admission dans la Société des Prêtres de Saint-François de Sales. Cette pieuse association, fondée en 1876 par M. le chanoine Henri Chaumont, lui procura aide et réconfort. Elle a pour but, en effet, de fournir aux prêtres du clergé séculier des moyens pratiques de sanctification personnelle, de placer leur vie sacer-dotale sous la protection et à l'école d'un saint très aimable et en même temps doué des plus solides vertus, de procurer à ses membres la facilité de s'aider mutuellement de leurs prières, de leurs études et de leurs observations respectives, et enfin de les perfectionner dans l'exercice du ministère et de la direction des âmes. Sous l'influence de cette Société, l'abbé Léopold prit un nouvel essor vers la sainteté.

Au Séminaire de Saint-Saulve, son grand bonheur, au début de son ministère dans ce milieu religieux, fut de faire la méditation aux élèves, ce qui lui permettait d'exercer sur les âmes des sémi-naristes une profonde influence. Mais bientôt ses forces à nouveau le trahirent. Le prêtre ardent dut abandonner ce pieux exercice et se contenter de donner simplement ses cours, dans lesquels il remplissait avec ponctualité ses devoirs d'état. Cette fonction devint elle-même trop lourde pour son état de santé ébranlé par la guerre. Après deux années et demie de professorat, mon frère fut obligé de prendre une année de repos, qu'il passa à Vichy et en Dordogne, car le climat du Nord était devenu trop rude pour ses poumons affaiblis.

L'inaction cependant lui pesait. Dans l'impossibilité de repren-dre du service dans le diocèse de Cambrai, Léopold choisit une région tempérée et résolut de solliciter un poste de chapelain. C'est ainsi que la Providence le conduisit dans l'Orne, à Dancé, au château de « la Beuvrière », chez Mme la Comtesse de Maleissye, qui l'accueillit avec bonté. Il y arriva au début du mois d'octobre de l'année 1923.

L'abbé Léopold, transplanté dans un nouveau milieu, s'y adapta immédiatement. Avec prudence et circonspection, il s'ingénia à élever de plus en plus vers Dieu les âmes auprès desquelles il vivait. Bientôt son influence s'étendit à l'entour. Son grand bonheur, chaque année, au temps de Pâques, était de faire rentrer les brebis égarées au bercail de Notre-Seigneur.

Dans l'Orne, la santé du prêtre souffrant parut un moment devoir se raffermir. Au printemps de 1924, l'abbé Léopold fit aussi un séjour en Bretagne, au château de « Kervihan », chez M. et Mme Émile Sageret-Guyot d'Asnières de Salins, où sa vie intérieure, sous l'influence de grâces précieuses d'oraison contemplative, s'éleva de plus en plus.

De retour à « la Beuvrière », le dévoué chapelain fut atteint quelques mois plus tard d'une congestion pulmonaire qui faillit le conduire au tombeau, mais dont il fut miraculeusement guéri, au cours d'une neuvaine faite en l'honneur de Sa Sainteté Pie X, par l'intercession du saint pontife.

La sanctification dans les moindres actions marqua les années 1925 et 1926; puis, en janvier 1927, une nouvelle congestion pulmonaire se déclara, faisant cette fois de très profonds ravages.

A partir de cette date, la terrible maladie dont mon frère était atteint fit de rapides progrès. L'abbé Léopold, cependant, sur l'avis des médecins, fut encore obligé de subir à Chartres, au mois de septembre de la même année, une intervention chirurgicale, dont les conséquences immédiates furent heureuses. Mais bientôt le mal redoubla d'intensité.

Jusque-là, le dévoué chapelain remplissait toujours ses fonctions. Dans le courant de janvier 1928, il dut s'aliter pour ne plus célébrer les saints mystères que par intermittence, aux jours où il avait la force de se lever. L'abbé Léopold dit la messe pour la dernière fois le 24 février 1928. A la fin de cette messe, complètement épuisé, il fit un effort suprême pour se redresser et donner à l'autel sa dernière bénédiction. A partir de ce moment, ses forces s'affaiblirent de plus en plus, sa capacité respiratoire diminua progressivement, sa maigreur devint extrême. Devant la perspective d'une mort prochaine, le pieux ecclésiastique reçut le sacrement de l'Extrême-Onction le 9 mars. Puis, après quatre semaines d'atroces souffrances, au cours desquelles il se prépara saintement à quitter la terre, l'abbé Léopold rendit sa belle âme à Dieu, dans la matinée du mardi de Pâques, le 10 avril 1928. Il n'avait pas 42 ans.

*
* *

Telle est brièvement esquissée l'existence terrestre de mon frère : existence bien modeste qui ne semble pas devoir retenir très longtemps l'attention ni permettre de crier à l'héroïcité ou à la sainteté. Et cependant, qu'on ne s'y trompe pas. La perfection surnaturelle, pour sa réalisation, ne demande pas des choses extraordinaires. Malheureusement, bien des hagiographes ont faussé sur ce point, la mentalité populaire, en faisant croire que pour parvenir à la sainteté il fallait nécessairement avoir des visions ou posséder le pouvoir de faire des miracles. C'est une erreur. La sainteté est un état surnaturel qui se réalise à l'intime de l'âme et qui peut passer inaperçu de l'entourage. Sainte Thérèse de Lisieux en est un mémorable exemple. Pendant sa vie, les religieuses qui vivaient auprès d'elle ne se rendaient pas compte de l'état d'élévation de sa vie spirituelle. Seules, ses sœurs, avec leur affection et leur perspicacité, parvinrent à découvrir son éminente sainteté.

Il en est de même, pourrait-on dire, pour mon frère, dont l'humilité s'ingéniait à dissimuler l'héroïcité de ses vertus. Il fallait avoir pénétré dans son intimité pour s'apercevoir du degré de perfection auquel il était parvenu. Du reste, devant sa vie qui aurait pu être brillante, mais qui fut entravée par une série d'épreuves de plus en plus accablantes, on reste quelque peu interdit et l'on se plaît à songer à l'insondable mystère des desseins de Dieu.

La Providence, en effet, dans sa libéralité, avait donné à mon frère une intelligence remarquable, susceptible de produire des fruits abondants et merveilleux; mais, à cause d'une santé de plus en plus chancelante, mon aîné ne put réaliser ce qu'il avait ambitionné dans sa jeunesse. Toutefois, si par la maladie Dieu ne lui permit pas d'étendre son intelligence dans les diverses branches du savoir humain et des sciences ecclésiastiques, il lui révéla, par la souffrance, une connaissance supérieure à toutes les autres, celle de Jésus, et de Jésus-Crucifié.

Par ailleurs, l'abbé Léopold, à cause du feu intérieur qui le dévorait, aurait voulu se dépenser sans compter dans l'exercice d'un zèle intensif. Mais toujours pour le même motif, il lui fut impossible de se répandre dans un apostolat très actif. Cependant, ici encore, si Dieu ne lui laissa pas la possibilité de faire rayonner sa vie spirituelle au grand jour, il lui accorda un autre genre d'apostolat : l'apostolat par la prière et par la souffrance, peut-être plus obscur et plus pénible que l'apostolat par l'action, mais plus générateur de gloire pour la Sainte Trinité et de salut pour les âmes.

Dès lors, ce qui paraît à première vue une double contradiction n'est, au contraire, qu'une manifestation d'un plus grand amour de Dieu pour celui qui désirait le servir avec tout son esprit et tout son cœur.

Du reste, pour arriver à ses fins, Dieu s'y prit selon son habitude. Il retira petit à petit du monde son prêtre, le sépara des études littéraires et profanes, qui auraient pu être un obstacle à son avancement spirituel, paralysa son action extérieure et le conduisit dans la solitude, afin de lui révéler les trésors cachés que renferme la souffrance, et faire jaillir de son âme le véritable esprit de prière et de sacrifice.

C'est ainsi que mon frère, qui, comme sainte Thérèse de Lisieux, aurait pu briller dans le monde, passa inaperçu sur cette terre. De même que Dieu attira la charmante enfant dans un Carmel pour lui découvrir les secrets de l'enfance spirituelle qu'elle aurait mission de prêcher au monde, ainsi il conduisit son fidèle serviteur dans le recueillement et le silence pour l'initier au merveilleux mystère de la fécondité de la souffrance chrétiennement acceptée, et l'inviter ensuite, par ses écrits, à s'en faire le héraut après sa mort. C'est dans ce repos forcé, en Normandie, en effet, que Dieu attendait mon frère pour lui parler intimement au cœur; c'est là aussi que ce prêtre ardent, en compagnie de la douleur, intensifia sa vie surnaturelle et s'efforça de gravir avec rapidité et générosité la montagne de la sainteté.

(Cliché Bonnaire.)

L'abbé Léopold Giloteaux, enfant, et sa mère.

CHAPITRE II

LES QUALITÉS NATURELLES

La perfection pour un être est l'état dans lequel il se trouve lorsqu'il est parvenu à sa fin. Tout vivant, en effet, naît, grandit et tend à l'épanouissement complet de sa nature. Il n'est parfait qu'au jour où il a atteint son plein développement. L'homme n'est vraiment homme qu'au moment de sa maturité.

Cette notion philosophique de la perfection nous permet de comprendre en quoi consiste la sainteté, car il existe pour l'homme deux sortes de perfection : la perfection naturelle et la perfection surnaturelle. La perfection naturelle est celle qui correspond à sa nature d'homme et qui exige l'épanouissement de toutes ses puissances : corps, intelligence, cœur, volonté. La perfection surnaturelle, ou sainteté, est celle qui se rapporte à sa nature élevée, par la libéralité divine, à l'ordre surnaturel. Outre la vie naturelle, en effet, l'homme possède la vie surnaturelle, qui l'introduit dans l'intimité divine et le fait participer à la vie même de Dieu. Il n'est parfait, sous cet aspect, qu'au jour où il est parvenu à la plénitude de cette vie surnaturelle : plénitude relative, — car elle n'est absolue qu'en Dieu, — plénitude réelle, cependant, car l'Écriture exige que nous soyons saints comme Dieu est saint, et parfaits comme notre Père céleste est parfait. « Soyez saints comme je suis saint », disait Dieu par la plume de l'Auteur inspiré. « Soyez parfaits comme votre Père céleste est parfait », ajoutait Jésus dans l'Évangile. Dès lors, en face de ces considérations, il semble bien qu'il soit permis de définir la sainteté : la plénitude en l'homme de la vie surnaturelle.

Mais cette plénitude, — on le comprend, — comme elle exige l'épanouissement complet de la vie de la grâce, réclame la collaboration de tous les facteurs de vie surnaturelle; elle implique, en conséquence, le développement de la grâce habituelle ou sanctifiante, l'apport continuel de grâces actuelles, l'acquisition, l'exercice et l'épanouissement des vertus infuses, l'effusion totale des dons du Saint-Esprit.

Toutefois, si la sainteté consiste dans la plénitude de la vie de la grâce, on aurait tort de s'imaginer que l'homme puisse l'atteindre sans le concours de ses facultés naturelles. Il n'y a pas d'opposition entre la nature et la grâce; au contraire, elles se complètent, se coordonnent et s'harmonisent pour s'épanouir dans l'amour de Dieu. La grâce, en effet, s'adapte à la nature; les vertus surnaturelles infuses se greffent sur les vertus naturelles; les dons du Saint-Esprit s'emparent de nos facultés pour les surélever, les surnaturaliser et parvenir, en quelque sorte, à les diviniser.

En conséquence, ce serait une erreur de mépriser les qualités naturelles que Dieu nous a octroyées. Il faut, au contraire, les développer, pour leur permettre de fournir de nombreux fruits. Plus un homme est parfait au point de vue humain, plus il est susceptible d'avoir autour de lui une profonde influence; plus il est doué au point de vue physique, intellectuel et moral, plus il a chance d'obtenir, sous l'influence et avec le concours de la grâce, un rayonnement surnaturel intensif.

C'est pourquoi, au cours de ce chapitre, loin de laisser dans l'ombre les qualités naturelles départies par la Providence à mon frère, je m'efforcerai de les mettre en valeur pour reconnaître la libéralité de Dieu à son égard et voir ensuite de quelle manière, celui qui en était le bénéficiaire les mit généreusement au service du Très-Haut.

*
* *

De prime abord, on peut l'affirmer sans exagération, mon frère était supérieurement doué au point de vue humain. Il n'y a aucun orgueil à proclamer le fait, puisque tout ce que nous possédons vient de Dieu et que reconnaître ses bienfaits n'est pas témérité prétentieuse, mais action de grâces. L'humilité, d'ailleurs, au dire des Maîtres de la vie spirituelle, c'est la vérité. En conséquence, il est logique de constater les dons accordés par Dieu pour faire remonter vers Lui toute gloire. Aussi, les pages qui vont suivre, loin d'être une sorte d'exaltation vaniteuse à l'égard de mon frère, ne seront qu'un hymne de reconnaissance envers la Providence divine.

Même au point de vue physique, on est autorisé à dire que Léopold avait été favorisé au moment de sa naissance. Il possédait une constitution robuste qui lui permit de lutter plus de vingt ans contre une maladie implacable, dont la science n'a pu encore avoir raison. Cette résistance se manifestait surtout à chaque nouvel assaut du mal. A la moindre alerte, le tempérament entrait en lutte, et bientôt, après l'attaque, le malade entrait rapidement en convalescence. En réalité, mon frère n'a été vaincu que par la durée du combat et les accidents qui se sont multipliés pendant les dernières années de sa vie. Du reste, si la santé de Léopold a été délicate au cours de son existence, c'est en raison de la pleurésie qu'il contracta au seuil de son adolescence et dont il ne guérit jamais entièrement; les premières hémoptisies qui apparurent durant son service militaire n'étaient que les manifestations du mal qui le minait depuis cette date et devait petit à petit le conduire au tombeau.

Au surplus, la constitution physique de Léopold paraissait solidement assise. Il suffit de considérer les photographies qu le représentent pour s'en rendre compte. Dans sa jeunesse, c'était un bel enfant, bien planté, aimable et agréable, qui attirait les regards et semblait jouir d'une excellente santé. Son portrait qui le montre auprès de notre mère, peu de temps après sa première communion, le prouve. Que de compliments n'a pas reçus cette mère pour la grâce et la distinction de son fils aîné ! Les succès intellectuels de l'enfant le faisaient considérer comme un prodige, et volontiers on s'intéressait déjà à son avenir. Lorsqu'on apprit qu'il avait l'intention de se diriger vers le sacerdoce, certains en furent surpris et même chagrinés.

« — Quel dommage, dit une dame à notre mère, de faire un prêtre d'un si bel enfant ! Il obtiendrait tant de succès dans le monde !

— Mais, Madame, lui répondit aussitôt notre mère avec sa foi, ne doit-on pas donner à Dieu ce que nous avons de meilleur ?

Il n'y a rien de trop beau pour Lui. Je suis heureuse de Lui consacrer mon fils ! »

Lorsque Léopold fut arrivé au terme de sa croissance, il donna l'impression d'un homme solidement charpenté. Il était assez grand de taille (1 m. 72), avait la tête droite, les épaules larges, le corps svelte et élancé, ce qui donnait à son maintien une allure à la fois ferme et distinguée. En outre, il avait le front haut et large, les yeux grands et clairs, le nez droit et assez allongé, les traits fins, le menton énergique mais arrondi aux angles, les oreilles petites et dégagées, la bouche un peu plissée mais souriante, laissant apercevoir lorsqu'elle s'entr'ouvrait deux magnifiques rangées de dents, la chevelure noire et abondante, légèrement frisée et divisée en trois parties par deux lignes symétriques, placées de chaque côté de la tête. L'ensemble de la physionomie était doux et agréable; il faisait pressentir, avec beaucoup de distinction, une grande bienveillance, faite de bonté et d'onction, unie en même temps à une grande fermeté.

La photographie qui représente l'abbé Léopold à l'âge de 25 ans, quelque temps après son ordination sacerdotale, permet de découvrir ces caractères. Toutefois, celle qui se trouve en tête de cet ouvrage, et qui fut prise alors que mon aîné avait à peine 40 ans (1), donne plus exactement l'impression qu'il produisait lorsqu'on se trouvait pour la première fois en sa présence.

Dans cette photographie, on le voit de face. Le front haut et large, entièrement découvert, fait pressentir, avec un cerveau harmonieusement développé, une grande puissance de pensée et de réflexion. Les yeux profonds et doux révèlent la pénétration psychologique dont il était doué et le charme fascinateur qu'il exerçait parfois à son insu. Le nez droit accuse une rectitude de conscience et de jugement dont il faisait preuve, surtout dans la direction des âmes. La bouche un peu amère, mais souriante, dénote l'intimité avec la souffrance généreusement acceptée. Le menton ferme et arrondi reflète en même temps la volonté et l'aménité. Une impression de sérieux, de paix et de sérénité se dégage de cet ensemble et traduit, avec la beauté de l'âme qui transparaît sur ce visage, l'esprit surnaturel qui en était l'animateur. Derrière

---

(1) Ce portrait est extrait d'un groupe.

cette physionomie sacerdotale attrayante, on semble découvrir une sorte de reflet de la bonté de Dieu.

De plus, les deux photographies qui représentent Léopold sur son lit de mort, en révélant, la première, le caractère ascétique de son existence, la seconde, sa facilité à sourire jusque dans le sacrifice, finissent par donner une idée de son charme et de sa générosité dans la douleur.

*
* *

Ne nous arrêtons pas toutefois à l'enveloppe extérieure de cette âme que nous désirons connaître, afin d'admirer en elle les bienfaits de Dieu.

Si mon frère était merveilleusement doué au point de vue corporel, il ne l'était pas moins au point de vue intellectuel. J'ai déjà eu l'occasion de le faire pressentir.

Son intelligence était vive, aiguisée, claire, précise et personnelle.

« *L'intelligence*, écrivait-il dans son adolescence au cours de ses études, *dépend de deux facteurs principaux : la vivacité d'esprit et la facilité de raisonnement. La volonté ne peut les faire apparaître, mais les développer.* »

« *Penser*, écrivait-il encore à cette époque, *ce n'est pas accomplir un travail intellectuel quelconque, ce n'est pas écouter machinalement, lire comme un enfant, mais, à la façon dont nos sens réagissent devant l'impression, c'est réfléchir sur ce que nous venons de recevoir ; c'est, en classe, peser les raisons données par le professeur d'admettre telle doctrine ; c'est, en apprenant ses leçons, voir l'enchaînement des raisonnements, et ressentir la joie, la leçon lue, de la répéter le livre fermé ; c'est, après une lecture, reproduire mentalement l'article dont on a pris connaissance ; en un mot, c'est chercher à acquérir la vigueur de l'esprit.* »

La formation intellectuelle fut pour Léopold un problème qui passionna sa jeunesse et retint longtemps son attention. Il s'en était formé une idée personnelle :

« *La formation de l'intelligence*, écrivait-il, *est aussi complexe que cette faculté. Elle consiste dans le développement, la croissance de chacune des facultés secondaires : mémoire, abstraction, raisonnement, association des idées.* »

Du reste, maintes fois, au cours de son séminaire, Léopold revint sur cette importante question :

« La formation intellectuelle ! écrit-il encore, voilà un bien grand mot ; mais que signifie-t-il au juste ? Nous naissons avec une intelligence à faire croître, et c'est précisément le but des études de la bien développer en même temps que de la meubler de connaissances. »

Or, son intelligence était si vive et si puissante qu'elle parvenait à s'adapter à tous les genres d'études. Mon frère possédait une merveilleuse facilité d'assimilation. Il aimait d'un même amour les lettres et les sciences.

*« Les lettres, affirmait-il, nous donneront le goût littéraire, le talent de composer ; les sciences affineront notre faculté de raisonner et d'induire ; elles nous forceront à avoir des idées claires.
— Avant tout, ajoutait-il, il faut chercher à être clair. »*

De plus, Léopold entendait utiliser son intelligence dans toutes les modalités où elle peut s'exercer. Il avait un esprit à la fois analytique et synthétique. Avec une précision presque méticuleuse, il aimait à s'attarder autour d'une question, afin d'en étudier tous les aspects ; ensuite, quand il avait disséqué en quelque sorte le sujet considéré, il se plaisait à en regrouper les parties pour constituer une synthèse puissante et harmonieuse.

« Pour comprendre une question, écrivait-il, il faut en étudier minutieusement les détails, — c'est le travail d'analyse ; — puis en considérer les grandes lignes, qui, en éclairant les détails, donneront une idée complète de la question, — c'est le travail de synthèse. »

Enfin, Léopold était très personnel.

« Il faut substituer sa personnalité aux livres », écrivait-il.

Pour arriver à ce résultat, il entendait penser et réfléchir, afin de ne pas subir passivement un jugement énoncé autour de lui ou porté dans un ouvrage.

« Il est de la première importance, affirmait-il, de se ménager des moments de calme et de réflexion pour juger de haut et de loin et devenir personnel. »

Puis : « *Il faut savoir être indépendant dans ses jugements litté-raires et artistiques.* »

L'abbé Léopold, en effet, n'aimait pas seulement les lettres et les sciences; il affectionnait aussi les arts. C'est pourquoi, avec son esprit critique, au bon sens du terme, il portait de judicieux jugements sur le beau et ses différentes manifestations : l'archi-tecture, la peinture, la sculpture et la musique.

« *La formation,* disait-il lui-même en synthétisant sa pensée, *est une œuvre d'intelligence et de volonté. Elle consiste dans une méthode de travail adaptée à chacun d'entre nous et dans le déve-loppement harmonieux de toutes nos facultés ; elle s'acquiert à force d'attention et de réflexion, s'épanouit dans une grande facilité à comprendre, une aptitude à saisir la pensée de l'entourage, une adaptation aux idées de nos contemporains, pour les accepter ou les combattre ; elle se traduit par une puissance de style ou d'élocu-tion, manifestée dans une forme artistique.* »

On comprend, en face de ces aptitudes et de ces conceptions, quel travail prodigieux et intéressant aurait pu produire cette intelligence, si elle avait été servie par une santé robuste. Hélas ! ce fut la grande douleur morale de mon frère de ne pouvoir utiliser cette faculté comme il l'avait désiré et voulu. Toutefois, après l'avoir reçue précieusement en dépôt, il en fit à Dieu le sacrifice, s'inclinant respectueusement et même généreusement devant la volonté du Ciel.

*
* *

« *L'intelligence est un des éléments dont il faut tenir compte pour juger un homme,* écrivait encore mon frère, *mais il en est d'autres qu'il ne faut pas laisser de côté sous peine de porter un jugement incomplet.* »

L'abbé Léopold voulait ici surtout parler du cœur. Sous cet aspect, mon aîné était encore supérieurement doué. Il avait un cœur ardent qui se manifestait dans une délicatesse de senti-ments fort peu commune. C'était un sensitif qui ressentait pro-fondément les impressions produites par l'extérieur et qui se transformaient chez lui en un long écho intérieur. Il aimait recevoir, mais toujours sans passion, avec calme et sérénité. De son côté, s'il se donnait, c'était avec pondération, sagesse et mesure. Il était maître de ses sentiments et se plaisait, en quelque sorte, à en distiller goutte à goutte la liqueur exquise. Attrayant par nature, il eut de belles et nobles affections, mais ne se servait de son pouvoir d'attraction que pour élever les âmes vers Dieu. Jamais il ne conservait jalousement pour lui les cœurs qu'il avait conquis. Au contraire, avec désintéressement et piété, il les faisait monter vers Dieu, avec l'espoir de les voir se consumer, comme le sien, au feu surnaturel de la charité divine.

Son bonheur était de s'oublier, de se donner, de faire plaisir. Son aménité était exquise. Il avait des délicatesses qui touchaient les âmes et les entraînaient vers le ciel. Volontiers, on l'aurait comparé à un ange dont la mission est d'élever les hommes vers l'Éternel, ou à un séraphin brûlant les cœurs d'amour de Dieu. Ses rapports étaient très agréables.

« *Il ne faut pas être absolu dans ses jugements, écrivait-il, et surtout ne pas traiter les hommes comme des entités métaphysiques. Il faut être bon et patient, avoir pour le prochain un parti pris d'indulgence et savoir abandonner une discussion au lieu de la poursuivre, si l'on constate qu'on fait plus de mal que de bien dans l'exposé de ses idées ou la défense de la vérité.* »

J'ai retrouvé dans ses notes une modeste feuille, extraite des *Paillettes d'or*. L'auteur y fait la description de la bonté :

« *La bonté, écrit-il, est un baume qui cautérise toutes les plaies, un parfum qui éloigne toute vapeur malsaine, une harmonie qui rétablit l'ordre partout.*

« *Jamais une peine, quelque douloureuse qu'elle soit, n'a résisté à des actes de bonté faits en vue de la guérir !*

« *La bonté, c'est cette force divine qui nous pousse à être utile, à nous donner à tous pour leur faire du bien, à nous mettre à la disposition de tous, à chercher à faire plaisir, à rendre service, à être agréable...*

« *La bonté, c'est le débordement de ce qu'il y a de bien dans notre cœur et dans notre esprit, allant se verser dans l'esprit et dans le cœur des autres.*

« *Oh! si nous savions entendre le bon Dieu nous dire, à chaque moment : Sois bon! sois bon!*

« *Oh! si, conservant en nous, après la sainte Communion, la grâce de Dieu, nous laissons Jésus-Christ — lui si bon! — se servir de nos mains pour venir en aide à nos frères ; — de nos lèvres pour les conseiller, les consoler, les encourager, les réjouir ; — des lumières de notre intelligence pour les partager avec eux ; — de nos biens matériels pour leur venir en aide ; — de notre influence pour ne pas les laisser sans appui!*

« *La bonté*, continue cet auteur, *c'est la qualité qui, la première, se refléta et se grava dans le cœur de l'homme au moment où Dieu le créa ; c'est elle qui nous permet de ressembler à Dieu dans ce qu'il a de plus attrayant, de plus saisissable, de plus nécessaire en quelque sorte à notre pauvre nature.*

« *La bonté prend le nom de charité, de miséricorde, de pardon, de bienveillance, de dévouement, de tendresse, de piété. Elle est comprise par tout le monde, aimée de tous, désirée par tous, accueillie par tous.*

« *La bonté peut s'associer à toutes les qualités du cœur et de l'esprit ; elle leur donne à toutes une suavité et un attrait qu'elles n'auraient pas sans elle.*

« *Elle peut tenir lieu de tout ; elle peut suppléer à tout. On peut dire que, là où est la bonté, là est Dieu.*

« *La bonté, enfin, c'est, dans la pratique de la vie : l'accueil bienveillant, la sympathie, la louange délicate. Oh! c'est peu que tout cela, bien peu ; mais quelle puissance et quelle fécondité!*

« *Un accueil simple et franc fait à un visiteur timide ; un sourire qui fait entendre qu'on est le bienvenu et qu'on ne dérange pas ; un serrement de mains qui met à l'aise! Oh! comme ces petits riens ouvrent le cœur, dissipent les préjugés, apaisent de profondes rancunes et permettent des conseils qui auraient irrité!*

« *Un mot de sympathie coûte peu à dire, mais ce mot comme il relève! La bonté est pénétrante ; elle va à travers les fautes, les chutes, les duretés, comme la goutte d'huile qui pénètre à travers les fentes les plus imperceptibles ; elle va trouver ce qu'il y a encore de bon dans cette âme découragée, écrasée, aigrie..., et elle ne voit que cela, rien que cela, et elle l'admire ; et ce pauvre cœur qui se croyait flétri, perdu, se relève, s'épanouit ; il se dit : mais je puis donc encore!*

« *Et la louange délicate ? Il y a peu d'hommes, a-t-on dit, qui puissent se passer de louange. Oh! non pas de cette louange qui flatte pour flatter, — celle-là fait mal, — mais de celle qui apprécie en peu de mots, celle qui encourage à de nouveaux efforts, celle qui est donnée non pas avec un air protecteur, mais avec une bienveillante amitié. Que d'œuvres utiles sont dues à une parole encourageante!*

« N'est-il pas vrai que nous demandons rarement à Dieu d'être bons ?

« Nous sommes charitables, compatissants, dévoués, mais avec ces vertus, si elles ne sont imprégnées de bonté, saturées de bonté, nous ne ferons que peu de bien, et nous le ferons avec beaucoup de peine. »

Il semble que l'abbé Léopold ait médité longuement ces lignes pour les réaliser dans sa vie. C'est grâce à sa bonté, en effet, qu'il a touché les âmes qui l'ont approché, et les a entraînées à sa suite vers les sommets.

*
* *

A une intelligence supérieure et à un cœur véritablement exquis, venait se joindre chez lui une volonté énergique qui se traduisait cependant en douceur dans ses rapports avec le prochain.

« La volonté, écrivait-il, voilà la faculté qu'il importe de développer pour être maître de soi-même et savoir se tenir au-dessus de sa besogne. Quelle ivresse de se commander! La vie chrétienne donne cette joie ; sachons la conquérir. »

Ailleurs il dit de même :

« Avant tout il faut se faire une volonté. C'est à l'énergie que l'on doit estimer un homme. Un homme ne vaut que par l'intensité de sa volonté. Étudie-t-il ? c'est pour agir plus puissamment! Réfléchit-il ? c'est pour agir plus sûrement! Dès lors, tout se ramène à l'action, et dans l'action, ce qui importe, c'est la volonté. Il faut donc, si l'on veut devenir un homme supérieur, chercher à acquérir une remarquable virilité. Mais comment ? Par l'abnégation. Pour pouvoir vouloir, il faut avoir le cœur libre, détaché des biens terrestres, uniquement fixé sur Jésus et les âmes. »

Cette façon d'envisager la volonté devait logiquement amener l'abbé Léopold à la générosité, au dévouement, au sacrifice. Généreux, il le fut, et il le fut avec spontanéité.

« *L'égoïsme est faux* », proclamait-il.

« *O mon Dieu, que vous êtes bon*, écrivait-il un jour, *de m'avoir donné la foi et votre grâce pour m'aider à observer votre loi et me dégager de la matière. Par la pureté, j'ai obtenu des ailes, car cette pureté a illuminé mon intelligence, libéré ma volonté, purifié mes affections en les rendant plus durables et plus précieuses. Que c'est bon d'être généreux ! Comme je plains certains de mes contemporains avides de jouissances matérielles. Ils se sont faits les esclaves de leurs passions et ne sont pas heureux ; ils se sont attachés à la terre. Or, la vie, c'est la liberté. Être libre, être généreux, vibrer, comme c'est beau et aussi comme c'est bon !* »

Toujours il voulut conserver, même au milieu de ses souffrances, cet enthousiasme de jeunesse, né du désir du sacrifice.

« *Rester jeune*, écrivait-il, *c'est rester généreux, en d'autres termes, c'est avoir un esprit qui calcule et un cœur qui ne calcule pas. C'est se donner, se livrer à Jésus et aux âmes dans un ordre parfait.* »

Ce merveilleux équilibre des facultés devait naturellement porter Léopold à l'optimisme et à la joie.

« *La joie est un puissant moteur d'action*, affirmait-il.
— *Il n'y a que les optimistes qui réussissent !*
— *Voir la vie du bon côté, c'est mettre 15 dans son jeu avant de commencer la partie !* »

Cette joie volontaire le soutint efficacement au milieu de ses souffrances :

« *J'ai toujours été optimiste, et optimiste par volonté* », me disait-il quelques jours avant sa mort. « *Je ne le regrette pas. La joie m'a permis de porter allègrement ma croix.* »

Il se plaisait, du reste, à insister sur la nécessité de l'optimisme :

« *Mettez votre volonté au beau fixe*, aimait-il à dire, *car elle dépend de vous, au moins dans sa région supérieure. Par elle, vous imposerez la sérénité à votre physionomie, le calme à vos paroles, la maturité à vos actions.*

« Si vous avez vraiment de la peine, confiez-la au Bon Dieu ; dans la tentation, cramponnez-vous à la croix de Jésus pour ne pas perdre votre paix intérieure, ni la rectitude de votre volonté.

« Vous aurez ainsi la constance des enfants de Dieu, qui, par leur force d'âme, dominent le déchaînement des tempêtes et savent demeurer calmes, même aux plus mauvais jours. »

Léopold était gai, mais d'une gaîté sereine et réservée, ennemie de toute exubérance tapageuse. Cette gaîté prenait sa source dans sa foi, qui lui donnait l'assurance formelle de la vérité avec le sentiment profond du devoir.

« Tous les siècles se sont demandé où ils trouveraient la joie, écri-vait-il encore avec perspicacité, *et la pauvre humanité bien souvent s'est trompée en la recherchant. La plupart ont visé le plaisir, mais hélas ! le plaisir est vide et le but n'est pas atteint.*

« La vraie joie n'est apparue qu'avec le Christianisme. Les âmes païennes étaient comme nous tourmentées du désir du bonheur : elles l'ont poursuivi dans les satisfactions des sens. Mais les malheureux dépourvus de fortune étaient condamnés à vivre sans joie, et les autres à n'en posséder que l'ombre et l'apparence. Car la joie qui finit n'est pas la joie.

« Le Christ est venu nous annoncer la bonne nouvelle de la vraie joie, de la joie qui ne finit point. Et pour traverser cette vie d'épreuves, il nous a donné la foi et la notion du devoir.

« La foi nous a donné la sérénité. Nous n'avons plus cherché comme des aveugles une route qui nous conduisît au refuge ; le chemin devant nous est sûr.

« Le devoir connu et accompli nous procure la satisfaction de la conscience, et voilà comment notre âme possède la paix et se trouve heureuse.

« La vraie joie se trouve dans la joie des saints triomphant des tentations et la joie des martyrs mourant pour leur foi. »

*
* *

Et voilà, rapidement esquissées, les facultés supérieures et les qualités dominantes de l'âme de mon frère, facultés et qualités qu'il voulut mettre au service de Dieu.

Toutefois, il serait illusoire de croire que l'abbé Léopold pratiqua la vertu sans effort et ne connut pas la lutte dans le travail de la perfection. Ses facultés supérieures pouvaient être pour lui une pierre d'achoppement et le conduire à sa perte, au lieu de le mener à la sainteté. En effet, son intelligence remarquable, dont il connaissait le prix, était capable de le pousser à l'orgueil, et sa sensibilité affinée, à une susceptibilité ombrageuse, qui aurait pu créer des obstacles à l'exercice de son zèle. Léopold s'en aperçut; aussi, pour remédier à cet inconvénient, il voulut vaincre, du même coup, cette double tendance. De quelle manière y parvint-il? En utilisant une disposition qui jaillissait naturellement du centre de son être : la générosité.

« *Dans la vie courante*, écrivait-il, *il faut se faire pardonner sa supériorité par beaucoup d'entrain et de bonté.* »

Avec un tel idéal, mon frère pouvait entrer dans la vie et répondre à sa vocation sublime.

« *Ici-bas, l'homme joue un rôle* », affirmait-il.

A la suite de cette pensée il transcrivit dans ses notes un passage des méditations du P. Bronchain qui correspond à cette idée :

« *Le monde ressemble à un théâtre*, dit cet auteur. *La vie de l'homme est comme une représentation dramatique. Chacun y joue son rôle, puis disparaît, quand tombe pour lui le rideau de la mort qui clôt la scène du temps et ouvre pour lui la grande ère de l'éternité. Alors celui qui était roi ne l'est plus. Dépouillé des insignes de sa royauté, il devient comme les autres hommes : son corps est enfoui dans la terre et son âme paraît devant Dieu. Heureux qui aura joué sur la terre le rôle d'un vrai disciple de Jésus-Christ! Il sera loué et exalté par le juste appréciateur du mérite, qui récompense les bonnes œuvres avec une générosité sans bornes. Heureux celui qui fait servir sa vie entière de préparation à la mort! La scène du monde passe avec la rapidité de l'éclair, mais les œuvres bonnes ou mauvaises demeurent et ont des conséquences éternelles. Oh! que le bonheur de mourir saintement vaut bien la peine de mener une vie fervente!* »

C'est parce que l'abbé Léopold était convaincu de cette vérité qu'il voulut se faire prêtre, afin de jouer, lui aussi, son rôle, et de le jouer avec toute la perfection qu'il comporte.

« *Vivre*, écrivait-il, *c'est toujours pousser une pointe plus avant vers le vrai et vers le bien.* »

Puis : « *Le vrai bonheur consiste dans le devoir accompli et l'amitié de Dieu.* »

C'est pour acquérir cette joie qu'il s'orienta vers le sacerdoce dont il s'était fait une conception sublime.

« *Pour être prêtre*, pensait-il avec Lacordaire, *il faut être né grand ou le devenir.* »

Il n'oubliait pas, en effet, que le caractère sacerdotal doit aller de pair avec des qualités naturelles parfaitement assises.

« *Autrefois, le prêtre faisait accepter l'homme*, notait-il; *aujourd'hui, l'homme doit faire accepter le prêtre.* »

Toutefois, il n'oubliait pas l'essence même de la vie sacerdotale :

« *Le sacerdoce*, disait-il encore avec Lacordaire, *c'est l'immolation de l'homme ajoutée à l'immolation de Dieu.* »

Et c'est parce qu'il voulait vivre entièrement cet idéal qu'il ambitionna :

« *User sa vie humblement, simplement, sans le dire, pour Notre-Seigneur* ».

*
* *

En outre, l'abbé Léopold désira conserver toujours une rectitude de pensée. Il savait que, si l'Église parvient à s'adapter à toutes les modalités des temps, elle garde intacte sa doctrine. Ennemi de toute innovation dangereuse, Léopold avait l'esprit foncièrement traditionnel :

« *L'Église*, notait-il lui-même au sortir de l'une de ses lectures, *est ou n'est pas. Si vous la prenez pour autre chose que ce qu'elle dit être et ce qu'elle se donne pour être, vous avez affaire à une*

*institution humaine ou à un système humain. Vous avez voulu lui
faire vos conditions ; elle ne peut plus rien pour vous.* »

Cette réflexion révèle le jugement de mon aîné et sa parfaite
orthodoxie. Mon frère était conciliant et charitable pour les
personnes, mais intransigeant sur les principes et la doctrine.

Toutes ces citations donnent une idée assez exacte de la physionomie morale de l'abbé Léopold. Il est regrettable qu'il n'ait
pu produire quelque ouvrage important, capable de refléter les
qualités de son âme; mais, s'il n'existe de lui aucune œuvre de
longue haleine, on peut cependant, par certains documents,
découvrir les caractéristiques de son esprit.

Voici quelques extraits du toast qu'il prononça le jour de sa
messe de prémices et qui permettent de saisir, avec la finesse de
son intelligence et la délicatesse de son cœur, la beauté de son âme
éminemment sacerdotale. Il commençait ainsi :

« *L'Évangile rapporte que saint Matthieu fit un grand festin,
huit jours après que Notre-Seigneur lui eut fait l'honneur insigne
de l'admettre au nombre de ses apôtres.*

« *Voilà huit jours, chers amis, que j'ai rencontré Notre-Seigneur
et qu'il m'a marqué du sceau royal de son sacerdoce. Comme saint
Matthieu, j'ai cru qu'il était bon de célébrer l'événement, et voilà
pourquoi j'ai aujourd'hui le bonheur de vous voir autour de moi en
cette fête de prémices.*

« *Il fallait nous réjouir, chers amis, car, si aux yeux du monde le
prêtre est un sacrifié, moi, qui suis un témoin vivant de ce que peut
la grâce divine, je viens vous assurer que nous sommes surtout des
privilégiés, que notre joie peut être immense, surabondante et débor-
dante.*

« *Comme à mes condisciples, le Bon Dieu est venu me demander
mon corps pour lui être consacré dans les vœux du sous-diaconat,
mon intelligence pour recevoir la vérité et la porter aux foules égarées,
mes mains pour les clouer à la croix du sacrifice... Devant cet appel
divin et en face de l'avenir, librement, sans crainte, je me suis abandonné au divin Maître ; de tout cœur j'ai prononcé mon* FIAT, *j'ai
dit adieu aux joies du monde ; et maintenant libre, dans ma soutane*

de lévite, je me sens prêt à m'envoler vers Dieu pour lui dire mon bonheur et ma reconnaissance. Car de grandes choses se sont opérées en moi dimanche dernier. Tandis que sur les ordinands prosternés sur les dalles du sanctuaire, les litanies des saints s'égrenaient lentement, le pontife se préparait à nous consacrer et à nous investir de pouvoirs redoutables. Et de fait, il nous a donné le pouvoir de remettre les péchés, et mieux encore le pouvoir d'opérer chaque matin le miracle de la transsubstantiation. Seigneur, que de grâces ! que de joies ! que de raisons de redire : Alleluia ! Alleluia !... »

Puis, se tournant vers notre mère, il continua :

« Et lorsque du ciel mes regards descendent sur la terre, vers ceux qui m'ont fait du bien, de suite ils se dirigent vers vous, ô chère mère, pour qu'en ce jour de prémices, ma reconnaissance éclate et essaie de vous dire tout ce que je vous dois. Certes, chère mère, je ne comprendrai jamais tout ce que vous avez fait pour moi ; les enfants ne savent pas tout ce qu'il ont coûté à leurs parents, de peine, de souci, de tendresse. Peut-être, comme séminariste, dont le cœur est resté vierge de tout amour profane, ai-je pu comprendre un peu mieux toute la délicatesse de votre cœur et m'efforcer d'y répondre, mais, je le sais, je suis resté bien inférieur à ma tâche.

« On rapporte, chère mère, dans l'histoire romaine, qu'une patricienne pensait peu aux bijoux, mais concentrait ses pensées sur l'éducation de ses deux fils. Aux jours de fêtes, les dames de qualité se paraient de leurs joyaux et s'étonnaient que la mère des Gracques n'en fît pas autant. « Libre à vous, leur dit-elle, de vous parer de vos « chaînes d'or ; mes joyaux à moi ce sont mes fils. » Chère mère, comme cette Romaine, vous avez eu peu de souci pour les choses de ce monde ; toute votre activité s'est tournée vers vos deux enfants... Qu'avez-vous réussi à faire de nous ? Je ne sais ; il me suffit de savoir que vous vous êtes donnée tout entière à nous et qu'il nous reste maintenant à devenir votre gloire et la consolation de votre vie ! »

Ensuite, s'adressant à moi, il poursuivit :

« La Providence, cher frère, a voulu nous faire orphelins de bonne heure, mais, pour montrer toutes les bontés qu'elle aurait envers nous, elle orienta petit à petit notre vie vers un horizon qu'elle devait nous

Intérieur de l'église Saint-Pierre de Fourmies, où l'abbé Léopold Giloteaux fut baptisé, fit sa Première Communion et célébra sa Messe de prémices.

révéler à l'un et à l'autre. Puis, quand tout fut prêt, par des faveurs sans nombre, elle nous envoya notre vocation et fit luire dans notre ciel l'idéal du sacerdoce. O Providence, mot sublime que les âmes chrétiennes comprennent seules, je m'incline devant vous, je vous bénis, je vous adore...

« Déjà, cher frère, avec l'éducation reçue de notre mère, nous étions bien unis, et Dieu sait quand le ciel de notre amitié s'est obscurci ; pour moi, mes souvenirs ne me rappellent rien ; mais dès que le Bon Dieu nous eut appelés tous les deux, désormais nous n'avons plus fait qu'un. Nos pensées sont devenues communes, nos aspirations identiques, et de cette union nous sommes devenus plus forts pour le bon combat et plus généreux pour tout ce qui est beau et bien. Il me semble, cher frère, que nous sommes faits pour travailler à une œuvre commune, pour combattre côte à côte pour la défense de l'Église ; peut-être le Bon Dieu en disposera-t-il autrement, mais, quel que soit l'avenir, puissions-nous toujours rester unis dans la générosité, dans le dévouement au Bon Maître et dans l'amour du sacrifice. »

Le toast de l'abbé Léopold se poursuivit de cette manière pour chacun des parents et amis présents à la fête de prémices. Il serait trop long de le donner intégralement. Il est du reste un autre texte qu'il est bon de citer, parce qu'il révèle aussi la force de caractère de mon frère et son esprit éminemment surnaturel. Ce texte fut écrit dans une circonstance bien différente. C'était le 25 août 1914, à l'heure où les armées allemandes, victorieuses en Belgique, approchaient du Quesnoy et allaient envahir le Nord de la France. Le moment était critique. Chacun, en raison des atrocités commises, se demandait s'il serait encore en vie le lendemain.

L'abbé Léopold, sous le coup de l'angoisse qui étreignait le cœur des habitants de la frontière, traça quelques mots destinés à être remis à sa mère, pour le cas où il trouverait la mort. Il écrivait :

« Chère mère. Ne pleurez pas. Nous sommes envoyés sur la terre pour faire la gloire de Dieu. J'ai demandé au Divin Maître de me prendre s'il le voulait pour le bien des âmes. Je m'abandonne au bon plaisir de sa Providence. Si je meurs, ce sera en faisant mon devoir. Embrassez toute la famille pour moi. Au revoir ! Au ciel ! »

Cette lettre fut inutile, puisque Léopold retrouva notre mère après la guerre, mais elle révèle la générosité de son âme et son amour du sacrifice.

*
* *

Tels étaient les pensées et les sentiments qui se trouvaient dans l'âme de mon frère au cours de sa jeunesse et au début de sa vie sacerdotale. Ils suffisent à faire connaître la valeur de son esprit et de son cœur.

Après ces citations, on peut se rendre compte de ce qu'est une âme de prêtre et à quelle source elle alimente son activité intérieure.

Certains s'imaginent que le prêtre est un être diminué, parce qu'il se prive volontairement des joies du monde. Quelle erreur ! Ces esprits superficiels n'ont rien compris à la doctrine chrétienne. Le renoncement n'est pas une fin, mais un moyen. Il ne détruit pas notre nature, mais au contraire la vivifie en anéantissant tout ce qui est mauvais en elle, pour permettre au bien de se développer et de produire. Le christianisme n'est pas une religion de mort, mais de vie. Sous son influence, la nature purifiée et transformée par la mortification peut s'épanouir dans l'ordre surnaturel et atteindre les cimes de la sainteté.

L'abbé Léopold vivait de cette doctrine. Il s'adonnait à la mortification avec prudence et sagesse, non pour amoindrir sa nature, mais pour la magnifier.

« Il est important de savoir se dégager de la matière et de s'élever au monde surnaturel, écrivait-il, mais, pour savoir le faire, il faut en prendre l'habitude. Que la mortification soit donc chez nous quelque chose d'habituel qui entretienne en notre âme le désir des choses de Dieu et nous libère de plus en plus de nos instincts inférieurs. Toutefois, il ne faut pas tomber dans un excès qui ne laisserait au corps aucun repos. Ici, comme ailleurs, il faut tenir le juste milieu : savoir donner à la nature la tranquillité quand elle a besoin de se refaire de ses fatigues, mais cultiver la facilité de se dégager de son emprise. »

L'abbé Léopold ne voulut jamais amoindrir ses facultés.

Sa grande souffrance, au contraire, fut de ne pouvoir les laisser s'épanouir comme il l'avait ambitionné. Avec un sens profondément chrétien, il désirait utiliser toutes ses ressources, en vue de la réalisation de son idéal.

Après la guerre, il aimait à méditer la doctrine du maréchal Foch dont le principe est l'utilisation des forces morales au cours du combat. J'ai retrouvé dans ses notes cette équation attribuée au grand chef militaire :

« Vaincre = Volonté ».

Léopold, pour son propre compte, la transposa dans le domaine surnaturel. La victoire qu'il voulait remporter était la victoire sur Satan, l'esprit du monde et la concupiscence, dans l'espoir d'atteindre la perfection. C'est pourquoi il écrivit à son tour :

« *Sainteté = Volonté* ».

Évidemment, en traçant ces mots, l'abbé Léopold n'entendait nullement proclamer comme Pélage que la perfection surnaturelle est exclusivement œuvre humaine. Il savait que la volonté sans la grâce ne peut rien dans l'ordre divin; mais il prétendait affirmer que l'homme aidé du secours de Dieu est capable d'atteindre les sommets. C'est à l'ascension qu'il entreprit lui-même que nous allons assister, en considérant successivement les différents aspects de sa vie spirituelle, dont la consommation se réalisa, grâce à sa générosité, dans l'holocauste surnaturel.

CHAPITRE III

LE DÉSIR DE LA PERFECTION

La condition indispensable pour arriver à la perfection est d'en avoir un désir ardent. On ne peut parvenir au sommet d'une montagne sans la ferme intention d'y atteindre et la mise en œuvre des énergies et des moyens capables d'y conduire. Ce qui est vrai au point de vue humain l'est aussi au point de vue surnaturel. C'est parce que sainte Thérèse de Lisieux ambitionna très tôt la perfection, qu'elle gagna rapidement les sommets de la vie spirituelle. Il en est de même pour tous les saints qui, à un moment précis de leur existence, se sont mis à réfléchir sur le néant des biens de ce monde, et ont pris l'énergique résolution de réaliser en eux la sainteté.

Mon frère, je l'ai déjà fait remarquer, manifesta toujours un grand souci de perfection. Toutefois, au cours de sa jeunesse, à cause de l'intelligence supérieure dont il était doué, le travail intellectuel retint surtout son attention. L'étude était sa passion et avait en quelque sorte absorbé son activité intérieure. Ce n'est pas à dire, cependant, que l'abbé Léopold n'ait pas désiré tout jeuné la sainteté. Il fut un excellent séminariste et un prêtre fervent dès le commencement de sa vie sacerdotale, mais c'est surtout durant les dernières années de son existence qu'il concentra son attention sur la poursuite et l'acquisition de la perfection.

En effet, comme à cette époque une sorte de fatigue cérébrale lui interdisait toute étude, même la lecture, son âme se replia sur elle-même et fixa son activité sur le problème qui se présentait à son esprit. Dès lors, si Dieu paralysa en quelque sorte les facultés de mon aîné, c'était pour l'amener à une plus grande puissance de réflexion, de méditation et d'oraison. Léopold le comprit.

Après avoir ouvert les yeux à la lumière intérieure qui illuminait son intelligence, il apporta à l'acquisition de la sainteté, la même ardeur, la même précision et le même soin qu'il avait montrés jadis pour sa formation intellectuelle. Dieu ne voulait pas faire de lui un savant, mais un saint ; mon aîné ne perdit pas au change. Il y trouva au contraire son bonheur et un principe de rayonnement surnaturel, autrement fécond que le simple apostolat intellectuel.

Au cours de ce chapitre, le lecteur pourra découvrir de quelle manière mon frère avait compris la sainteté et la fit passer dans sa vie.

*
* *

Élevé dans une famille chrétienne, Léopold saisit très tôt le sens de l'existence humaine. Au cours de sa jeunesse il avait conservé un modeste feuillet de calendrier spirituel qui avait pour titre : « DEUX MOTS FORMIDABLES ». L'auteur y écrivait :

« *Oh ! le rien de la vie ! qui le dira tel qu'il est ? Écoutez. Quand tout aura passé sous le pressoir de la mort ; quand toutes ces vies auront été dépouillées de leurs oripeaux, mises à nu sous l'infaillible regard de Dieu : alors toute l'histoire collective ou individuelle se réduira, pour chacun de nous, à l'un ou à l'autre de ces deux petits mots, deux mots formidables qui expriment le vrai résumé de la vie, sa véritable valeur :* SAUVÉ *ou* DAMNÉ.

« *Tout sera fini ; l'homme ne s'agitera plus ; ses fièvres seront calmées ; il sera fixé dans le bien ou dans le mal pour toujours.*

« *Ayons devant les yeux ce terrifiant spectacle, et pas un jour peut-être ne se passera sans que de notre cœur ému, serré par d'angoisse, ne monte une ardente prière vers le Cœur de Jésus !* »

Il est heureux que l'abbé Léopold ait reçu dès le berceau la foi chrétienne. Elle lui permit d'orienter très rapidement sa vie vers les réalités surnaturelles.

« *Que sert à l'homme de gagner l'univers,* pensait-il avec l'Évangile, *s'il vient à perdre son âme ?* »

Convaincu de cette vérité, il plaça très tôt ses espérances au ciel. Au cours de ses années de séminaire, il écrivait en effet, dans ses notes spirituelles :

« L'éternité ! voilà la réalité. Le temps n'est qu'une illusion, sauf pour ce qu'il est occasion de mérite. »

« Nous marchons vers le but suprême, écrivait-il encore d'après un auteur anonyme, et nous fermons les yeux pour ne pas l'apercevoir. Nous traversons un exil plein de tristesses, et nous ne pensons pas à la patrie où bientôt nous entrerons. Et cependant tout nous crie ce grand mot : ÉTERNITÉ ! Vous n'y pensez pas ; qu'importe ? L'Éternité ne s'avance pas moins vers vous. Vos années s'accumulent, et la main du temps s'appesantit sur votre front. A bientôt, les rides, les cheveux blancs, la vieillesse froide et triste, tout ce qui annonce l'approche de l'éternité. Prêtez l'oreille : l'heure qui sonne, c'est le bruit des pas de l'éternité ! Écoutez avec plus d'attention ; vous entendrez des voix innombrables qui vous appellent : ce sont vos pères, vos ancêtres, toutes les générations mortes qui vous crient : Éternité ! Sur combien de cercueils avez-vous déjà versé des larmes ! Ces mains froides qui ont déjà pressé vos mains, ces adieux solennels, ces regards fixés sur vous, c'est dans l'éternité qu'ils vous appellent, c'est l'éternité qu'ils vous montrent comme le suprême rendez-vous ! »

On comprend qu'avec ces idées Léopold se soit orienté vers le sacerdoce.

« La vie est courte, écrivait-il. Après avoir trouvé la vérité, il est bon de la poursuivre coûte que coûte et de la faire passer en réalité dans sa conduite. Cela nous dégage des vulgarités de la foule attachée aux plaisirs matériels ; on se sent libre, on est fier d'avoir fait son devoir et d'entendre chanter sa conscience en paix. Cela paraît si beau, qu'on désire en faire toute sa vie, en attendant le repos et la récompense qui suit la mort. »

« Faire son devoir et mourir ! » disait-il encore.

« Devenir meilleur afin d'être moins indigne de Dieu ! » tel était pour lui le vrai but de la vie.

Mais l'abbé Léopold était trop logicien pour arrêter là ses méditations. Non seulement il voulut faire son salut et être un excellent prêtre: il désirait encore devenir un saint. Il avait médité ce texte de l'abbé Perreyve qui révèle aux ministres de Dieu le secret de la fécondité surnaturelle :

« *Voulez-vous rendre à Dieu un grand honneur en ce monde? Voulez-vous travailler à l'apologie de l'Évangile? Voulez-vous prouver Dieu et son Fils à ce siècle qui ne croit pas? Voulez-vous faire pour la gloire de Dieu plus que ne feront jamais les orateurs, les philosophes et les théologiens? Devenez un saint. Montrez au monde la tradition ininterrompue de la sainteté catholique. Le monde vous regardera, vous observera, vous épiera de très près; mais s'il voit que, dans un siècle d'argent, vous avez été détaché; que, dans un siècle d'orgueil, vous avez été humble; que, dans un siècle de plaisir, vous avez été chaste; que, dans un siècle de défaillance et de faiblesse, vous avez été fort et tranquille; étonné d'un tel spectacle, le monde sera forcé de rendre hommage au Dieu qui est admirable dans ses saints.*

« *Plus le combat grandit, plus la lutte s'anime; plus l'ennemi devient fort, plus doit grandir la sainteté des fils de Dieu.* »

L'abbé Léopold avait fait siennes ces idées :

« *Mon objectif, ma pensée dominante,* écrivait-il, *doit être non, comme la plupart, de gagner de l'argent, mais de me sanctifier.* »

Après avoir résolu de consacrer sa vie au service de Dieu, il pensait avec saint Ambroise que :

« *La vertu, chez !_ prêtre, ne souffre pas de médiocrité* ».

« *La science ne suffit pas au prêtre,* notait-il encore alors qu'il était au séminaire; *il doit être saint. Donc, pendant mes années d'études, je dois viser à devenir parfait.*

— *Une âme fait du bien, non dans la mesure de sa science ou de son intelligence, mais dans celle de sa sainteté.*

— *Être saint,* écrivait-il toujours, *voilà la première ambition du prêtre désireux de conduire les âmes au ciel.* »

Mais cette sainteté sacerdotale devait surtout, à son avis, s'acquérir par la ressemblance, l'intimité et l'union à Jésus, qui, Prêtre Éternel, voulut bien le faire participer à son sacerdoce :

« *Le prêtre réussira à condition de déverser Jésus-Christ comme une vasque déverse l'eau !* » disait-il.

Ensuite, il se posait avec anxiété cette question :

« *Mais comment s'emplir de Jésus-Christ ?* »

Il y répondit dans la pratique par l'esprit de sacrifice.

En effet, le jour de son ordination sacerdotale, profondément ému sous le passage de la grâce, il écrivait au sortir de la pieuse cérémonie :

« *Mon Dieu ! que de grâces ! Comment vous remercier ?... Mon Dieu ! Mon Dieu ! Je ne sais que pleurer en face de vos bontés. Me voici votre prêtre !...*

« *En retour,* JE VEUX DEVENIR UN SAINT ! *Il faut que je le sois ; vous me l'avez fait comprendre nettement après la communion, pendant la messe. Seigneur, vous me donnerez vos lumières ; je ne sais encore ce que vous me demanderez, mais je vous le donne.*

« *Probablement, il me faudra souffrir, sûrement même. Mon Dieu, je suis prêtre pour souffrir... Mon Dieu ! Mon Dieu ! Je m'abandonne à vous... Voici mes mains, voici mes bras étendus ! Je ne suis rien, mon Dieu, mais je me donne tout à vous...* »

Quelques jours plus tard, il voulut résumer ses premières impressions de vie sacerdotale :

« *Qu'elle est émouvante et douce, ô mon Dieu, écrivait-il, la première rencontre que l'on fait avec vous ! Que ces premiers entretiens sur l'autel d'une première messe sont intimes et pleins de charme ; au confessionnal, en chaire, vous donnez d'une façon bien nette le sentiment de la dignité du prêtre. Faites, ô mon Dieu, que la fraîcheur de ces sentiments reste chez moi dans toute sa pureté. Je veux monter chaque matin à l'autel avec la même droiture d'intention et la même ferveur, mais aidez-moi, ô mon Dieu. Je vous aime, faites que je vous aime encore davantage !* »

Peu de temps après, il notait de même :

« *Le surnaturel est un fait. Que nous le voulions ou non, nous devons y conformer notre conduite, et même nous ne serons quelqu'un, en tant que prêtre, que dans la mesure où nous serons surnaturels.*

« Il faut que nous soyons une « potentialité » surnaturelle, que nous amassions nombre de grâces en nous, pour rayonner après nous être sanctifiés.

« Or, pour faire rayonner ainsi le surnaturel, n'oublions pas que nous sommes hommes et que nous nous adressons à des hommes. Il faut dans les œuvres employer des moyens humains pour donner la grâce. Comment allier ces deux choses? Là est la grande angoisse sacerdotale. Mais, en ceci comme en tout, ô mon Dieu, je m'en remets à votre Providence, qui ne me fera pas défaut. »

Dès le début de son ministère, l'abbé Léopold comprit la nécessité du recours à Dieu, pour la fécondité de l'apostolat :

« Hier matin, à 5 heures 20, écrivait-il au lendemain d'une journée chargée d'occupations, *dans la demi-obscurité du jour naissant, avant la confession de deux fiancés, je vous ai demandé votre grâce ô mon Dieu!*

« Hier soir, au cercle, après le départ de mes soldats, dans le calme de la nuit, je me suis retrouvé à genoux devant vous, ô mon Dieu, pour vous demander votre force.

« Qu'il est bon de se trouver ainsi en votre présence, pour sentir son néant dans toute œuvre surnaturelle, pour sentir votre bonté et votre condescendance envers qui désire travailler pour vous. »

L'abbé Léopold souhaitait donc la sainteté. Toutefois, il est utile de voir comment il la concevait et de quelle manière il entendait la réaliser dans la pratique. Il semble, au fur et à mesure qu'il avança dans la vie, qu'il s'en fît progressivement une idée de plus en plus précise et objective.

Au début, il se contentait de simples citations.

« Perdons l'idée fausse que les saints sont des êtres à part, sans passions, sans entraînement au mal, écrivait-il en transcrivant un texte du P. de Ravignan, *faisant le bien sans peine et fuyant le mal sans lutte. Étudions saint Paul, et voyons s'il n'a pas combattu contre lui-même un grand combat qui a duré jusqu'à son dernier soupir.*

« *Combattons sans cesse comme lui, pour être des hommes, des chrétiens, des saints.*

« *Il est bon de se demander souvent ce qui a fait les saints.*

« *Dans l'intime de ma conscience, je ne balance pas à répondre : ce qui a fait les saints, c'est qu'ils cherchaient Dieu avec foi, avec confiance, avec amour. Tout est là. Oui, les saints cherchaient à établir le règne de Dieu en eux, au milieu d'eux, selon l'expression de saint Paul : le royaume de Dieu est au milieu de nous. Quand Jésus-Christ envoyait ses apôtres en mission, il ne leur disait souvent que ces mots :* « *Parlez-leur du royaume de Dieu.* » *Les saints ont vécu dans les mêmes circonstances que nous : leur vie était la nôtre ; leurs journées, les nôtres ; leurs épreuves, les nôtres ; nous devons marcher comme eux et avec eux pour arriver au même but.* »

Puis, petit à petit, l'abbé Léopold se fit de la sainteté une idée de plus en plus personnelle.

« *La perfection, écrivait-il au début de sa vie sacerdotale, est une tendance, une inclination de l'âme à faire plaisir à Dieu.*

— *Être saint, ajoutait-il, c'est vaincre sa paresse spirituelle, marcher sur son désir du bien-être et ses petites combinaisons humaines, souffrir sans rien dire, sans rien laisser paraître, penser souvent à Dieu, qui reste perpétuellement dans l'intime de notre âme, se montrer très aimable envers le prochain.* »

Très positif, l'abbé Léopold ne faisait donc pas consister la sainteté dans les choses extraordinaires, mais dans l'accomplissement parfait des devoirs d'état, remplis avec amour.

« *Pour la plupart des âmes, écrivait-il, la vie chrétienne consiste tout entière à faire de très petites choses avec un très grand cœur.*

— *La perfection, disait-il encore, ne réside ni dans les miracles, ni dans les grandes mortifications ; c'est un état d'âme. Elle n'est autre chose que la conformité avec le divin modèle.* »

Ensuite, citant saint Paul, il écrivait :

« *Hoc enim sentite in vobis quod et in Christo Jesu. Éprouvez en vous les sentiments du Christ-Jésus.* »

Plus tard, il médita avec affection l'opuscule que j'ai publié sur le sujet (1). Il en accepta la doctrine. Puis, précisant lui-même sa propre pensée, il notait :

« La perfection, c'est l'amour de Dieu prompt et agissant, et l'amour intense du prochain, vécu avec des vues surnaturelles. »

Peu de mois avant sa mort, après avoir saisi le problème dans toute son étendue, il dira :

« La sainteté, c'est l'anéantissement total de l'homme en face de Dieu et la réalisation en lui de la charité intégrale. »

Il pensait avec justesse que la perfection s'obtient par l'envahissement progressif de Dieu en nous et l'abandon complet de notre être entre ses mains; c'est pourquoi, s'effaçant de plus en plus devant l'action divine et s'efforçant d'être toujours davantage agréable à son Bien-Aimé, il écrira successivement en approchant du terme de son existence :

> *« — La raison de vivre ?*
> *C'est de Lui faire plaisir. »*
> *« — Le temps est court :*
> *Le reste de ma vie, je dois l'employer jalousement*
> *dans la soumission divine,*
> *dans* LA RECHERCHE A LUI FAIRE PLAISIR *».*
> *« — Une seule chose importe :*
> *faire « Sa » volonté et « Son » bon plaisir à « Lui ».*
> *Le reste n'est qu'illusion...*
> *Aidez-moi, Seigneur, à dissiper cette illusion. »*
> *« — Vous, et non la terre, ô mon Dieu !*
> *Vous, et non mon caprice ! »*

Puis, un jour, après une confession sacramentelle, il écrira très simplement cette phrase d'une plénitude presque infinie :

« Ne plus être moi, mais être Lui ! »

____

(1) *La Sainteté.* Ce qu'elle n'est pas. Sa notion. Ses étapes. Son double aspect. 1 fr. 50; *franco :* 1 fr. 75.

C'est durant les dernières années de son existence, je l'ai dit, que mon frère se passionna surtout pour la sainteté. Aussi, à cette époque, il récitait chaque jour cette admirable prière et invitait en même temps les âmes qu'il dirigeait à la dire en union avec lui :

« O mon Dieu, Maître et Sauveur de ma vie, accordez-moi, je vous en conjure, la grâce de ne pas sortir de cette vie,

> *— sans vous avoir rendu toute la gloire que je devais vous rendre,*
>
> *— sans avoir fait tout le bien que je devais faire,*
>
> *— sans avoir atteint le niveau de perfection que je devais atteindre ;*
>
> *et pour en arriver là et réparer tout le temps perdu,*
>
> *je vous supplie de prendre tous les moyens*
>
> *que vous savez être utiles...*

J'ACCEPTE TOUT ! »

Cette prière véritablement héroïque, dans laquelle l'abbé Léopold demandait à Dieu « de prendre les moyens... utiles » pour le conduire à la perfection, devait obtenir, on le verra plus tard, son entière réalisation et sa pleine efficacité. Si Dieu cloua mon frère à la croix, par d'atroces souffrances, il lui permit de terminer sa vie dans un état sublime de perfection surnaturelle.

L'abbé Léopold, en effet, ne se contentait pas de simples velléités. Esprit essentiellement réalisateur, s'il aspirait à la perfection, il entendait la faire passer dans sa vie; c'est pourquoi, parvenu à un certain degré de maturité spirituelle, il fit ce qu'on appelle en ascétique *le vœu du plus parfait.*

Très soumis à l'Église et renseigné sur le mérite de l'obéissance, il s'ouvrit de son intention à son directeur, qui, connaissant la pondération de l'âme qui lui exprimait ce désir, lui donna l'autorisation de poser cet acte sublime.

Je n'ai pu interroger ce prêtre, car il mourut environ un an avant mon frère; mais il m'a été permis de me documenter auprès de son successeur, à qui l'abbé Léopold, en tout esprit de soumission, avait formulé à nouveau sa demande.

En faisant ce vœu, mon aîné avait agi en connaissance de cause.

Il avait étudié dans les auteurs spirituels, la nature, les inconvénients et les avantages de cet acte héroïque renouvelé à toutes les minutes de la vie.

Lorsqu'il sollicita de son nouveau directeur l'autorisation de continuer à vivre l'état de perfection dans lequel il désirait consumer son existence, il joignit à son courrier une feuille où il avait résumé les différents aspects du problème.

Avec sa précision habituelle, il commençait par caractériser la nature du vœu :

« Faire le vœu du plus parfait, écrivait-il,
  c'est faire le vœu de choisir,
   toutes les fois qu'on aura le temps de la réflexion,
    entre deux actes possibles,
     celui qu'on verra avec évidence,
      toutes circonstances pesées,
       plus sage et plus agréable à Dieu. »

Puis il notait l'étendue de la promesse :

« — Sont exclus de ce vœu :
  les fautes de fragilité,
  les actes semi-délibérés,
  les actes dont la perfection reste douteuse. »

Ensuite, il spécifiait :

« — L'objet de ce vœu
  est le plus parfait RELATIF
(d'après les circonstances : santé, conditions de vie, etc...). »

Avec franchise, il en précisait les inconvénients :

 « — Rendre les âmes méticuleuses.
 — Faire viser à des actes héroïques, au dépens des devoirs ordinaires, et porter à l'orgueil.
 — Multiplier les occasions de péchés. »

Puis, avec la même sincérité, il en décrivait les avantages :

 « — Donner aux bonnes actions le mérite d'un acte de religion.
 — Affermir dans la pratique de l'abnégation.
 — Rendre plus clairvoyant et plus résolu. »

Enfin, il ajoutait une note extraite d'un auteur spirituel contemporain et révélatrice de son esprit pratique. En parlant du vœu, il disait :

« Le directeur ne le permettra pas
aux sujets perplexes, étroits ;
à ceux qui n'ont pas le jugement droit ;
à ceux qui pratiquent mal le renoncement ;
aux âmes qui n'en sentent pas l'attrait. »

La note se terminait par ces mots qui montrent la prudence de mon aîné.

« Même aux autres, le directeur ne le permettra pas pour un long espace de temps, au début. »

On voit par ces explications que l'abbé Léopold n'entendait pas poser son vœu à la légère. Son nouveau directeur, ainsi documenté, sanctionna l'autorisation autrefois accordée, mais spécifia, par prudence, que le vœu ne serait formulé que pour huit jours, avec possibilité de le renouveler au début de chaque semaine. Mon frère, par déférence, se rangea docilement à cet avis.

En réalité, l'abbé Léopold s'était décidé à faire ce vœu parce qu'il n'avait pu s'immoler comme il l'aurait voulu dans la vie religieuse.

Dans ses notes, en effet, longtemps avant de poser cet acte, il avait écrit :

« Je désire me donner à Vous, ô Jésus,
TOTALEMENT
soit dans la vie religieuse,
soit par le vœu du plus parfait. »

Sa santé, on s'en rend compte, s'opposait à la réalisation du premier de ses désirs; c'est pourquoi, après avoir examiné à nouveau la question et constaté qu'il ne pourrait remplir les obligations de la vie religieuse, il fit le vœu du plus parfait.

Dès qu'il l'eut posé, son intention fut de le vivre sans contention d'esprit, mais avec générosité. Souvent, en parlant de Jésus, il aimait à dire :

« Qu'est-ce qui Lui ferait davantage plaisir ? »

Puis avec joie il écrivit sur son carnet :

« *Rien pour la nature.*
Tout pour Dieu. »

Une autre fois il écrivait de même :

« *Bien-Aimé, je vous aime.*
Pour vous, chaque action sera un acte d'amour.
Pour vous, je veux la faire de mon mieux. »

Afin de connaître l'esprit dans lequel mon aîné avait formulé son vœu, j'écrivis à son directeur. Celui-ci, avec une sincérité touchante, me répondit entre autres choses :

« Votre frère m'avait mis au courant de son vœu, et avec une simplicité qui venait de son grand esprit de foi, dès le début de nos relations épistolaires, il me le soumit, ne voulant agir que dans et par l'obéissance. A cette entière dépendance, je reconnus une âme fort avancée en vertu...

« La seule fois que je le vis, il voulut faire sa coulpe et me parla des fruits de son ministère. Paroles de feu, mais où son action personnelle était voilée, afin que seule la grâce divine apparût comme réalisatrice du succès...

« Je m'étais attaché à son âme, et intérieurement, plusieurs fois, je ne pus m'empêcher de penser à une véritable sainteté... Le Maître l'enseignait sans le secours de livres... Les croix qui le paralysaient intellectuellement comme physiquement ne le troublaient pas; il y voyait constamment la réalisation du « *Sacerdos alter Christus* »... Les correspondances échangées avec lui pendant quelques mois ont été pour moi l'occasion de ferventes retraites mensuelles : il était lumière et paix ! »

Ces lignes tracées par le prêtre qui avait la responsabilité de l'âme de mon frère suffisent pour caractériser la beauté de celle-ci.

Toutefois, descendons plus avant dans les replis de sa vie spirituelle. Si l'abbé Léopold tendait au plus parfait, il désirait y parvenir, comme sainte Thérèse de l'Enfant-Jésus, dans la plus grande simplicité. Dans cet esprit, il notait sur l'un de ses carnets :

« *Notre-Seigneur proposa à Anne de Xaintonge de l'exempter de la nourriture, et la sainte refusa :* « *car je veux être, disait-elle,* « *un objet d'imitation et non d'admiration.* »

Par cette citation, on le voit, mon frère aspirait à une perfection non extraordinaire, mais accessible à toutes les âmes.

« *Dieu estime bien plus le moindre accroissement de pureté de conscience,* écrivait-il à la suite de saint Jean de la Croix, *que toutes les grandes œuvres extérieures que l'on pourrait entreprendre pour le servir.* »

« *Faites chaque jour le peu de bien qui est en votre pouvoir,* ajoutait-il encore en citant A. Frémont, *vous souvenant que c'est dans le détail qu'on sauve une nation, de même que c'est lettre par lettre qu'on apprend l'alphabet et phrase par phrase qu'on compose un livre.* »

Il avait fait sienne cette pensée d'un Père Jésuite mort dans un naufrage :

« *Jésus ne nous demande pas des actions merveilleuses. Ce qu'il regarde, c'est le grand cœur dans les petites choses.* »

D'ailleurs, ce que l'abbé Léopold entendait préconiser par cette constante application aux actes des « petites vertus », selon l'expression de la sainte de Lisieux, c'était la délicatesse à prouver à Notre-Seigneur.

« *Prenez un soin religieux des détails,*

écrivait-il en citant Mgr Gay.

*Le sens humain vous soufflera peut-être
    que c'est là de la minutie.
Répondez hardiment que c'est de la* DÉLICATESSE.
*   Vous savez ce qu'elle vaut entre amis :
        cent fois plus que de gros services.
    Elle est la fleur du cœur
        et le parfum des affections.
Donnez à Dieu ce parfum et cette fleur ;
    il est mieux de dire : rendez-les-lui,*

car, outre que ce que vous en pourrez jamais avoir
viendra nécessairement de Lui,
regardez ce que Lui-même en a mis,
ce qu'il en met chaque jour
dans tous ses rapports avec vous !
Le soin de Dieu, les petits soins de Dieu,
ses attentions,
l'à-propos merveilleux de ses secours,
la perfection exquise de ses bontés,
en un mot, sa délicatesse,
c'est quelque chose que le cœur sent
quand il est pur et éclairé,
mais quelles lèvres pourront le dire ?... »

De plus, pour comprendre la façon dont l'abbé Léopold entendait vivre son vœu du plus parfait, il est bon de méditer avec lui ce passage d'une lettre du P. Surin, qu'il avait encore notée dans ses carnets. Voici comment cet auteur spirituel expose sa pensée :

« Dans le cours de la journée,
on s'étudie à marcher en la présence de Dieu ;
on fait toutes ses actions SANS EMPRESSEMENT ;
on réprime son activité naturelle ;
on évite les inutilités, les amusements,
les moindres imperfections.
Quand on s'aperçoit de quelque égarement,
on revient doublement à Dieu
et l'on se replonge en lui
par un acte d'adoration
ou d'amour ;
et dès qu'on sent quelque passion qui se veut soulever,
on se raidit contre, pour conserver sa paix ;
on se dégage à tout moment de ce qui
pourrait captiver ou embarrasser le cœur ;
on se tient quelquefois devant Dieu en silence ;
quelquefois aussi par un transport d'amour,
on s'élance à Jésus-Christ,
on se lie à Lui,
on s'abandonne à toutes ses saintes volontés.

> *Tout cela doit se faire*
> > *d'une manière libre et sans gêne :*
> *Notre-Seigneur veut des âmes*
> > *gaies, qui agissent par amour,*
> > *généreuses, qui ne rampent point dans les faiblesses de*
> > > *la nature,*
> > *élevées,*
> > > *qui par une foi vive respirent l'air de l'autre monde*
> > > *et ne prennent part à celui-ci*
> > > > *que par humilité,*
> > > > *par charité,*
> > > > *par condescendance pour les petits*
> > > > > *et pour les affligés.* »

Mais si l'abbé Léopold arrivait à s'appliquer aux petites choses, pour faire plaisir à Dieu, il n'entendait pas cependant s'y adonner au point d'y perdre sa sérénité. Dans cet esprit, il transcrivit encore cette pensée de Bossuet :

> « *Les petits sacrifices ?*
> > *En général, il est bon de faire ces petites choses,*
> > > *parce qu'on obtient par là, la grâce d'en faire de*
> > > > *plus grandes ;*
> > *Mais dès que cela vient avec trouble,*
> > > *il est mieux de les laisser :*
> > > > *la paix est préférable à ces petits sacrifices*
> > > > *qui se peuvent faire ou laisser.* »

Mon frère, en effet, affectionnait le calme et la suavité; il désirait conduire le travail de sa perfection dans la gaîté et dans la joie.

> « *Comment pourrons-nous triompher des tentations ?* écrivait-il.
> > *Il faut pour cela*
> > > *de la bonne humeur,*
> > > > *encore de la bonne humeur,*
> > > > *et toujours de la bonne humeur !* »

Avec le P. Rigoleuc, volontiers il pensait :

> *« La sainteté et la félicité*
> *sont deux compagnes inséparables*
> *et deux sœurs qui ne demeurent jamais*
> *l'une sans l'autre. »*

En outre, s'il marchait avec intrépidité vers la perfection, il savait qu'il ne pourrait y parvenir avec ses seules forces. Malgré l'assurance avec laquelle il avançait, il se défiait beaucoup de lui-même.

> *« Faire ce que vous désirez, écrivait-il en parlant à Jésus,*
> *vivre sous l'esclavage de votre grâce,*
> *rechercher ce qui vous plaît le plus, ô mon Dieu,*
> *n'est-ce pas le chemin de la sainteté ?*
> *Mais accordez-moi, ô mon Dieu, je vous en conjure,*
> *vos lumières et votre force :*
> *je suis si peu ! »*

Avec ce sentiment de sa propre faiblesse, il allait avec confiance au Sauveur. Après le P. de la Colombière il pouvait répéter :

> *« Les plus étroits sentiers*
> *de la vie parfaite à laquelle je suis appelé*
> *ne me donnent point de frayeur,*
> *parce que vous êtes ma lumière et ma force ! »*

Enfin, il savait que le travail de la perfection n'est jamais achevé sur cette terre. Il faisait sienne la pensée de saint Bernard :

> *« Il n'est point de parfait*
> *qui ne désire se perfectionner davantage :*
> *c'est même un signe de perfection*
> *d'aspirer à une perfection plus haute. »*

C'est pourquoi, pour rester dans la disposition de progresser sans cesse, il avouait modestement qu'il faut marcher :

> *« Vers la sainteté,*
> *avec la douce consolation*
> *d'en approcher toujours*
> *et l'humble désespoir*
> *de ne l'atteindre jamais ! »*

*
* *

Tel était l'idéal de perfection que mon frère s'était forgé et les saintes dispositions qu'il manifestait dans son désir de la réaliser.

Comme on le voit, il écartait l'extraordinaire de sa vie spirituelle; à l'instar de sainte Thérèse de l'Enfant-Jésus, il entendait gagner les sommets de la perfection par la simple observation de ses devoirs d'état et l'application généreuse de l'esprit de sacrifice aux actes des plus modestes vertus. Sa conception correspondait à la vraie notion de la perfection enseignée par l'Église.

La sainteté, en effet, ne réside pas dans le merveilleux ou l'extravagant, mais dans l'amour de Dieu vécu dans le sacrifice. Le Souverain Pontife Benoît XIV le dit avec précision dans son traité *De la béatification et de la canonisation des saints :* « Pour canoniser un serviteur de Dieu, il suffit qu'on ait la preuve qu'il a pratiqué les vertus dont l'occasion lui était offerte, selon sa condition, selon son rang et selon l'état de sa personne (1). »

La condition requise par l'Église n'est donc pas la singularité, mais le progrès constant et indéfini dans l'esprit de renoncement. La trame de la sainteté est faite d'une multitude de petits actes posés avec générosité, patience et charité. Dès lors, si l'on veut parvenir à la perfection, il faut et il suffit de s'adonner simplement à la pratique de toutes les vertus dans l'amour.

L'abbé Léopold l'avait compris. Sur une feuille, il avait tracé le programme qu'il désirait remplir et qui devait sans doute lui servir de points de repère pour l'examen particulier. Il avait écrit :

« I. — *Voir clair dans ma vie spirituelle.*
    Pratiquer l'humilité.
    Ai-je parlé de moi? Ai-je compté sur Dieu?

II. — *Diminuer le moi dans ce qu'il a d'excessif.*
    Pratiquer l'esprit de pauvreté, de chasteté, d'obéissance.

---

(1) *Op. cit.*, III, 21.

III. — *Augmenter mon amour pour Dieu :*
Lui ai-je donné assez de temps et d'affection?
Accroître mon dévouement pour les autres.
Ai-je été assez bon pour mon entourage et le prochain
en général? »

Ce sont ces vertus d'humilité, de pauvreté, de chasteté, d'obéissance, d'amour de Dieu et du prochain, qu'il affectionnait particulièrement et pratiquait quotidiennement, qui devaient le conduire petit à petit, comme nous allons le constater, au terme de la vie spirituelle.

CHAPITRE IV

LES VERTUS FONDAMENTALES

L'Église est traditionaliste. Elle l'est aussi bien au point de vue ascétique que dogmatique, car elle possède une doctrine spirituelle qui a fait ses preuves en produisant de très grands saints, et à laquelle elle ne permet pas que l'on touche, attendu que celle-ci procède de la théologie dogmatique; or, on sait que le dogme est intangible.

La théologie ascétique, d'ailleurs, comme la théologie dogmatique, est esprit et vie. Elle croît, se développe et s'épanouit à travers les siècles. On pourrait même dire qu'elle se simplifie au cours de sa croissance et engendre des saints de plus en plus aimables au fur et à mesure de son développement. Leur ascétisme paraît moins rigoureux que celui des saints des premiers âges, et plus accessible à un grand nombre d'âmes. Il y a loin, en effet, d'une Marie l'Égyptienne à une Thérèse de l'Enfant-Jésus, d'un saint Siméon stylite à un saint François de Sales. Cependant, on aurait tort de se méprendre. Si l'ascétisme catholique paraît se simplifier, il reste identique en son fond, et s'il se simplifie, c'est pour conduire plus rapidement les âmes au cœur même de la sainteté, c'est-à-dire à l'amour et au sacrifice.

Certains esprits, cependant, à la fin du XIXe siècle, ont pensé devoir rénover l'ascétisme chrétien. Poussés par un désir ardent d'apostolat, ils auraient voulu rendre moins pénible pour les âmes, la pratique des vertus, dites monastiques, de pauvreté, de chasteté, d'obéissance, dédaigneusement appelées par eux « vertus passives », pour favoriser particulièrement le développement intensif des « vertus actives » dans l'exercice du zèle. Ce sont les « américanistes » que l'Église a condamnés en affirmant solennellement qu'il n'y a pas de sainteté possible sans sacrifice.

En fait, les « américanistes », n'avaient pas compris le problème de la perfection. La sainteté pour l'homme consiste à se dépouiller de lui-même, afin de se laisser transformer par la grâce et de mieux se donner à Dieu. Partant du péché, antipode de la perfection, pour aboutir à l'union à Dieu, terme ultime de la vie spirituelle, l'ascétisme chrétien fait passer l'âme par trois voies successives : la voie purgative, la voie illuminative et la voie unitive.

Dans la voie purgative, ainsi appelée parce que l'homme s'y *purge* de ses mauvaises tendances, l'âme entre en lutte avec le péché et sa triple origine : Satan, le monde et la concupiscence. C'est une entreprise dure et pénible, qui requiert une opiniâtreté constante et une surveillance perpétuelle, mais qui demeure indispensable pour obtenir de sérieux résultats dans le domaine surnaturel. Petit à petit, l'âme se dégage du mal, et, quand après avoir évité les fautes graves, les péchés véniels et autant que possible les imperfections, elle se sent libérée des chaînes qui la tenaient attachée à la terre, elle entre alors dans la seconde voie, pour s'adonner à la pratique des vertus.

La voie illuminative elle-même se divise en deux parties : la première comporte un travail négatif qui continue la lutte contre l'égoïsme, principal adversaire de l'avancement spirituel; la seconde, un travail positif qui élabore progressivement l'union à Dieu. La partie négative se réalise par la pratique des vertus morales d'humilité, de pauvreté, de chasteté, d'obéissance, dont l'acquisition réclame l'utilisation des vertus cardinales de justice, de prudence, de force, de tempérance. La partie positive s'effectue par la pratique des vertus théologales de foi, d'espérance et de charité, dont le but est de nous mettre en rapport immédiat avec le Créateur.

Enfin, dans la voie unitive se consomme définitivement l'union à Dieu par une vie intérieure intense et la vie mystique.

L'ascèse chrétienne, on le constate, mène l'entreprise avec méthode. Elle écarte les obstacles avant de songer à l'édification du travail de la perfection, exige le nivellement avant la construction, anéantit le « vieil homme », selon l'expression de saint Paul, pour permettre la naissance et la croissance de « l'homme nouveau ».

Institution Saint-Pierre de Fourmies, où l'abbé Léopold Giloteaux commença ses humanités
et entendit son premier appel au Sacerdoce.

Il n'y a donc pas de sainteté possible sans la lutte contre le péché et sans la pratique des vertus fondamentales d'humilité, de pauvreté, de chasteté, d'obéissance. Celui qui entreprendrait d'édifier sa vie spirituelle, sans leur concours, constaterait bientôt l'inanité de sa tentative. Avant de bâtir, il faut creuser, afin de donner à la vie chrétienne de solides assises.

En réalité, les trois vertus de pauvreté, de chasteté, d'obéissance, en luttant contre la triple concupiscence de la richesse, de la sensualité et de l'orgueil, nous invitent à nous détacher de tout ce qui n'est pas Dieu; la pauvreté nous écarte des biens de ce monde, qui sont souvent pour l'homme une source de jouissance et de péché; la chasteté nous spiritualise en nous privant des sensations voluptueuses illicites et susceptibles d'amoindrir notre valeur morale; l'obéissance nous détermine à renoncer à notre volonté propre pour faire en tout la volonté de Dieu.

L'abbé Léopold avait compris la nécessité de ces vertus et saisi la vie spirituelle dans son ensemble. Aux personnes qu'il dirigeait, il remettait un résumé rédigé par lui et ainsi conçu :

« **Vie Intérieure**

Plan du travail
— *Toujours le recueillement est nécessaire* —

Humilité : *se placer dans la vérité :*
Sans Dieu, je ne puis rien.
Ce que je suis, c'est à Dieu que je le dois...

Renoncement : *enlever les choses inutiles ou nuisibles ;*
détruire l'égoïsme par la pratique des vertus de :
a) *chasteté, suivant son état : écarter les inclinations et les*
pensées qui apportent le trouble.
b) *pauvreté : estimer l'argent à son juste prix ; ne pas s'y*
attacher outre mesure pour pouvoir prendre son essor.
c) *obéissance : détruire l'amour-propre dans ses exagérations.*

Charité : *développer l'essentiel de la vie chrétienne, le don de soi.*
Aimer Dieu, aimer le prochain. »

Par ces quelques lignes, mon frère avait fourni la synthèse de la vie spirituelle. Il suffira de suivre ce *schéma* pour découvrir le développement de sa propre perfection.

Du reste, si l'abbé Léopold avait voulu se faire religieux, c'était pour mieux pratiquer les trois vertus de pauvreté, de chasteté, d'obéissance, et effectuer plus efficacement le don total de lui-même à Dieu et au prochain. On sait qu'il ne put réaliser ce pieux désir. Toutefois, s'il ne posa pas les trois vœux, il en vivait l'esprit, car il avait reconnu l'importance des vertus religieuses.

« *Par ses vœux comme par trois flèches d'or,* écrivait-il en citant le P. de Maumigny, *le religieux blesse le cœur de Dieu, et de même qu'ici-bas, quand on a blessé quelqu'un, on a pouvoir sur lui, de même quand une âme a blessé le Cœur de l'Époux divin, Il est à elle :* « DILECTUS MEUS MIHI ! » *Jésus est à vous pour veiller sur vous ; Jésus est à vous pour exaucer vos prières ; Jésus est à vous pour vous donner une vie nouvelle.* »

« *La joie de l'âme religieuse,* disait-il lui-même, *c'est le sentiment de la donation* TOTALE *à l'objet de son amour...*

> *S'être donné*
> *dans ses biens (Pauvreté),*
> *dans son corps (Chasteté),*
> *dans son âme (Obéissance)*
> TOTALEMENT *et cela à l'Être Infini... à l'Infinie Beauté,*
> *et à chaque instant pouvoir renouveler cette donation :*
> *quelle joie !* »

L'abbé Léopold, on le voit, n'avait rien de l'« américaniste ». Il savait que pour produire plus de fruits dans l'ordre surnaturel, il faut se dépouiller entièrement de soi-même et s'effacer devant la grâce, pour mieux laisser Dieu agir. Ce sont les vertus de pauvreté, de chasteté, d'obéissance, précédées par la pratique de l'humilité, que nous allons considérer en lui au cours de ce chapitre.

*
* *

L'humilité, au dire des Maîtres de la vie spirituelle, c'est la vérité et la justice, en d'autres termes : la connaissance exacte de soi-même, avec le désir d'être méprisé.

C'est la vérité, en ce sens qu'elle nous fait reconnaître notre néant en face du Très-Haut, notre faiblesse sans la grâce dans le domaine surnaturel, notre mauvaise tendance à vouloir nous élever devant Dieu et devant les hommes. C'est la justice, parce qu'elle nous invite à demeurer à notre place, à ne pas tromper le prochain en cherchant une estime que nous ne méritons pas, à nous mépriser à cause de nos fautes et de notre misère.

L'abbé Léopold, malgré les qualités naturelles qui lui avaient été départies par la Providence et qui auraient pu le pousser à l'orgueil, pratiqua l'humilité. Dès le début de son ministère, il s'appuya sur Dieu, et non sur sa faiblesse.

« *O mon Dieu*, écrivait-il à cette époque, *j'arrive au poste que m'a confié votre Providence ; j'arrive seul pour combattre le monde, mais j'ai votre grâce, et avec elle je sais que je pourrai rayonner et faire du bien.* »

Puis avec un désir sincère d'humilité, il poursuivait :

« *Mon Dieu, donnez-moi le désintéressement. Faites que je ne cherche que vous au patronage et au cercle des soldats. Je veux ne rien faire pour moi et ne jamais parler de moi. Faites, ô mon Dieu, que je tienne cette dernière résolution. Je ferai tout de mon mieux ; mais qu'on me loue ou qu'on me blâme, peu importe. Il me suffira d'avoir travaillé pour vous.* »

L'abbé Léopold était d'ailleurs convaincu du néant de l'homme.

« *Je ne suis rien, je ne puis rien*, disait-il à ses auditeurs, dans un sermon, pour les convaincre de la nécessité de l'humilité. *Car que suis-je ? Un être d'un jour, un atome dans l'espace, une créature dont on ne saura plus le nom dans cent ans. Devant Dieu, je ne suis pas plus qu'une feuille sur un arbre, un brin d'herbe dans la prairie, un grain de sable sur le rivage. Tandis que la puissance de Dieu soutient dans l'espace des globes énormes, un rocher qui se détache, un animal qui se révolte, suffit pour me tuer ; que dis-je ? des petits êtres que mes yeux sont impuissants à distinguer se glissent dans mes veines, et c'en est fait de moi...*

« *Je ne suis rien devant Dieu, je ne suis pas davantage devant les hommes. Que suis-je devant un saint Paul, dont les persécutions* ne font qu'enflammer le zèle? que suis-je devant les anachorètes, devant les saint Pacôme, les saint Hilarion, qui passaient leur vie dans d'effrayantes mortifications? que suis-je devant les docteurs de l'Église, devant les savants? que suis-je devant les grandes âmes contemplatives, les saint François et les sainte Thérèse, qui ont connu toutes les sublimités de l'âme humaine?

« Je ne suis rien, et j'ajoute : « Je ne puis rien. » Je ne puis rien au point de vue naturel sans le secours de Dieu : je ne puis même pas marcher, manger, dormir ; Dieu, qui m'a créé, me maintient sans cesse en vie ; qu'il retire sa main, et je tombe dans le néant... Je ne puis rien davantage au point de vue surnaturel, car, d'après le témoignage de saint Paul, je ne puis même pas prononcer le nom de Jésus sans le secours du Saint-Esprit ; pour faire un acte méritoire, il me faut chaque fois une grâce actuelle, et surtout pour persévérer jusqu'à la mort, il me faut une grâce toute spéciale.

« Je ne suis rien, je ne puis rien ; il me reste alors à me tourner vers Dieu, et c'est en cela que consiste l'humilité, car l'humilité n'est ni plus ni moins que la vérité, ni plus ni moins que l'ordre. La vérité est que Dieu est le principe de tout bien, et non pas moi-même ; l'ordre est que Dieu doit être la fin de tous mes actes, et non pas moi-même. L'orgueil dit : « J'agis pour moi. » L'humilité répond : « J'agis pour « Dieu, je compte sur Dieu. »

« J'agis pour Dieu, voilà l'ordre et voilà la sagesse. Agir pour Dieu, c'est graviter autour de l'Être par qui tout existe, c'est donner ma note dans le concert universel qui le glorifie, c'est prendre ma place dans le plan de bonté qu'il a formé.

« Je compte sur Dieu, et c'est la confiance absolue en Dieu. L'âme vraiment humble laisse Dieu penser pour elle, vouloir pour elle ; elle subit les épreuves du dehors, les délaissements du dedans, avec les mêmes sentiments d'abandon à la Providence. »

On comprend qu'avec ces idées l'abbé Léopold ait aimé l'humilité !

« La seule ambition permise, écrivait-il dans ses notes, c'est de travailler là où la Providence nous a placés à l'œuvre du Père que nous avons au ciel. »

« Nous ne sommes que des BALAYURES,
                et cependant que d'orgueil ! »

affirmait-il en évoquant un texte de saint Paul. Puis il ajoutait :

« O Jésus, comme le lis,
faites que je ne me plonge en terre
que pour m'élever plus haut vers vous. »

L'abbé Léopold était donc convaincu de la beauté et de la fécondité de l'humilité. Il savait que la charité et elle constituent les deux pôles de la vie spirituelle.

« L'humilité et la charité sont les maîtresses vertus,
écrivait-il en citant saint François de Sales;
les autres suivent comme les poussins leur mère. »

« Je ne comprends pas
qu'il y ait jamais humilité sans amour
ou amour sans humilité, » disait-il avec sainte Thérèse. Il en était si convaincu qu'il écrivait lui-même

« Dès que nous reconnaissons notre néant,
Dieu se donne à nous,
et dès qu'Il se donne à nous,
nous sommes obligés, écrasés par sa bonté,
de reconnaître notre néant!
Lui est Tout
et nous, nous sommes Rien! »

L'humilité lui apparaissait par conséquent comme la première vertu à pratiquer dans l'ordre surnaturel. Il avait médité la doctrine de sainte Thérèse de l'Enfant-Jésus et la puissance de l'enfance spirituelle. Dans son sermon sur l'humilité, il citait en son exorde le texte évangélique :

« Nisi conversi fueritis et efficiamini sicut parvuli, non intrabitis in regnum cœlorum. »

Il le traduisait de cette manière :

« Si vous ne changez et si vous ne vous rendez semblables à de petits, à de tout petits enfants, vous n'entrerez pas dans le royaume de Dieu ; c'est-à-dire : si vous ne vous faites humbles, vous ne connaîtrez ni la paix, ni la perfection, ni le bonheur éternel... »

Du reste, il avait transcrit avec intérêt, dans ses notes, plusieurs textes de la sainte de Lisieux : ceux-ci, entre autres, qui lui révélaient la nécessité de l'humilité :

« — Parce que j'étais petite et faible, Jésus s'abaissait vers moi et m'instruisait doucement de ses secrets d'amour. »

« — Le seul moyen de faire de rapides progrès dans la voie de l'amour est celui de rester toujours bien petite. »

« — O mon Bien-Aime, sous le voile de la blanche hostie, que vous m'apparaissez doux et humble de cœur ! pour m'inspirer l'humilité, vous ne pouvez vous abaisser davantage ; aussi je veux, pour répondre à votre amour, me mettre au dernier rang, partager vos humiliations, afin « d'avoir part avec vous » dans le royaume des cieux. »

L'abbé Léopold, en effet, entendait lui aussi aller jusqu'au bout de la vertu. Non seulement il voulait s'effacer devant Dieu et reconnaître son néant, mais il désirait pratiquer, à l'exemple de Jésus, bafoué durant sa Passion, l'amour du mépris et de l'abjection.

En citant Élisabeth Leseur, il écrivait :

« Pour l'âme comblée par Dieu de grâces de choix,
    l'humilité devrait être poussée à un degré héroïque,
puisque l'abîme est immense
        entre sa propre imperfection
           et les bienfaits reçus. »

Puis, plus tard, il disait lui-même :

« Si nous avions réellement l'esprit de Jésus,
    nous nous empresserions de saisir avec joie
        toute occasion de pratiquer l'humilité,
           comme un avare se précipite sur un trésor. »

« Être humilié, affirmait-il,
    c'est avoir l'occasion d'imiter Jésus de plus près...
    Donc, alleluia ! »

Son amour de l'humilité s'intensifia au fur et à mesure qu'il approchait du terme de sa vie. Durant les derniers mois de son existence, il affectionnait surtout le mépris.

« *Il faut aimer à paraître petit*
inutile
méprisable aux yeux des hommes »,
disait-il avec le P. de Clorivière.

« *L'âme religieuse* A DROIT *aux humiliations* »,
proclamait-il avec joie. Puis, il ajoutait :

« *J'ai soif d'humilité,*
Je ne suis rien !
O mon Dieu, donnez-moi le sentiment de mon néant ! »

Sa prière fut exaucée. A la fin de sa vie, en effet, en constatant le caractère pénible de sa maladie, il se surprenait à dire :

« *Quelle déchéance ! quelle humiliation ! quelle abjection !* »

Mais il gardait sa paix et sa sérénité.

« *Pourvu qu'Il soit glorifié,* notait-il sur son carnet,
endurons et désirons les opprobres ;
dès lors naîtra en nous l'humilité,
c'est-à-dire le mépris de nous-mêmes et l'amour de Dieu. »

Puis, il notait encore avec résignation :

« *Être malade, toujours sous la menace*
d'être à charge à son entourage,
Voilà de l'abjection !
Telle est votre volonté, Seigneur.
Faites que je m'y complaise
et que j'accepte tout. »

Mais si l'abbé Léopold aimait l'abjection, il trouvait avec sainte Thérèse de l'Enfant-Jésus que le plus haut degré de l'humilité se trouve dans l'oubli total de soi-même.

« *La vraie marque de l'humilité,* écrivait-il,
c'est de ne jamais parler de soi,
même pour se mépriser,
car il pourrait s'y glisser
quelque recherche subtile de l'amour-propre. »

« L'important, affirmait-il,
est de se compter pour rien. »

« Se compter pour rien.
Renoncer à ses idées propres,
à son amour-propre,
à sa volonté propre,
Voilà l'idéal! »

« Le grand point
est de s'oublier
et pour en arriver là, allons-y carrément.
Sursum corda! »

Toutefois, il se rappelait que dans la pratique de l'humilité, le secours de Dieu est surtout nécessaire.

« Dans l'oubli de soi, proclamait-il,
il faut agir par amour
et se laisser porter par la grâce!... »

* *

Pour l'abbé Léopold, l'humilité était donc la vertu préparatoire, à pratiquer avant toute autre :

« Elle éclaire toute la vie spirituelle, écrivait-il; il faut l'acquérir avant d'aller plus loin. Ensuite, il faut briser les exagérations du « moi » par les vertus de pauvreté, de chasteté, d'obéissance. »

Mon frère, n'ayant pas fait le vœu de pauvreté, ne pouvait pratiquer cette vertu comme un religieux; mais, comme elle lui paraissait indispensable dans le travail de la perfection, il en avait acquis l'esprit et le vivait de son mieux en toutes circonstances.

« La pauvreté nous détache des biens d'ici-bas, disait-il, et ce détachement doit être un détachement de cœur et de fait. Au lieu d'avoir l'esprit et le cœur COLLÉS *à la terre, nous devons nous tenir* LIBRES *et dégagés de ce que nous possédons ; toutefois, nous devons nous détacher, dans la mesure où le permet la prudence,*

selon tous nos devoirs et la discrétion, pour ne pas pousser la vertu à l'excès. »

« Ayons la conviction, continuait-il, que le bien suprême de notre âme est l'union parfaite à Dieu et que cette union se mesure pratiquement à notre détachement des créatures. Faisons avec suavité l'éducation de notre cœur ; apprenons-lui à avoir des sentiments affectueux et tendres à l'endroit de la pauvreté, et de la répulsion à l'égard de la richesse, couvrant la première de la robe gracieuse de Jésus-Enfant et la seconde du manteau de pourpre du mauvais riche. »

Puis, il ajoutait :

« Dans la vie extérieure, nous devons pratiquer la pauvreté, non seulement de cœur, mais de fait, par quelques aumônes et le dépouillement d'objets superflus. »

L'abbé Léopold ne se contentait pas de théorie. S'il parvenait à préciser avec des idées claires, l'idéal de perfection qu'il désirait réaliser sous ses différents aspects, il entendait aussi le vivre. C'est pourquoi, après avoir écrit les notes précédentes sur la vertu de pauvreté, il copia un examen particulier qu'il avait approprié à sa vie.

Voici les différentes questions qu'il se posait :

« — Ai-je été fidèle aujourd'hui à mettre mes trésors, mes désirs, plus haut que la terre ?

« — Ai-je aimé la vertu de pauvreté,
en tant qu'elle m'aidera à fuir l'occasion du péché ?

« — Mon cœur est-il vraiment prêt à tous les dépouillements ?

« — Y a-t-il dans ce qui est à mon usage
quelque objet inutile dont je puisse me dessaisir,
pour prouver à Dieu ma bonne volonté ?

« — Ai-je pour les biens que Dieu m'a confiés
le respect et le soin que doit avoir un bon économe ?

« — Suis-je calme et diligent dans les affaires ?

« — Dans ma tenue extérieure, n'y a-t-il aucun désordre ?

« — N'y a-t-il dans mes paroles et mes manières
rien qui sente le raffinement mondain ?

> « — *N'ai-je aucune attache déréglée (qui trouble, inquiète)*
>   *à aucun objet, si petit soit-il?*
> « — *N'ai-je pas regardé en arrière,*
>   *vers les biens déjà sacrifiés à Dieu?*
> « — *Ai-je pris la bonne habitude de payer comptant?*
> « — *L'aumône est-elle un besoin de mon cœur?* »

On imagine facilement qu'avec une telle précision, l'abbé Léopold devait apporter une merveilleuse exactitude dans la pratique des vertus. D'ailleurs, il entendait vivre la pauvreté aussi bien au point de vue spirituel que matériel.

Avec Élisabeth Leseur, il pensait que la pauvreté du cœur s'obtient :

> « *en se dépouillant de tout attachement*
>   *que l'Éternité ne saurait voir durer ;*
> *en s'allégeant de tout fardeau humain ;*
> *en ne conservant que l'amour pour Dieu*
>   *et les grandes et saintes tendresses*
>   *qu'Il peut bénir et qui s'épanouissent au Ciel.* »

Avec la même âme, il notait :

> « *Un cœur bien pauvre de tout désir (pour l'avenir)*
>   *et de tout regret terrestre (pour le passé)*
>   *appelle à lui les divins regards*
>   *et Dieu fait en lui sa demeure.* »

Bien plus, il désirait se détacher même des joies spirituelles. Il trouvait avec le P. Rigoleuc, que pour pratiquer véritablement la pauvreté, il faut :

> « — *ne désirer aucune autre connaissance*
>   *que celle de Dieu et de nous-mêmes ;*
> — *ne point chercher Dieu hors de nous ;*
> — *ne point attacher notre affection*
>   *à un bien créé quelque spirituel qu'il soit...* »

Voilà jusqu'où allait l'esprit de pauvreté chez mon frère. S'il ne put en faire le vœu pendant sa vie, il eut cependant, au terme

de son existence, la possibilité de la vivre, même au point de vue
matériel. En effet, à l'approche de la mort, il désira se libérer
des biens qui pouvaient encore le retenir attaché à la terre. Il
régla ses affaires temporelles et distribua de son vivant tout ce
qu'il possédait. Après avoir effectué ses dons, il écrivit simplement, mais avec joie, sur un de ses carnets :

« Je n'ai plus un sou à moi.
Quelle liberté dans le détachement !
— Sentiment très doux ! »

Après un pareil dépouillement, il pouvait se présenter sans
crainte devant le tribunal du Souverain Juge, qui, né pauvre,
avait vécu pauvre et était mort pauvre. Jésus dut l'accueillir avec
bonté, car si mon frère n'emportait rien des biens de ce monde,
il était riche des trésors de sa vie spirituelle et des mérites que
ui avait octroyés l'esprit de pauvreté.

*
* *

A la vertu de pauvreté, qui détache des biens de la terre, l'ascèse
chrétienne demande que l'on joigne la chasteté, qui nous éloigne
des plaisirs voluptueux illicites. L'abbé Léopold, ici encore, avait
admirablement saisi le sens de cette vertu et de quelle manière
il faut la réaliser suivant les différents états de vie.

Dans une étude sur le sujet, il écrivait :

« Depuis le péché d'Adam, la nature est désorganisée. Les sens
et la raison, qui autrefois concouraient au bonheur et à la paix de
l'homme, sont maintenant en lutte; les sens voudraient se développer
outre mesure, au détriment de la raison. Parmi les tendances infé-
rieures de l'homme (tendance au boire, au manger, au dormir, à se
défendre, à s'approprier — tendances très communes, puisqu'elles se
retrouvent dans tous les êtres humains, tandis que les autres sont plus
rares, — tendances moins nobles, puisqu'elles manifestent l'égoïsme
et non le don de soi, — tendances qu'il n'est pas beau ou magna-
nime de voir développées en soi), l'instinct de la chair est le plus
violent et aussi le plus funeste dans ses conséquences, sitôt qu'il
dépasse les bornes. Ces conséquences sont un égoïsme féroce et

l'absorption de tous les sentiments généreux : amour du travail, amour des parents, amour des enfants, etc...

« Or, le frein qui vient s'opposer à cet instinct de la chair, est la pureté, et c'est une vertu, c'est-à-dire, une force qui grandit avec le temps et avec les victoires. Ce frein est nécessaire à tous, quel que soit le genre de vie. Le tout est de maintenir l'instinct de la chair dans les limites clairement perçues par la raison et déterminées par le genre de vie. Cette force développée en nous nous rend capables de tous les héroïsmes. »

L'abbé Léopold spécifiait ensuite les avantages de cette vertu :

« — Le bonheur étant la satisfaction de nos tendances hiérarchiquement développées selon leur valeur, et la chasteté ramenant à leurs limites les tendances inférieures, cette vertu concourt puissamment à nous donner la paix.

« — La chasteté maîtrisant l'imagination, nous permet de voir clair dans les choses de Dieu. L'intelligence jouit alors d'une lucidité que ne connaissent les autres que par instants.

« — La chasteté, nous ayant mortifiés du côté des biens les plus tentateurs, nous rend plus énergiques vis-à-vis des autres biens. Nous sommes plus détachés de ce qui n'est pas Dieu, et, dès lors, nous sommes plus près de Dieu. Or, SI DIEU ÉTAIT LA PENSÉE DOMINANTE DE NOTRE VIE, NOUS SERIONS DES SAINTS. »

Connaissant la valeur de cette vertu de chasteté, si chère au cœur du prêtre, l'abbé Léopold voulut la garder, la développer et la vivre. Au séminaire, il écrivait déjà :

« Seigneur, qu'il est beau d'être pur ! Donnez-moi la grâce de saisir la sublimité de cette vertu et de la pratiquer avec la dernière énergie. Par la virginité, l'homme s'élève au-dessus du genre humain ; il devient un être qu'on ne comprend plus et à l'existence de qui on refuse de croire. Ai-je mérité cette grâce, ô mon Dieu ? je le désire de tout mon cœur, mais aidez-moi à marcher dans cette voie difficile, à porter ce vase que l'on dit si fragile... »

Puis, le jour de Noël 1910, peu de temps après son ordination au Diaconat, alors qu'il avait eu le bonheur d'exposer le Saint-Sacrement au Salut, il écrivit de même, de retour en sa chambre :

« J'ai eu pour la première fois le bonheur
de porter dans mes bras le Bon Dieu.
Mon Dieu, faites que je sois pur ! »

La chasteté était pour lui une vertu de grand prix. Il tenait à la justifier devant le monde qui la condamne ou qui la raille. Avant son sacerdoce, il avait projeté de faire imprimer au dos de ses souvenirs d'ordination, ce texte qu'il avait composé lui-même, mais qu'il conserva au dernier moment dans ses notes. Il est bon cependant d'en donner la teneur :

« Dans notre siècle de sensualisme, écrivait-il, on aurait tendance à ne plus croire à la possibilité de la chasteté, et pourtant, malgré les rares défaillances de quelques malheureux, la chasteté du clergé catholique est un fait indéniable.

« Si la chasteté est impossible à l'homme abandonné à ses propres forces, elle n'est pas impossible au chrétien et surtout au prêtre... En prenant les engagements du Sous-Diaconat, le prêtre sait les tentations qui l'attendent, mais il sait aussi sur quels secours surnaturels il peut compter ; il sait l'efficacité de la prière et de la grâce, cette aide mystérieuse, mais bien réelle, d'un Dieu tout-puissant ; il connait la mortification à l'abord si austère, mais de fait si douce et si efficace pour tremper les caractères ; il goûte l'amitié de Dieu, pour qui il a sacrifié ses affections humaines ; enfin dans la sainte messe, il trouve l'Eucharistie, ce pain céleste qui a fait ses preuves en donnant des vierges et des martyrs innombrables.

« Et si le prêtre fait le vœu de chasteté, ce n'est pas en ennemi fanatique des joies de ce monde. Le sacrifice n'est jamais voulu pour lui-même : le jardinier ne taille pas ses arbres pour le plaisir de les mutiler, mais pour les rendre plus vigoureux et plus productifs ; ainsi le prêtre doit demeurer pur pour avoir une âme plus forte et plus généreuse, prête à tous les sacrifices. Le prêtre reste chaste pour être libre de tous soucis de famille et pour penser davantage à Dieu, aux âmes et aux enfants ; le prêtre reste chaste pour donner une preuve vivante des énergies intimes du catholicisme ; le prêtre reste chaste pour prêcher à tous la pureté de mœurs que la raison commande à chacun suivant son état ; enfin et surtout le prêtre reste chaste pour être moins indigne d'approcher de l'autel du Dieu trois fois saint...

O chasteté, sublime apanage de la religion du Christ, de toute mon âme, je te salue ! »

Après avoir reçu le sacerdoce, l'abbé Léopold demanda à Dieu de lui conserver toujours précieusement sa fraîcheur d'âme.

« *Au sortir de l'ordination, écrivait-il, on a un sentiment très vif de votre bonté, ô mon Dieu, et de la sublimité du sacerdoce. Puissé-je conserver pour ce sentiment, comme pour bien d'autres, le respect, la pureté, l'honneur, la même délicatesse, afin d'être toujours le prêtre rêvé aux jours de ferveur et d'édifier autour de moi les âmes pieuses !* »

Plus tard, il écrivait :

« — *Je veux traverser la vie sans briser mon lis.* »
« — *Le lis amolli, penché vers le sol, ne fleurira point.* »

Du reste, avec Mgr Gay, il pensait que :

« *La mortification,*
        en nous coupant les deux pieds,
                nous oblige à ne plus nous servir que de nos ailes. »

Toutefois, mon frère se rendait compte de la perversité du monde et des dangers qu'il fait courir à la vertu. C'est pourquoi, par une nuit blanche où le sommeil n'avait pu l'envahir, il écrivit sur une modeste feuille, alors qu'il était vicaire au Quesnoy :

« *Mon Dieu, les difficultés au point de vue des mœurs sont formidables. Contre elles, nous ne pouvons absolument rien sans votre secours. C'est ici qu'on s'aperçoit être uniquement un instrument.*
« *Quelle pourriture ! La tâche de réagir et de lutter contre le mal m'effraie, mais j'espère en Vous, ô mon Dieu.*
« *Qu'il est bon d'être votre ami, d'être fort de votre force ! Oh ! la joie de se sentir* UNE AME VIBRANTE *et maîtresse d'elle-même !*
« *Merci, mon Dieu !* »

Puis au verso, il notait :

« *Les objections contre la pureté sont fausses parce que :*

— 1º elles n'envisagent la vie de l'homme que sous un aspect, et le moins noble.

— 2º elles mèneraient la société à la ruine.

— 3º elles n'apporteraient pas le bonheur, composé de nombreuses pièces. »

Comme conclusion, il écrivait :

« *Oh! la joie d'être pur,*
de dominer la tempête des sens! »

Puis :

« *Il est nécessaire de se sacrifier*
pour faire régner la pureté dans le monde
et dans les fidèles. »

A la fin de sa vie, se parlant comme à lui-même, il disait avec le P. de Foucauld, concernant cette sublime vertu :

« *La chasteté?...*
Il s'agit de l'essence même de la fidélité
que tu dois à ton Bien-Aimé,
à cet Époux
que tu aimes passionnément
qui, Lui aussi, t'aime passionnément,
comme il te l'a prouvé en mourant pour toi. »

D'ailleurs, à son avis, la chasteté ne pouvait se garder que par l'Eucharistie.

« *Jésus, par la communion, écrivait-il,*
se fait à la fois
ANTIDOTE *contre le danger*
et ineffable DÉDOMMAGEMENT
pour tous les sacrifices. »

Puis, il notait :

« *La communion nous unit à la chasteté même.*
Nous sommes avec Jésus un seul cœur
une seule âme! »

Enfin il ajoutait :

« Jésus flagellé, crucifié,
veut arroser de son sang,
le germe de pureté
que sa parole et son exemple
ont jeté dans les âmes.
Horrible péché qui a exigé une telle rançon !
Sublime vertu qu'un Dieu a payée un tel prix ! »

En fait, l'abbé Léopold n'aima jamais le monde. Aux plaisirs vains et passagers, il préféra toujours les suavités de l'amour divin. Aussi est-ce avec sincérité qu'il écrivit dans ses notes :

« Dès que la très chaste Épouse des Cantiques
parle de la BEAUTÉ *de l'Époux,*
elle ne sait plus finir ses discours...
Cette même beauté subjuguait la douce Agnès
lorsqu'elle s'écriait avec l'accent du triomphe :
« Que me voulez-vous ?
J'ai déjà un fiancé qui m'aime
et que j'aime...
Mon fiancé qui a ma foi,
c'est Celui que servent les Anges.
Quand je l'aime, je suis chaste.
Quand je le touche, je suis pure.
Quand je l'épouse, je suis plus vierge que jamais. »

Toutefois, si l'abbé Léopold savait que la pureté se conserve surtout par l'Eucharistie, il n'oubliait pas que la dévotion à Marie est également un moyen de sauvegarde. C'est pourquoi, dans sa jeunesse, il avait composé cette prière :

« O ma Mère, que vous êtes belle ! Votre pureté virginale resplendit sur votre face attirante, vous êtes pleine de charme et jamais vous ne rassasiez mes yeux. Votre chasteté fait de vous la plus belle de toutes les femmes, et nos cœurs s'offrent à vous, ô Vierge sainte.

« Vous resplendissez comme l'étoile du matin ; votre lumière douce captive, et tandis que je vous contemple, j'oublie les bassesses de la terre. Qui pourra vous chanter, ô Immaculée ; vous êtes d'une beauté

(*Cliché Bonnaire*)

L'abbé Léopold Giloteaux, à 25 ans, après son ordination sacerdotale.

que l'on goûte sans comprendre ; vous êtes un abîme de splendeur
où je voudrais me perdre. »

A la fin de sa vie, il écrivait avec moins de lyrisme :

« *Aimons donc davantage encore la Sainte Vierge,*
　　Son nom seul est terrible aux démons,
　　　　spécialement son nom de Marie Immaculée ;
　　　　　redisons-le souvent,
　　　　　　avec confiance,
　　　　　　avec amour ! »

Dans le même esprit, il se plaisait à invoquer saint Joseph,
choisi par Dieu, à cause de son éminente chasteté, pour être
l'époux de la Vierge Marie. Dans ses carnets, après avoir invoqué
l'Immaculée, il transcrivit aussi la prière bien connue :

« *O Saint Joseph,*
　　père et protecteur des Vierges,
　　　　gardien fidèle à qui Dieu confia
　　　　　Jésus, l'innocence même,
　　　　　　et Marie, la Vierge des vierges.
　Je vous en supplie et vous en conjure
　　par Jésus et Marie ;
　par ce double dépôt qui vous fut si cher, faites que,
　　préservé de toute souillure,
　　　pur d'esprit et de cœur
　　　　et chaste de corps,
　　　　　je serve constamment Jésus et Marie
　　　　　　dans une chasteté parfaite. »

On verra plus tard de quelle manière saint Joseph, par une
attention délicate et une prévenance particulière, répondit avec
bonté à cette tendre piété.

*
* *

Enfin, à la pauvreté qui nous éloigne des biens de ce monde et
à la chasteté qui nous spiritualise en maîtrisant nos instincts
inférieurs, l'ascèse chrétienne nous invite à unir l'obéissance qui

nous détache de nous-mêmes et finit par nous dépouiller entièrement de tout ce qui n'est pas Dieu.

L'abbé Léopold s'était également appliqué à la pratique de cette vertu. Après l'avoir étudiée avec soin, il écrivit :

« Je suis la créature de Dieu, la « chose de Dieu » ; je dois donc faire sa volonté. Or, cette volonté m'est indiquée par :
— 1º les commandements de Dieu,
— 2º les commandements de l'Église,
— 3º les conseils évangéliques,
— 4º mes devoirs d'état,
— 5º les circonstances de la vie,
*   et les indications de la Providence ;*
— le tout interprété par mon directeur de conscience et par moi. »

Puis, il ajoutait :

« Pour être excellente, l'obéissance doit être :
— 1º surnaturelle : il faut obéir pour Dieu
*   et non pour l s hommes ou pour moi.*
— 2º aimable, prompte, alerte et joyeuse.
— 3º totale, c'est-à-dire,
*   — aveugle : ne pas faire attention à la personne qui*
*   commande.*
*   — sourde : ne pas entendre le ton sec de celui qui ordonne,*
*   ou les réclamations de l'amour-propre.*
*   — muette : ne rien dire, ni tout haut, ni tout bas,*
*   contre le commandement porté. »*

Ensuite il avait dressé un tableau pour l'examen particulier En se posant diverses questions, il envisageait successivement les diverses périodes de son existence.

*« **Vie Passée.***
*   Quelle a été ma soumission à Dieu*
*   dans les grandes circonstances de ma vie ?*
*   — vocation.*
*   — accidents de santé.*
*   — perte des personnes chères.*
*   — événements pénibles.*

Quels ont été mes principaux actes de rébellion ?
Quelle en a été la cause ?

Vie Présente.

L'examen de mes confessions est-il sérieux ?
Suis-je attaché à mes devoirs d'état ?

Vie Future.

Ai-je le désir de me soumettre
à tous les conseils de perfection
conciliables avec ma vocation particulière ?
Suis-je résolu à ne rien refuser au Bon Dieu ? »

Il mettait en note : « *Cette disposition est très importante.* »

En fait, si l'abbé Léopold aimait l'obéissance, c'est parce qu'elle l'amenait au renoncement complet à sa volonté propre, pour faire entièrement la volonté de Dieu.

« *Pour trouver en Dieu toute sa joie*, écrivait-il avec saint Jean de la Croix, *il faut que l'âme se décide à se contenter de Dieu* SEUL. *Fût-elle déjà dans le Paradis, si toute sa volonté ne cherche Dieu, elle ne saurait être contente.* »

De même avec Tauler, il pensait :

« *Il n'y a rien qui puisse mettre l'homme en sûreté et le rendre juste comme de renoncer à sa propre volonté. Avant cela, qu'il le sache bien, il n'a rien fait devant Dieu pour avancer dans la perfection... Lorsqu'il est arrivé à ce point de se résigner et de s'offrir entièrement à Dieu, de tout souffrir et de tout endurer par amour pour lui, tant au dedans qu'au dehors, il commence à être dans le bon chemin ; il n'y était pas auparavant. Il est, pour ainsi dire, dans une aussi grande sûreté que Dieu même ; il devient plus maître de l'universalité des êtres qu'il ne l'était de chacun en particulier ; il goûte une joie plus profonde qu'il est seul à pouvoir ressentir...*

« *Celui qui s'est entièrement renoncé et qui a abandonné toutes choses entre si avant en Dieu, qu'il faut que celui qui veut l'atteindre atteigne tout d'abord Dieu lui-même : le détachement fixe l'homme en Dieu et Dieu dans l'homme. Celui qui, pour Dieu, s'est détaché de tout, accepte tout de la main de Dieu ; il s'efforce de lui en rendre grâce et de l'en glorifier. Acceptant tout de la main de Dieu, il trouve en tout une joie ineffable...* »

Ensuite avec Élisabeth Leseur, il notait :
« *La volonté divine
doit être la recherche de notre âme,
le but de notre vie,
Je dois m'offrir à Dieu
pour qu'il dispose de moi ;
me dépouiller de tout entre ses mains,
ne vouloir qu'une chose :
ce qu'il veut lui-même pour moi ;
avoir la plus douce, la plus tendre confiance
en Celui qui est à la fois le Maître et l'Ami ;
le servir avec une âme large,
d'un cœur joyeux,
en toute force et paix ;
me faire tout à tous ;
redoubler d'indulgence, de dévouement
pour certaines âmes ;
ne pas vouloir aller plus vite que Dieu ;
savoir me mettre au pas,
à tout petits pas...* »

Tel était l'idéal de mon frère. A la suite du P. Foch, il affirmait encore :
« *Si nous voulons tout ce que Dieu veut,
si nous ne voulons que tout ce que Dieu veut,
notre vie est pleine.* »

Puis, avec Mgr Gay, il disait :
« *Vouloir ce que Dieu veut, c'est être fort ;
ne vouloir que ce que Dieu veut, c'est être libre ;
être libre et être fort, c'est être capable de tout.* »

Du reste, il écrivait lui-même successivement :
« *Il faut avoir la passion de la volonté de Dieu !* »

« *Le pur amour*
    consiste à passer avec joie et entrain
      par toutes Ses volontés. »

« *En spiritualité, c'est faire un grand pas*
    que de se mettre une bonne fois de côté,
      c'est-à-dire de faire abstraction
        de ses idées propres,
        de son amour-propre,
        de sa volonté propre ;
    en un mot de se compter pour rien. »

Toutefois, selon sa douceur, il entendait agir avec suavité. Après saint François de Sales, il pensait :

« *Il faut tout faire par amour*
    et rien par force. »

Il était décidé, d'ailleurs, à tout accorder au Bon Dieu. C'est pourquoi, à la suite d'Élisabeth Leseur il désirait encore :

« *Adhérer à la volonté divine,*
    à travers toutes les ténèbres,
    en dépit des souffrances,
      des délaissements,
      de l'aridité spirituelle »,

car avec le P. Gratry, il savait que :

« *l'homme qui n'a pas pratiqué aujourd'hui*
    le « **quotidie morior** »
    a perdu sa journée »,

et avec le P. Plus, que :

« *le renoncement*
    vaut par ce qu'il donne
      et non par ce dont il prive ».

En outre, si l'abbé Léopold savait que la perfection consiste à faire la volonté de Dieu, il était de même convaincu, qu'il faut s'arrêter là où elle s'arrête. Sur ce point, il pensait avec Mgr Gay :

« *Ne rien faire quand l'inaction est commandée,*
    c'est faire tout ce qu'on doit »,

et avec le P. Foch :

> *« Nous en faisons toujours assez*
> *si nous faisons ce que nous pouvons*
> *selon la volonté actuelle de Dieu. »*

Cependant, il affirmait lui-même :

> *« Le Bon Dieu veut mettre beaucoup de*
> *délicatesse à notre égard ;*
> *il respecte notre liberté ;*
> *il attend qu'on lui offre ;*
> *mais plus on lui offre, plus il accepte.*

Du reste, s'il était convaincu de cette vérité, il en connaissait par expérience, une autre, qui n'est pas moins agréable au cœur qui s'est donné, et dont l'objet devient en quelque sorte sa récompense. Il écrivait avec raison :

> *« Quand par le détachement*
> *une âme a tout offert à Dieu,*
> *Dieu lui rend tout avec munificence. »*

En outre, l'abbé Léopold était assuré qu'avec la grâce de Dieu, il pouvait tout. Il avait médité cette parole que Notre-Seigneur disait à sainte Thérèse d'Avila :

> *« Ma fille, l'obéissance donne des forces! »*

C'est pourquoi, désireux de réaliser intégralement en lui le renoncement à la volonté propre, il fit sien l'idéal que le divin Sauveur proposait lui-même à sainte Marguerite-Marie en ces termes :

> *« Sois agissante comme n'agissant plus. Moi seul en toi. Pour cela, il faut que tes puissances et tes sens demeurent ensevelis en Moi ; il faut que tu sois sourde, muette, aveugle et insensible à toutes les choses terrestres, voulant, comme ne voulant plus, sans jugement, sans désir, sans affection et sans autre volonté que celle de mon bon plaisir, qui doit faire toutes tes délices. »*

*
* *

Telles étaient les idées de l'abbé Léopold sur les vertus d'humilité, de pauvreté, de chasteté, d'obéissance. Il les vivait autant qu'il les pensait, et s'il les faisait passer dans sa vie, c'était pour ressembler davantage à Jésus Crucifié, dont il avait fait le centre de sa piété.

Dès lors, il ne faut pas s'étonner, s'il écrivait à la suite du P. Félix :

« J'ai regardé mon Christ crucifié ; je l'ai considéré avec amour, et il m'est apparu que la mortification, c'était Lui ; l'obéissance, c'était Lui ; l'humilité, c'était Lui. Alors une transformation s'est faite en moi, et tout cela m'a paru divin. »

L'abbé Léopold, d'ailleurs, vivait de renoncement, d'immolation, de sacrifice. J'ai trouvé dans ses papiers une feuille sur laquelle il avait fixé sa pensée sur la mortification.

« Se mortifier, écrivait-il, c'est faire mourir ce qui n'est pas bon en nous. »

Puis, il poursuivait : *« La mortification doit toujours être intelligente. Elle doit porter sur les choses mauvaises ou inutiles. Dans ce dernier cas, elle a pour but de faire mourir le goût de nos aises, notre indolence à faire le bien ; elle devient alors quelque chose de comparable au coup d'éperon que donne le cavalier à son cheval : un fortifiant de la volonté... »*

Enfin, il notait : *« Les mortifications doivent varier suivant les personnes et les circonstances ; il ne faut pas vouloir les faire toutes, mais seulement celles qui conviennent au moment présent. De toute manière, on ne doit pas perdre de vue que leur but est :*

1º de diminuer notre purgatoire par la pénitence,
2º d'accroître notre volonté,
3º de rendre notre vie plus pure de tout ce qui n'est pas bien,
plus parfaite
plus irréprochable
plus méritoire. »

A la suite de ces réflexions, l'abbé Léopold avait dressé une liste de mortifications à faire chaque jour de la semaine. Il parvenait ainsi à les varier et à les adapter aux circonstances. Il avait écrit :

« **Lundi.** — *Accepter de la main de Dieu ce qui me contrariera,*
     après que j'aurai fait tout mon possible pour bien faire
— *Au lieu de remettre à plus tard ce que j'ai à accomplir,*
     m'y mettre tout de suite.
— *Si j'ai un travail ennuyeux à effectuer,*
     commencer par là.
— *Renoncer immédiatement à ce qui ne doit pas être fait*
     au moment présent.
— *Garder quelques instants le silence.*
— *S'il n'y a pas de raison sérieuse,*
     ne me plaindre ni du temps,
          ni des hommes,
          ni des choses.
— *Réciter lentement les moindres prières, (Benedicite —*
     Grâces)

Mardi. — *Attendre quelques secondes ou minutes avant de lire*
     une lettre ;
ou, quand j'aurai envie de me précipiter sur quelque chose
     qui flatte ma nature, faire exprès de surseoir quelque peu.
— *Quand je suis triste,*
     m'efforcer de paraître gai et être aimable.
— *Sans raison sérieuse, — en cas de malaise léger —*
     ne pas me plaindre de ma santé,
        surtout aux personnes qui n'y changeraient rien.

Mercredi. — *Mortifier ma curiosité,*
     en ne prêtant aucune attention
        aux choses qui ne me regardent pas,
        aux choses inutiles.
— *Me lever à l'heure convenue.*
— *Quitter sans aucun retard*
     les occupations qui me plaisent,
        quand le devoir, la charité m'appellent ailleurs.
— *Au repas, ne pas me plaindre de ce qu'on me servira.*

Jeudi. — *Accorder tout ce qu'on me demandera,*
     si c'est possible.

— *Éloigner les pieds de ma chaufferette (1),*
   dès que j'aurai suffisamment chaud.
— *Chaque fois que je me réveillerai la nuit,*
   élever mon cœur vers Dieu
      et dire : « Mon Jésus ! miséricorde ! »
   pour les âmes du Purgatoire.

Vendredi. — *Prendre de temps en temps une posture incommode.*
— *Si je me trouve seul et sûr de n'être pas vu,*
   réciter les bras en croix une dizaine de chapelet.
— *A l'église, m'abstenir pendant un certain temps de*
   lever les yeux.
— *Chaque fois que l'heure sonne, m'unir en esprit à*
   Jésus flagellé, couronné d'épines, crucifié. ·
— *Baiser la terre, par humilité et esprit de pénitence.*

Samedi. — *Me montrer aimable pour telle personne qui ne me*
   plaît pas.
— *Céder dans une discussion,*
   si les choses sont de peu d'importance.
— *Me frapper, me pincer, aussitôt que je m'aperçois*
   d'avoir manqué à une résolution.
— *Me mordre les lèvres avant de médire.*
— *Me priver de telle petite douceur inutile. »*

Toutes ces mortifications, en elles-mêmes, n'étaient pas extrêmement pénibles, mais, répétées sans interruption, elles menaient à l'habitude du renoncement et procuraient de nombreux mérites. On reconnaît bien là la psychologie de mon frère : ne rien faire d'extraordinaire, mais tout faire avec soin, par amour et en esprit de sacrifice. En fait, c'est de cette manière que mon aîné parvint petit à petit au détachement complet des biens de ce monde et de lui-même. En pratiquant généreusement l'esprit d'humilité, de pauvreté, de chasteté, d'obéissance, et en s'habituant perpétuellement au renoncement, il était arrivé à se dépouiller entièrement « du vieil homme », et à mieux s'unir à Dieu. Il aimait avec

---

(1) L'abbé Léopold, en raison de sa maladie, était toujours obligé de se chauffer.

saint Jean de la Croix, contempler l'état de l'âme entièrement
détachée qui n'agit plus qu'en vue des intérêts divins. C'est pourquoi, il notait avec le grand docteur mystique, en parlant de
cette âme qui n'est plus de la terre :

> « *Son trésor est ailleurs, sont trésor c'est Dieu seul ;*
> *elle a reconnu que les créatures ne sauraient*
> *lui donner le véritable repos.*
> *Elle n'est vraiment sensible qu'aux intérêts de Dieu.*
> *Cependant. son grand détachement,*
> *sa sainte indifférence sont aussi éloignés*
> *de l'apathie froide et dédaigneuse des stoïciens*
> *que de l'indolence des gens sans cœur.*
> *Si Dieu lui envoie les biens temporels (santé, talents, richesses),*
> *l'âme parfaite lui témoigne sa reconnaissance,*
> *et ces bienfaits de Dieu sont pour elle*
> *des moyens de le mieux servir.*
> *Si parfois elle les désire,*
> *c'est pour les employer à la gloire de son Maître ;*
> *mais sa confiance extrême en la Providence*
> *rend ce désir, quand elle l'éprouve,*
> *toujours fort modéré et tranquille.*
> *Quant à ses attraits naturels,*
> *elle s'en sert quand ses devoirs l'y engagent,*
> *mais elle les modère,*
> *elle les dirige ;*
> *surtout elle sait y renoncer*
> *quand des devoirs importants le lui imposent.* »

Parvenue à ce point de renoncement, l'âme détachée peut, en
effet, vaquer en paix à ses occupations et à ses devoirs d'état.
N'étant plus de la terre, elle passe au milieu du monde sans s'y
complaire. Elle n'a plus qu'un souci : monter toujours vers Dieu
pour communier à son essence dans un perpétuel baiser d'amour.
C'est ce que fit mon frère, nous le verrons bientôt, au moyen de
la prière.

CHAPITRE V

L'ESPRIT DE PRIERE

Le prêtre est un médiateur. Sa mission est de se placer entre le ciel et la terre, pour faire monter vers Dieu l'hommage du genre humain et faire descendre sur les hommes les bienfaits de l'Éternel. Comme l'étymologie du mot l'indique, son sacerdoce (1) n'existe qu'en fonction de ce ministère : s'occuper des choses sacrées.

Or, la chose sainte, par excellence, que le prêtre fait monter vers Dieu est la prière, dont la plus haute manifestation se trouve dans le sacrifice avec ses différents caractères d'adoration, d'action de grâces, de réparation et de demande; les dons divins qu'il fait descendre sur les hommes sont, avec les vérités révélées, les sacrements par lesquels il remet les péchés et sanctifie les âmes.

Mais il est bon de le rappeler : il n'y a en ce monde qu'un seul prêtre, Notre-Seigneur Jésus-Christ. L'épître aux Hébreux a exposé admirablement cette vérité avec les différents aspects du sacerdoce du Sauveur. Lui seul pouvait offrir au Créateur un sacrifice digne de la majesté divine; lui seul était capable de faire descendre sur les hommes les grâces de pardon et de sanctification nécessaires au salut.

Toutefois, si Jésus est l'unique Prêtre, il a voulu associer à son Sacerdoce d'autres êtres qui rempliraient ses fonctions et participeraient à sa mission sanctificatrice : ce sont les prêtres catholiques qui tiennent de lui leur caractère. Les prêtres, en effet, ne sont prêtres que par l'investiture donnée par l'Église, qui représente

---

(1) Sacerdos : *sacra dans*. Donner les choses sacrées.

le Sauveur, et leur union à Jésus-Prêtre, dont ils perpétuent sur terre le ministère.

L'abbé Léopold connaissait cette doctrine. Il savait que pour être prêtre il faut être appelé de Dieu et, en conséquence, que le sacerdoce est une grâce de choix donnée par le Sauveur lui-même à qui lui plaît. Aussi se faisait-il de la prêtrise une idée magnifique :

« *Le sacerdoce catholique,* écrivait-il après saint Bernard, *est le point culminant de toutes les grandeurs créées.* »

Par les paroles de la consécration, en effet, le prêtre a tout pouvoir sur Dieu; il le fait descendre du ciel. C'est pourquoi, ému d'une telle puissance, mon frère ajoutait avec saint Éphrem :

« *Celui que Dieu engendre éternellement de sa propre substance dans les splendeurs du ciel, le prêtre l'engendre en quelque sorte dans l'obscurité de nos sanctuaires.* »

Quelle merveille !

Déjà, dans son enfance, Léopold avait saisi la sublimité du sacerdoce :

« *La joie de la vocation est si grande,* écrivait-il, *que l'éternité ne me suffira pas pour en remercier Dieu* ».

Ensuite, au séminaire, il comprit mieux encore l'immense honneur que Dieu lui avait fait. Au sortir d'une cérémonie religieuse, il écrivait avec enthousiasme, dans un élan de pieuse reconnaissance à Dieu :

« *C'était tantôt Noël. La cloche joyeuse avait annoncé la messe de minuit, et, silencieuses, des théories d'ombres blanches s'enfonçaient dans les ténèbres d'un long couloir : c'étaient les abbés du séminaire qui, vêtus de leurs surplis, gagnaient la chapelle.*

« *Soudain, un son d'argent anime le cloître ; deux flambeaux surgissent de l'obscurité, et, dans cette clarté tremblante, un diacre s'avance portant pieusement l'hostie sainte.*

« *Bientôt, les ombres s'arrêtent et se jettent à genoux, heureuses de saluer leur Dieu qui passe...*

« *Mon Dieu, qu'ai-je fait pour être du nombre de ces jeunes gens qui revêtent l'habit de chasteté et vivent avec vous, la vertu même ? Seigneur, faites-moi comprendre, que pour vivre si près de vous, il me faut être un saint, être pur comme la neige qui vient du ciel et vous aimer avec l'ardeur d'un séraphin.* »

Plus tard, il se rendit mieux compte encore de la sublimité de sa vocation et du bonheur ressenti par le prêtre qui remplit ses fonctions avec les saintes dispositions requises :

« *Servir Dieu, écrivait-il, c'est régner.*
La dignité du serviteur est singulièrement
ennoblie par le prestige du maître.
Etre serviteur de Dieu,
c'est être plus que monarque ou conquérant... »

Puis, il ajoutait la pensée bien connue :

« *Il vaut mieux passer un jour dans la maison de Dieu,*
que mille dans les tentes des mortels. »

Toutefois, si l'abbé Léopold savait que le prêtre est [l'homme de Dieu, il n'oubliait pas qu'il est aussi l'homme des âmes. Au séminaire, il précisait avec netteté les fonctions sacerdotales dans leur mission apostolique :

« *Avec la grâce de Dieu, écrivait-il, je serai prêtre un jour ! mais, au juste, qu'est-ce donc qu'être prêtre ?*

« *C'est tenir le milieu entre Dieu et les hommes... C'est porter à l'humanité les lumières d'en haut, d'autant plus précieuses aujourd'hui que nos contemporains se débattent dans les ténèbres du doute ; c'est leur porter la lumière de la foi et garder leurs pas dans cette vie ; c'est leur montrer le Christ mourant pour leur conquérir le Ciel.*

« *C'est offrir aux hommes une règle à laquelle ils conformeront leurs actions ; c'est les louer quand ils font le bien, mais c'est aussi les blâmer quand ils commettent le mal ; c'est leur indiquer leurs devoirs dans les diverses périodes de leur vie et suivant leur situation ; c'est leur faire pratiquer la loi divine.*

« *Être prêtre, c'est aider ses frères dans le Christ à conquérir le ciel. C'est leur porter la parole d'encouragement, leur communiquer la grâce divine, les relever dans les tristesses de cette vie, et leur faire la charité du secours de nos prières ; c'est vouloir à tout prix le salut de leurs âmes et les aider à se sauver.*

« *Puissé-je avoir toujours bien présentes à l'esprit ces idées et toujours avoir à cœur de réaliser cet idéal sacerdotal !* »

Mais, si l'abbé Léopold considérait surtout au séminaire le caractère apostolique du sacerdoce, il savait aussi que le prêtre est avant tout l'homme de Dieu, c'est-à-dire l'homme de la prière. Sa fonction primordiale, en effet, est de faire monter vers l'Éternel l'hommage du genre humain ; pendant que ses frères travaillent, il se recueille, prie pour eux et s'associe à la prière du Christ-Prêtre, qui, à la messe ou au fond de son tabernacle, continue à rendre à son Père les devoirs d'adoration, d'action de grâces, de réparation et de demande.

C'est cet aspect particulier de la vie spirituelle de mon aîné que nous allons envisager au cours de ce chapitre.

** * **

Mon frère était convaincu de la nécessité de la vie intérieure et de l'union à Dieu pour la fécondité de l'apostolat.

« *Vous vous êtes donné tout entier à moi, ô mon Dieu,* écrivait-il au début de sa vie sacerdotale ; *vous vous abandonnez entièrement entre mes mains à la Sainte Messe, mais en retour vous voulez que je quitte tout et que, le monde délaissé, je me retrouve seul à seul avec vous pour vous entretenir de mes peines et goûter les joies de votre intimité.*

« *Mon Dieu, à certains jours. ce sera dur de travailler pour vous ; mais qu'importe ! N'êtes-vous pas là pour m'aider et verser dans mon âme vos consolations ou au moins le si doux et si reposant sentiment du devoir accompli ! Vous, Seigneur, et Vous seul toujours !* »

L'abbé Léopold savait d'ailleurs que la grâce est l'habitation de Dieu en nous. C'est pourquoi, il aimait à se recueillir pour vivre dans le cénacle de son âme, avec son Bien-Aimé.

« *Dieu est partout, mais il n'est présent nulle part plus qu'à ma conscience et à mon cœur* », disait-il avec Mgr Baunard.

« *Lorsque nous nous unissons à Notre-Seigneur Jésus-Christ par la
foi*, pensait-il aussi avec M. Olier, *nous sommes aussitôt revêtus
de ses intentions. Il ne réside en nous que pour être entièrement à nous,
afin de glorifier par nous son Père ; et nos œuvres faites par le mouvement du Saint-Esprit ont par lui une prodigieuse sainteté. Qu'y a-t-il
de plus aisé que de dire à Dieu, au commencement de chacune d'elles :*
« *Mon Dieu, je renonce à mes intentions déréglées, et je me donne*
« *à vous pour faire mes actions dans vos intentions infiniment adora-*
« *bles.* » *Nous devons donc nous unir aux intentions qu'avait Notre-
Seigneur lorsqu'il faisait des œuvres semblables aux nôtres, par
exemple, lorsqu'il mangeait, qu'il buvait, qu'il conversait, qu'il
dormait, qu'il priait, et ainsi du reste. Car il est en nous, vie et
source de vie. Jésus-Christ, en formant son Église, a eu dessein de lui
faire faire toutes ses œuvres pour la gloire de son Père, tellement que
tous les chrétiens, sans en exempter un seul, ne sont que les exé-
cuteurs de ses desseins et de ses intentions.* »

« *L'exercice de la présence de Dieu*, écrivait-il lui-même en parlant des avantages de cette pieuse pratique, *rend plus fort dans
les tentations, car celui qui se rend fidèle à marcher en la présence de
Dieu vit avec Dieu, en Dieu et de Dieu même.* »

Puis il ajoutait :

« *Quand nous sommes en la présence d'un ami intime, nous ne
cessons pas de faire ce que nous ferions étant seuls. Nous le faisans
même avec beaucoup plus de joie et de succès, surtout si cet ami est
capable de nous aider par ses conseils, de nous encourager par sa
présence, ou de mettre la main à l'œuvre quand nous en avons besoin.* »

C'est pourquoi, il affirmait avec le P. de Ravignan, en songeant
à la présence de Dieu en lui :

> « *Je ne suis jamais moins seul
>   que lorsque je suis seul !* »

« *L'important*, disait-il encore dans le même esprit, *est de
savoir s'arrêter délibérément dans ses occupations, pour parler au
Bon Dieu*, LES YEUX DANS LES YEUX. »

Une autre fois, il notait de même :

« Se recueillir, c'est suspendre
ses pensées,
ses intentions,
même les battements de son cœur
pour écouter Dieu,
se laisser ravir par ses enseignements
et l'aimer ! »

Puis, avec la logique dont il était coutumier, il écrivait :

« L'artiste vit de l'idée du beau,
le commerçant pense continuellement à ses affaires,
le savant est préoccupé de ses découvertes,
et nous, prêtres, pensons-nous à Jésus-Hostie ? »

*
* *

Mais si la vie surnaturelle se maintient par l'exercice de la présence de Dieu, elle se développe surtout par la prière. Léopold en connaissait la valeur et l'efficacité.

« Le démon peut aboyer, disait-il;
il ne peut mordre une âme qui prie. »

« Quand on prie avec humilité, confiance et persévérance,
on est sûr d'être exaucé. »

Puis il ajoutait avec le P. de Maumigny :

« L'incertitude de notre salut est une vérité effrayante ! »

Toutefois il poursuivait :

« Incertitude de notre salut !
Infaillibilité de la prière :
deux articles de foi qui se complètent
l'un l'autre ;
le second explique le premier,
qui, seul, pourrait produire en nous le désespoir. »

Du reste, l'abbé Léopold voyait grand dans le monde surnaturel. Il vivait de la vie de l'Eglise et s'intéressait au développement du « corps mystique du Christ » à travers les espaces et les siècles.

> « *Ne nous bornons pas à demander*
> *quelques faveurs isolées, écrivait-il.*
> *Ayons les saintes audaces de l'intercession.*
> *Sollicitons de grandes grâces*
> *pour les âmes*
> *et pour le monde entier.* »

La prière, d'ailleurs, lui était familière. En effet, en raison de sa santé, comme il ne pouvait se dépenser ainsi qu'il l'aurait voulu dans l'apostolat, il se réfugiait dans l'oraison, convaincu de sa puissance dans le monde surnaturel. Avec Élisabeth Leseur, il écrivait :

> « *La prière semble être, selon la volonté divine,*
> *la base de ma vocation spirituelle.*
> *L'action m'est souvent refusée ;*
> *mais la prière est le champ toujours ouvert*
> *au zèle apostolique ;*
> *elle est la forme la plus sûre de l'action,*
> *et ne fait pas courir trop d'aventures*
> *à la chère humilité ;*
> *elle met l'âme dans une union*
> *chaste et constante avec Dieu ;*
> *elle s'accomplit dans l'ignorance de tous.* »

L'abbé Léopold, si méthodique dans ses habitudes, apporta la même régularité dans les différents actes de sa vie de prière. A ce sujet, il disait :

> « *Ne pas songer tout d'abord à ses exercices de piété*
> *et ne pas les mettre au premier plan,*
> *c'est courir grand risque de les omettre.* »

C'est pourquoi, il se montra très fidèle à poser aux heures qu'il s'était fixées les divers exercices de sa vie sacerdotale : l'oraison, le bréviaire, la sainte messe et la visite au Saint-Sacrement.

*
* *

L'oraison eut toujours pour lui des attraits.

« C'est le plus sûr chemin qui mène au ciel », pensait-il avec sainte Thérèse.

De même avec saint Vincent de Paul, il notait :

« Donnez-moi un homme d'oraison et il sera capable de tout ! »

Mon frère s'adapta judicieusement aux différentes formes de l'oraison, selon le développement de sa vie spirituelle. On sait que l'âme ne prie pas de la même manière au terme qu'au début du travail de la perfection. Les diverses formes de l'oraison, en effet, sont la méditation, l'oraison affective et la contemplation. La méditation est un travail de l'intelligence s'arrêtant sur les vérités révélées, en vue d'acquérir une psychologie chrétienne; l'oraison affective est une application du cœur à une vérité considérée; la contemplation est une attention amoureuse à Dieu, qui donne une expérimentation du divin. Les deux premières sortes d'oraison sont produites par l'homme et restent actives; la dernière est procurée par Dieu et devient passive.

Mon frère connut ces divers genres d'oraison. Au début, en effet, comme toutes les âmes, il dut s'adonner à la méditation.

« La méditation ! chose capitale, et pour laquelle il ne faut pas s'exagérer les difficultés, écrivait-il dans un court résumé de vie spirituelle rédigé par lui pour les âmes qu'il dirigeait. *Beaucoup de personnes ne réussissent pas dans l'oraison, parce qu'elles ne prennent pas la méthode qui leur convient... »*

Il ne faudrait pas croire, cependant, que l'abbé Léopold, qui fut un fervent de l'oraison, n'y connut pas les aridités et les sécheresses. Comme toutes les autres âmes, il eut à traverser les « ténèbres » de la vie spirituelle, mais c'est parce qu'il fut fidèle à sa méditation et persévérant dans sa prière, que Dieu lui fit expérimenter les charmes de son amour. Du reste, à la fin de sa vie, il s'était imposé, en dehors de ses autres exercices de piété, une heure d'oraison par jour, à laquelle il demeura fidèle. Si certaines prêtres chargés d'œuvres prétendaient, devant lui, qu'ils ne pouvaient s'adonner à l'oraison à cause de leurs multiples occupations, il affirmait, au contraire, que c'était une raison de plus d'y recourir, car celle-ci faciliterait leur apostolat et leur donnerait une plus grande fécondité surnaturelle. « Dieu premier servi », telle était sa pensée. Dans l'ordre surnaturel comme dans le monde naturel, on ne peut donner que ce que l'on a; aussi, comme l'oraison est pourvoyeuse de grâce, mon frère maintenait qu'il fallait s'y adonner surtout avant l'action. C'est pour ce motif qu'il aimait à insister sur la nécessité de la méditation.

Toutefois, il trouvait qu'au cours de cet exercice l'intelligence ne doit pas être seule à agir :

« Méditer, disait-il,
   c'est penser avec son cœur. »

Aussi parvint-il rapidement à l'oraison affective, à laquelle il allait avec joie. Sur ce point, il avait noté avec le P. de Maumigny :

« Il faut aller à l'oraison
   comme à un lieu de repos.
Où donc un fils peut-il mieux oublier ses fatigues
   que dans la maison paternelle
      et dans un entretien avec son père ? »

Maintes fois, du reste, mon frère essaya de caractériser ce genre d'oraison pour en faire connaître la suavité. A ce sujet, il écrivait :

« L'oraison ? Je ne saurais la définir.
   C'est la joie calme et surabondante
      et par instants
         les délices raffinées de l'Amour.
   O Dieu de toute bonté,
      Qu'êtes-vous donc ? »

Dans le même esprit, il disait de nouveau :

« L'oraison ?
   C'est l'Amour.
C'est Dieu qui entre en mon âme
   et c'est mon âme qui entre en Dieu...
      Joie indéfinissable ! »

Et encore :

« L'Oraison ?... exercice d'Amour !
Combien je désire, ô mon Dieu, m'entraîner
à vous aimer davantage ! »

Au surplus, pour caractériser la manière dont il se comportait envers Dieu pendant cet exercice, il ajoutait :

« Durant l'oraison,
je ne lui dis rien. Il ne me dit rien.
Nous nous aimons une heure durant.
Non seulement cela me suffit,
mais je m'écrie couvert de confusion :
Domine non sum dignus. »

A la fin de son existence, son oraison devint de plus en plus élevée. En effet, après la sainte Messe, il restait recueilli pendant une heure et prolongeait ainsi le plus possible son action de grâces. D'ailleurs, pour lui, l'union à Dieu devait devenir perpétuelle. Avec saint Jean de la Croix il notait :

« L'oraison doit durer 24 heures par jour !
Pour cela, il suffit de
faire toutes ses actions,
le cœur et l'esprit élevés en Dieu,
en se tenant dans la solitude intérieure,
et en se reposant saintement
en Dieu, dans la foi pure. »

« Quand on aime, disait-il aussi avec le P. de Foucauld,
on voudrait parler sans cesse
à l'être qu'on aime
ou au moins le regarder sans cesse ;
la prière n'est pas autre chose :
l'entretien familier avec notre Bien-Aimé.
On le regarde ;
on lui dit qu'on l'aime ;
on jouit d'être à ses pieds ;
on lui dit qu'on veut y vivre et y mourir... »

** * **

Le bréviaire fut aussi pour l'abbé Léopold, au début de sa vie sacerdotale, un grand moyen de sanctification.

« *C'est une mesure de génie*
   qui force le prêtre catholique
      à prier à heure fixe », affirmait-il.

Puis, il notait :

« *On remet l'oraison, on ne remet pas le bréviaire.* »

A la même époque, il disait encore :

« *Par le bréviaire, nous puisons notre vie spirituelle*
   dans dix-neuf siècles de Christianisme ;
   le bréviaire, en effet,
      est une cathédrale de prières
         que l'Église a construite, siècle par siècle
   Il faut le réciter assez rapidement,
      car il ne doit pas être un supplice
         mais un soutien. »

La récitation du bréviaire lui apparaissait, du reste, comme l'union à l'Église qui prie avec ardeur sous toutes les latitudes et à toutes les heures de la journée, pour la gloire de Dieu et le salut des âmes. A ce sujet, il écrivait à la suite d'un auteur, en songeant à la puissance de cette prière officielle :

« *Le prêtre doit réfléchir*
   sur le prix du sacrifice
      avant de monter à l'autel,
   sur la puissance de la parole apostolique
      avant de gravir les degrés de la chaire,
   sur la grandeur du juge dont il est le délégué
      avant d'entrer au confessionnal,
   sur la fécondité de la prière et l'immense besoin des âmes
      AVANT D'OUVRIR SON BRÉVIAIRE.
Il devrait sortir de l'oraison,
   comme autrefois Moïse descendait du Sinaï,
      le front couronné de gloire
         et le cœur dévoré de zèle
            pour le peuple qui lui est confié. »

A la fin de sa vie, l'abbé Léopold, en raison de sa santé, fut dispensé de son office. Il le remplaçait alors par un chapelet, qu'il disait avec soin. Toutefois, il le récitait sans contention d'esprit :

> « *Pour le chapelet*, écrivait-il à la suite du P. Libermann,
> *tenez-vous paisiblement uni à Dieu ou*
> *à la T. S. Vierge, par le fond de votre intérieur :*
> *pourvu que vous soyez bien uni à Dieu,*
> *c'est tout ce qu'il faut.* »

* * *

Si l'oraison et le bréviaire étaient pour mon frère d'un grand prix, la sainte messe lui apparaissait comme l'acte le plus important de sa journée.

> « *La messe*, écrivait-il,
> *c'est pour le prêtre*
> *la compensation de tout ce qu'il souffre*
> *et le ressort de tout ce qu'il fait ;*
> *c'est l' « Action » par excellence.* »

> « *Célébrer la sainte Messe*, poursuivait-il,
> *c'est passer de précieux instants*
> *dans l'intimité de l'Amour Infini*
> *à qui l'on doit un amour éperdu.* »

> « *Ce matin j'ai célébré*, continuait-il,
> *et demain encore je célébrerai,*
> *si le Seigneur m'en fait la grâce*
> *Que cette pensée soit*
> *la dernière avant mon sommeil,*
> *la première à mon réveil.* »

> « *La messe, ô mon Dieu*, aimait-il à dire,
> *mais c'est vous offrir*
> *ce que j'ai de plus précieux*
> *et de plus cher au monde,*
> *c'est vous offrir « mon Bien-Aimé.* »

Au cours de la sainte messe, la communion prenait à ses yeux la valeur d'un baiser divin. A ce sujet, il écrivait :

« Comm-union veut dire union avec quelqu'un.
Mais avec qui ? »

Alors, il ajoutait avec admiration, sans commentaire :

« Mon Bien-Aimé est à moi
et moi à Lui !... »

C'était tout dire. Aussi, en songeant à la puissance transformatrice que possède la communion, il écrivait avec Hilaire de Lacombe :

« Le Pain des anges produit des anges sur la terre, anges de pureté, de piété, de charité. Regarde au dedans de toi-même. Lorsque tu as reçu ton Dieu, n'as-tu jamais senti qu'une sorte de résurrection et de transfiguration s'opérait en toi ? Nourri de ce Dieu, écoutant son cœur battre dans le tien, est-ce que tu n'as pas mieux aimé et servi les hommes, les humbles, les pauvres ?... Est-ce que tu n'as pas mieux compris et réalisé en toi le sens de ces mots : devoir, sacrifice, honneur et immortalité ? »

De même, avec Mgr de Gibergues il conseillait :

« Rendez à Jésus dans la communion amour pour amour ! que le feu divin qui l'embrase pour vous, vous enflamme pour lui ! Répondez à ses bontés et à ses embrassements sacrés par un ardent désir d'être à Lui à jamais ; et livrez-vous à ces effusions spontanées, à ces transports, à ces épanchements de cœur, par lesquels vous exprimerez mieux votre amour que par tout langage et par toute méthode.
« En ce bienheureux et incomparable moment de la communion, « tout est, selon saint François de Sales, à l'amour, en l'amour, « par l'amour et d'amour ». La communion est vraiment une heure du ciel passée sur la terre, comme le ciel est une communion qui ne finira jamais. Demeurez donc toujours dans les dispositions, sinon actuelles, du moins virtuelles, de votre communion, par un amour persévérant et sans cesse renouvelé pour Jésus présent en vous. Ainsi toute votre vie deviendra un ciel anticipé, comme le ciel sera une action de grâces continuelle, alimentée par un amour sans déclin et sans fin ! »

Du reste, il affirmait lui-même :

> *« Jésus vient à nous pour demeurer avec vous.*
>   *Il demeure*
>   *pour nous pénétrer,*
>   *pour devenir la chaleur de notre cœur,*
>   *l'énergie de notre volonté,*
>   *l'apaisement de nos passions,*
>   *le baume de nos blessures,*
>   *la bénédiction et la joie*
>   *de tout notre être. »*

Aussi, après la réception de la sainte hostie, l'action de grâces débordait de l'âme de mon frère. Un jour, transporté d'allégresse, il écrivit sur son carnet :

> *« Mon Dieu, je suis content,*
>   *parce que vous m'aimez malgré mon indignité,*
>   *parce que je vous aime malgré ma misère,*
>   *parce que je puis souffrir pour vous,*
>   *parce que votre présence bénie dans ma demeure*
>   *illumine ma vie,*
>   *parce que vous êtes la félicité éternelle*
>   *de ceux que j'ai perdus,*
>   *parce que vous êtes la Beauté*
>   *la Bonté*
>   *la Vérité resplendissante*
>   *dont mon âme a soif.*
>   *parce que vous êtes mon Père,*
>   *mon Époux*
>   *mon Frère*
>   *mon Ami*
>   *mon Sauveur*
>   *et mon Tout.*
>
> *O mon Bon Maître,*
>   *je vous remercie*
>   *de m'avoir permis de jouir des merveilles de votre création,*
>   *pour le parfum des fleurs,*
>   *pour le parfum des âmes,*
>   *pour le reflet ici-bas de toutes les immortelles beautés. »*

*
* *

Mais si l'oraison, le bréviaire, la messe, la sainte communion, avaient des charmes pour mon aîné, la visite au Saint-Sacrement ne lui était pas moins agréable. On pourrait même dire qu'il en faisait ses délices.

« *Sur la terre, on ne peut mieux avoir un avant-goût du ciel qu'auprès du tabernacle* », écrivait-il déjà au grand séminaire, car « *Dieu n'est nulle part plus caché ni plus présent que dans l'Eucharistie.* »

Pour se rendre compte de la valeur de sa vie sacerdotale, il aimait à se poser cette question :

« *Ai-je placé ma vie intime dans l'Eucharistie,*
ou bien ai-je eu la folie
de chercher à remplir le vide de mon existence
par les travaux,
les occupations,
les relations,
les distractions,
les affections humaines ? »

La visite au Saint-Sacrement lui paraissait indispensable pour la fécondité du zèle. Sur ce point il écrivait ·

« *Notre-Seigneur demande à ses prêtres*
de lui réserver un temps privilégié.
Il leur promet comme compensation
une fécondité surnaturelle
d'autant plus grande
que leur vie sera plus eucharistique. »

Il aimait à insister :

« *L'entretien avec Notre-Seigneur*
doit être regardé par le prêtre
comme une affaire capitale.
N'est-il pas plus important pour lui
que la leçon du maître pour le disciple,
que l'audience du prince pour le sujet,
que le conseil du roi pour le ministre ?

Le prêtre est le représentant et l'ambassadeur de Jésus.
Ne lui faut-il pas conférer avec son Souverain
et traiter avec Lui de toutes les questions de sa charge ? »

Toutefois, la visite au Saint-Sacrement apparaissait surtout à l'abbé Léopold comme une conversation cœur à cœur avec l'ami divin. Il aimait à faire un rapprochement entre les amitiés de la terre et l'intimité avec Jésus-Hostie :

« *L'amitié,* écrivait-il,
est sans contredit l'un des plus grands charmes
de cette vie mortelle.
Qu'il est doux
à deux intelligences de se comprendre,
à deux volontés de se confondre
dans la poursuite du bien,
à deux cœurs de se pénétrer
et de se donner réciproquement leur affection.
Mais d'une part, que d'obstacles...
et de l'autre, que de désenchantements !...
Or, cet ami parfait que nous rêvons,
il existe : c'est Jésus...
Nul ami ne vaut Jésus ! »

« *Les relations d'amitié,* disait-il encore,
évoquent le souvenir de ces entretiens
mille fois plus intimes et plus doux
avec l'éternel ami du Tabernacle,
dont l'action semble se répandre ensuite
jusque sur les conversations les plus indifférentes. »

« *Dans nos amitiés de la terre,* notait-il avec justesse,
nous mettons notre point d'honneur
à pouvoir dire : que vous ai-je refusé ? »
Le Maître n'en mérite-t-il pas autant ?
Il faut se tenir en tout temps
sous l'esclavage de sa grâce. »

L'abbé Léopold avait soin de faire remarquer, que pour arriver à une intimité profonde avec Notre-Seigneur au tabernacle, il faut savoir attendre afin de mieux entendre les divins enseignements.

> *« Rarement Notre-Seigneur communique*
> *les secrets de son amour, affirmait-il,*
> *dans les courts instants d'une visite fugitive.*
> *Que d'âmes n'ont jamais pu pénétrer*
> *dans l'intérieur de Jésus*
> *parce qu'elles n'ont pas eu la constance d'attendre...*
> *Elles parlent et s'en vont « **motu proprio** »;*
> *elles lèvent l'audience*
> *avant que le Roi leur ait adressé la parole. »*

Il aimait à revenir sur le sujet :

> *« Prêtres, nous devons entourer, servir, aimer*
> *notre divin, chef sous les voiles sacramentels*
> *avec autant d'ardeur que les Apôtres*
> *durant sa vie publique. »*

Du reste, il trouvait dans la visite au Saint-Sacrement des compensations aux difficultés que peut parfois présenter l'oraison.

> *« Parfois la maladie rend l'oraison difficile, notait-il;*
> *mais toujours l'âme peut aller se reposer auprès de Dieu*
> *le plus fidèle des amis*
> *le plus tendre des pères.*
> *Toujours elle peut lever les yeux vers le Tabernacle*
> *et dire : O Jésus, vous savez que je vous aime!*
> *Je m'abandonne à vous! »*

> *« La grande joie d'un vrai prêtre, proclamait-il,*
> *c'est de voir le Saint-Sacrement*
> *connu, adoré, aimé.*
> *Sa grande douleur*
> *est de le voir oublié, méconnu, offensé. »*

C'est pourquoi, il pensait avec Élisabeth Leseur :

> *« Je dois être par l'amour et la pénitence*
> *une âme consolatrice de Jésus. »*

Puis, avec reconnaissance, il ajoutait :

« *Verser notre cœur dans le sien*
et recevoir en échange les effusions de sa grâce,
voilà ce qui surpasse tout sentiment ;
c'est la douceur des douceurs,
c'est la lumière, la consolation, la force... »
PENSER *à Lui* (*Recueillement*).
AGIR *pour Lui et non pour moi* (*Renoncement*).
Voilà le secret de la sainteté ! »

Ailleurs, il disait encore :

« *Quoi ! Notre-Seigneur nous a aimés au point*
de demeurer réellement avec nous,
de ne pas se lasser de nos perpétuelles infidélités,
d'affronter même les plus sanglants outrages,
de ne pas se décourager de l'abandon
ou la plupart des hommes le laissent !
Ces pensées occupent sans cesse l'âme eucharistique
et lui causent un étonnement toujours nouveau,
une émotion que rien ne calme. »

Ainsi venait-il souvent auprès du tabernacle.

« *Puisque le Ciel est là,* disait-il,
je l'y cherche. »

Il trouvait, en effet, dans cette intimité avec Notre-Seigneur, une joie qui finissait par le confondre. Aussi, il écrivait avec sincérité :

« *Puissé-je arriver à aimer, à savourer,*
aux pieds de Jésus-Hostie,
l'abjection qui m'est due à tant de titres !
Puisse ma vie devenir un perpétuel
DOMINE, NON SUM DIGNUS ! »

*   *
*

Cet esprit de prière devait amener l'abbé Léopold à une intimité constante avec Notre-Seigneur. C'était, au surplus, son désir.

> « *Je voudrais, ô Jésus, écrivait-il en 1925,*
> *que ma vie fût un acte d'amour perpétuel.* »

Il semble qu'il soit parvenu à cet idéal. L'union à Dieu, en effet, était le charme de sa vie. Avec un auteur mystique, il écrivait :

> « *L'état d'UNION AMOUREUSE est si précieux,*
> *qu'on doit s'y adonner dans tous ses exercices.* »

De même avec Bossuet, il pensait :

> « *Il faut se récréer dans la même disposition... sans se dissiper...*
> *s'unissant à Dieu fréquemment*
> *par des RETOURS SIMPLES ET AMOUREUX,*
> *se souvenant qu'on est en sa présence*
> *et qu'il ne veut pas qu'on se sépare*
> *en aucun temps*
> *de Lui et de sa sainte volonté...* »

C'est pourquoi, afin de vivre dans un état d'union permanente avec Notre-Seigneur, il fit avec lui ce pacte, à la suite d'un auteur anonyme :

> « *En présence de Dieu, dès ce moment, pour tous les instants de ma vie, quand même je serais privé de la raison et des autres facultés de mon âme, par le sommeil, le délire, ou tout autre accident ou maladie,*
>
> *JE CONVIENS AVEC DIEU :*
> *Que chaque respiration de ma poitrine*
> *sera un acte d'amour, d'adoration et de louange ;*
> *chacun de mes pas,*
> *un désir de m'approcher de lui ;*
> *chacun de mes repas, une communion spirituelle ;*
> *chaque inclination de ma tête,*
> *un acte de soumission à sa volonté*
> *et d'acquiescement aux dispositions*
> *de sa Providence sur moi ;*
> *chaque mouvement de mes mains,*

> *un désir de travailler à le glorifier*
>   *et à sauver des âmes ;*
> *chaque battement de mon cœur,*
>   *un acte de contrition, d'offrande et 'd'immolation ;*
> *chaque souffrance,*
>   *un acte d'union à celles de Jésus ;*
> *chacun de mes soupirs,*
>   *un acte de regret de mes fautes, que le Seigneur,*
>   *en raison de mon offrande actuelle,*
>   *voudra bien me pardonner*
>   *dans son immense miséricorde.* »

De ce fait, l'existence de mon frère devenait, selon son désir, un « acte d'amour perpétuel ». C'est de cette manière, d'ailleurs, nous le verrons bientôt, qu'il allait parvenir aux joies inexprimables que le Seigneur réserve à ses amis fidèles, dans les suavités incomparables de l'oraison mystique.

CHAPITRE VI

LA CHARITÉ DIVINE

La charité est l'essence même du christianisme.

Ce que Jésus a prêché, avant tout, c'est l'amour. Lorsqu'un docteur de la Loi vint le trouver pour lui demander quel était le premier et le plus grand de tous les commandements, le divin Maître répondit en écho à la parole de l'Ancien Testament « : Tu aimeras le Seigneur ton Dieu de tout ton cœur, de toute ton âme, et de tout ton esprit. C'est là le plus grand et le premier commandement. Le second lui est semblable : Tu aimeras ton prochain comme toi-même. De ces deux commandements découlent toute la Loi et les Prophètes. »

La charité apparaît donc comme le centre de la doctrine du Sauveur. Puisqu'elle renferme la Loi et les Prophètes, elle est l'*alpha* et l'*oméga* de toute vie chrétienne et même de toute sainteté. Saint Paul, du reste, le proclamait déjà au premier siècle de l'Église en affirmant que cette vertu est « le lien de la perfection ». Dès lors, l'âme qui veut se sanctifier doit s'adonner avec joie à l'exercice de l'amour de Dieu.

Mais on peut considérer la charité de deux manières; d'une part, l'amour que Dieu a pour l'homme, et inversement, l'amour que l'homme a pour Dieu. Évidemment, c'est sous ce second aspect qu'il faut considérer chez l'homme la charité.

Cependant, il est une vérité qu'il est bon de rappeler : la charité est une vertu surnaturelle qui vient de Dieu et remonte vers lui; nous aimons Dieu avec un principe d'amour qu'il dépose au fond de notre cœur et qu'il est de notre devoir de faire croître par des actes répétés de dilection.

Or, si nous sommes appelés à développer cette charité dans notre âme, il est un temps, cependant, où se produit la rencontre des deux amours, le premier descendant de Dieu vers l'homme, et le second remontant de l'homme vers Dieu; cette rencontre a lieu dans l'oraison mystique.

La mystique ! que de préventions n'a-t-on pas à son endroit ! Certains n'en parlent qu'avec indifférence, méfiance ou mépris, alors qu'ils devraient l'étudier pour la comprendre, porter sur elle un jugement équitable, et la vivre. En fait, ce qui effraie, c'est le caractère extraordinaire ou miraculeux qui parfois l'accompagne. Il est bon, cependant, d'en fixer les limites.

La mystique, en effet, comporte deux parties : la première concerne l'oraison contemplative; la seconde, les phénomènes extraordinaires qui viennent se greffer sur elle, comme les visions et les révélations, ou encore les dons des miracles et de prophétie, phénoménes extraordinaires, appelés « charismes » en théologie. Il ne sera question ici que de l'oraison contemplative.

La contemplation, dénommée encore oraison contemplative ou oraison mystique, ne déborde pas du cadre ordinaire de la vie chrétienne. De doctes théologiens, au cours de ces dernières années, se sont efforcés de le prouver, afin de ramener certaines intelligences égarées, dans l'esprit de la doctrine traditionnelle. Cette oraison qui, dans le développement normal de la vie spirituelle, fait suite à l'oraison affective, n'a rien de miraculeux. Sans doute, elle est passive et se trouve produite par Dieu lui-même, mais elle n'est pas une grâce « *gratis data* »; elle ne fait nullement partie des « charismes ». C'est une grâce « *gratum faciens* » opérée sous l'influence des dons du Saint-Esprit; elle a pour effet de sanctifier l'homme et de le porter à un plus grand amour de Dieu. Il est bon, en raison des pages qui vont suivre, et pour mieux comprendre la vie spirituelle de mon frère, d'en fournir une notion précise.

L'oraison contemplative ou contemplation mystique, qu'il ne faut pas confondre avec la contemplation philosophique, a été appelée par saint Thomas d'Aquin : « une simple intuition de la vérité... se terminant par un mouvement affectif. » Précisant ensuite sa pensée, le saint docteur la définit, à la suite de Denis

Le château de " Kervihan " et sa chapelle gothique, où l'abbé Léopold Giloteaux reçut ses premières grâces d'oraison contemplative.

le Mystique : « une sensation intuitive ou expérimentale du divin ». En effet, saint Thomas ne craint pas, comme le remarque Mgr Farges, de reprendre pour son propre compte le mot fameux du grand Mystique : « Hiérothée est devenu instruit des choses divines, non seulement en les apprenant (dans les livres), mais en les sentant, en devenant passif sous l'action de Dieu : *Non solum discens, sed et patiens divina.* » Puis il ajoute comme explication : « C'est bien en les expérimentant passivement qu'il a appris les choses divines : *Didicit divina ex compassione ad ipsa* (1). »

En rapprochant ces deux textes, qui s'éclairent mutuellement, on peut donc dire à la suite des mystiques, que l'oraison contemplative est : 1º une *intuition*, non pas des sens, mais de l'esprit; 2º une intuition *pure*, c'est-à-dire excluant tout effort de recherche, tout raisonnement, tout procédé discursif; 3º une intuition *expérimentale*, atteignant un objet non pas abstrait, mais réel et présent; 4º une intuition dont l'objet est *divin* ; 5º une intuition *passive*, avec un caractère de passivité involontaire mais consciente (2).

D'ailleurs, tous les contemplatifs finissent par affirmer que cette oraison se caractérise par une « attention amoureuse à Dieu » procurant à l'âme une grande félicité. « L'âme parvenue à l'état contemplatif, dit saint Jean de la Croix, trouve un grand bien-être à demeurer seule avec Dieu, à Lui donner son attention amoureuse, sans s'occuper d'aucune considération particulière et à jouir d'une paix, d'un calme, d'un repos intime. Dans cet état, la mémoire, l'intelligence, la volonté, ne font aucun acte qui soit formel et raisonnable, car dès que l'âme se met en présence de Dieu, elle entre en possession de cette connaissance confuse, amoureuse, qui est pleine de paix et de calme (3). »

Sainte Thérèse, en employant d'autres expressions, est d'accord avec le réformateur du Carmel. Dans cet état, d'après elle, la volonté goûte avec des charmes indicibles, un calme profond; sans savoir comment elle se rend captive, elle donne simplement à Dieu son consentement, afin qu'il l'emprisonne, et Dieu, en effet, la tient liée à Lui par l'amour.

---

(1) C f. Mgr Farges, *Les Phénomènes mystiques*, p. 76.
(2) *Ibidem*, p. 76-77.
(3) *Montée*, 13, 14.

« Il y a là, dit M. Saudreau en parlant du sujet, une opération divine ordinairement douce et calme qui s'empare de la volonté, si bien que celle-ci n'a qu'à se laisser faire; elle reste, sans effort de sa part, liée à Dieu par l'amour. Souvent cette union subsiste au milieu des écarts de l'imagination et de l'entendement, parfois même en dehors de l'oraison, au milieu des occupations et des travaux auxquels l'âme doit se livrer. Quand ce bien-être, ce bonheur intime, communiqué à la volonté, rejaillit sur les sens, envahit l'appétit sensitif, ce sont alors de vraies délices tout intimes et fort abondantes que sainte Thérèse appelle des *goûts divins* (1). »

Cette oraison produite par Dieu, toute passive qu'elle soit, ne doit pas être regardée, cependant, comme extraordinaire. Elle reste dans le développement normal de la vie spirituelle. L'homme ne peut la produire lui-même, mais Dieu l'accorde ordinairement aux âmes qui se montrent fidèles à l'oraison, surtout lorsqu'elles ont opéré en elles tout le travail intérieur réclamé par l'ascétique.

C'est cette oraison supérieure, dont mon frère fut gratifié, qui provoqua chez lui un plus grand amour de Dieu. Par elle, il quittait parfois la terre pour monter vers Dieu. Il en a exprimé les effets dans des pages admirables, dignes des plus grands mystiques, pages que je vais mettre sous les yeux du lecteur en fournissant le moins de commentaires possible.

***

« *C'est une grande chose que l'amour,*
écrivait l'abbé Léopold en parlant des résultats produits par l'oraison mystique;

    c'est une exclamation puissante
        que celle d'une âme s'écriant
            avec cet accent tout pénétrant,
                que seul l'Esprit-Saint peut donner :
            « JE SUIS A MON BIEN-AIMÉ
               ET MON BIEN-AIMÉ EST A MOI. »

---

(1) SAUDREAU, *Les degrés de la vie spirituelle*, t. II, p. 33.

> *Alors, Dieu atteint au plus intime de son cœur,*
> *répond :* « VOUS AVEZ BLESSÉ MON CŒUR,
> O MA SŒUR, O MON ÉPOUSE (Cant., VI, 9),
> VOUS AVEZ BLESSÉ MON CŒUR...
> DÉTOURNEZ VOS YEUX
> PARCE QUE VOUS AVEZ TRIOMPHÉ DE MOI (Cant.).

En fait, c'est au cours de l'année 1924, pendant son séjour en Bretagne, au château de « Kervihan », que mon frère fit pour la première fois la rencontre de Dieu dans l'oraison mystique. A la suite de cette rencontre il pouvait répéter avec Silvio Pellico :

> « *J'aime, et le cœur de celui que j'aime*
> *a battu sur mon cœur.*
> *Ah! je le proclame à l'univers entier,*
> *c'était mon Sauveur!* »

Au début des notes relatives à cette divine visite, l'abbé Léopold s'exprime avec réserve. Il commence par citer un texte du *Cantique des Cantiques* pour en faire ensuite le commentaire.

Au cours de la semaine sainte 1924, en effet, il écrivait dans son carnet :

> « — INTRODUXIT ME IN CELLAM VINARIAM (Cant., II, 4) (1).
> *En Orient, le cellier où se conserve le vin*
> *est un endroit frais, retiré,*
> *dont le maître garde la clef*
> *et où il n'introduit que ses meilleurs amis.*
> *Là, il les fait se reposer de leur voyage, se rafraîchir*
> *et en même temps se réconforter par le cordial*
> *dont la préparation a réclamé tous ses soins.*
> *C'est l'image du sanctuaire*
> *où Jésus fait entrer ses intimes*
> *pour leur faire oublier les fatigues*
> *et les ennuis du chemin.* »

---

(1) Le verset entier est celui-ci : « *Introduxit me in cellam vinariam ; ordinavit in me caritatem.* Il m'a introduit dans son cellier; il a créé en moi la charité. »

Puis, mon frère ajoute en parlant de Dieu :

> « *Depuis que j'ai commencé à goûter* Son *amour,*
> *tout mon intérieur s'est heureusement simplifié...*
> *Tout est en ordre dans mes affections ;*
> *elles peuvent être d'autant plus ardentes*
> *qu'elles ne risquent pas de s'égarer...*
> *Pour Jésus, même sur la terre,*
> *il n'y a point pour le cœur fidèle*
> *de limites à l'amour...! »*

Ensuite, l'abbé Léopold aime à rappeler une vérité chère aux mystiques, à savoir que l'âme peut être considérée comme l'épouse de Dieu et avoir avec le Créateur une intimité comparable, mais supérieure, à celle des époux de la terre. Avec justesse, il écrit :

> « *Notre Seigneur prend souvent dans la Sainte Écriture*
> *le nom d'Époux de l'âme humaine ;*
> *il l'est vraiment devenu par l'Incarnation,*
> *mais plus intimement encore par l'Eucharistie,*
> *où il se donne tout entier à chacun de nous.*
> *Admirable et féconde* UNION
> *de la chair, du sang et de l'âme*
> *d'une personne divine*
> *avec ma propre chair, mon sang, mon âme !*
> *De quels ardents désirs ne devrais-je point la souhaiter ? »*

Mon frère, à la suite de ce texte, formule une prière :

> « *O Jésus, venez m'aider à renverser tous les obstacles*
> *qui pourraient* DANS MON AME *gêner vos desseins ! »*

Puis, avec admiration il s'écrie :

> « *C'est une grande merveille*
> *que le Créateur de toutes choses*
> DAIGNE *penser à moi*
> *et m'aimer autant que si j'étais seul en ce monde. »*

Enfin, comme conclusion il ajoute :

« ATTIRONS *Jésus en nous par de profondes aspirations*
       et notre union avec Lui deviendra PLUS *intime*
             que toutes celles de la terre...
— *Mihi* ADHÆRERE *Deo bonum est.*
     M'unir INTIMEMENT *à Dieu, m'est chose suave.* »

Plus loin, il continue en parlant de la visite au Saint-Sacrement :

« *Quand nous ne nous plaisons plus*
             en la présence du Très Saint-Sacrement,
     ne pouvons-nous pas découvrir la cause
             de cet ennui, de ce dégoût, de ces ténèbres,
     dans certaines pensées, certains sentiments
             qui sont bien loin d'être conformes
                  aux leçons de l'Eucharistie ? »

Alors, il poursuit :

— *Au Très Saint Sacrement,*
       le prêtre trouve un CŒUR
             qui aime infiniment
             et qui est infiniment aimable.
Hors de Jésus
     il n'y a pour le cœur sacerdotal
             que pièges et déceptions :
quand il a mendié quelque sympathie
             et qu'il trouve au fond de doléances banales
                  la sécheresse égoïste, l'indigence et la froideur,
     le prêtre ne retombe-t-il pas sur lui-même
             avec une douloureuse amertume ?
et s'il rencontre au contraire une tendre compassion,
ne se laisse-t-il pas prendre aisément et presque naïvement
             dans ces filets des affections sensibles
                  qu'il lui coûte tant de rompre dans la suite ? »

En conséquence, l'abbé Léopold proclamait :

« *Le cœur du prêtre*
       est fait pour Jésus, qui se l'est réservé.
Jésus seul peut et doit lui suffire.

*Heureux le prêtre qui fait consister toute sa consolation
à cacher sa vie en Dieu avec le T. S. Sacrement.*
INVENI QUEM DILIGIT ANIMA MEA.
TENUI EUM NEC DIMITTAM (Cant., III. 4) (1). »

Pour clore ces premières notes, il écrit :

« *Aliment
    Appui,
       Conseil,
         Repos.
L'Eucharistie est tout cela pour le prêtre qui sait vivre d'elle !* »

Au cours de la semaine sainte, mon frère s'était recueilli davantage et s'était adonné avec plus d'ardeur que jamais à l'oraison.
Le dernier jour de cette semaine, il écrit :

« — **Samedi saint 1924**
La meilleure oraison de toute ma vie...
QUID RETRIBUAM ?...
QUID JAM POSSUM ABNUERE EI ? (2). »

Ensuite, il notait quelques pensées qui servirent de thème à
son oraison :

« — *Il est toujours vivant (particulièrement dans l'Eucharistie).
    toujours intercédant pour nous.*
— *Je suis la vigne
    et vous êtes les branches.*
— *Je suis en mon Père
    et vous en moi
       et moi en vous.*
— *Ayez en vous les sentiments qui sont dans le Christ Jésus.* »

---

(1) J'ai trouvé celui qu'aime mon âme. — Je l'ai tenu et ne le lâcherai pas.
(2) Que rendrai-je ? (au Seigneur). — Que puis-je désormais lui refuser ?

Puis il ajoutait :

« Mon Dieu,
      mon Unique
            et mon Tout,
Vous êtes tout pour moi
      et je suis tout pour vous ! »

Il **passait** alors en revue les trois personnes divines :

« — Dieu le Père
            nous a tant aimés
      qu'Il nous a donné son Fils UNIQUE.
Lui qui n'a pas épargné son propre fils
      mais l'a livré à la mort pour nous,
comment ne nous donnera-t-il pas aussi
      toutes choses avec Lui ?
— Le Verbe s'est fait chair
      et il a habité parmi nous.
Il M'*a aimé*
      et Il s'est livré POUR *moi !*
— Ne savez-vous pas
      Que vous êtes le temple de Dieu
            et que l'Esprit-Saint lui-même
                  intercède pour nous et EN NOUS
                        par des GÉMISSEMENTS INEFFABLES. *»*

L'abbé Léopold prenait, en conséquence, les résolutions suivantes :

« — Ne rechercher que Dieu seul.
— Le servir en toute humilité, en toute douceur. »

En fait, c'est le dimanche de Pâques que devait se faire la rencontre de l'âme de mon frère avec son Dieu. Au sortir du baiser divin, l'abbé Léopold écrit avec des accents enflammés :

« **Pâques 1924.**

O Bien-Aimé, Bien-Aimé,
      je sens, je sais, aujourd'hui
            les ardeurs de votre amour.

> *Jamais je n'ai aimé personne*
> *autant que Vous...*
> *O mon Maître adoré,*
> *je vous aime passionnément, éperdument,*
> *et cependant ce n'est pas assez,*
> *tant, Amour, vous méritez*
> *d'amour brûlant...*
> — *Ce furent « mes noces » avec Jésus*
> *et au sortir de ces effusions,*
> *je m'écriais :*
> *Seigneur, je veux vous être fidèle,*
> *mais défiez-vous de moi ;*
> *ayez pitié de moi :*
> *je ne suis qu'un pécheur !* »

Les notes se suivent alors, débordantes d'amour et de reconnaissance :

« Lundi de Pâques 1924.

> *J'aime et je suis aimé !*
> *Mais l'Époux de mon âme*
> *c'est mon Créateur*
> *le Tout-Puissant, l'Infini, l'Éternel !*
> *C'est mon Sauveur*
> *à la dilection suave, ineffable...*
> *Et son cœur a battu sur mon cœur...*
> *Et moi qui suis-je ?*
> *Seigneur, je ne désire plus qu'une seule chose :*
> *Vous aimer éternellement...!*
> *Faites que cette heure dure toujours !*

RÉSOLUTION : *Me tenir en tout temps*
> *sous l'esclavage de la grâce.*

Mardi de Pâques 1924.

— TENUI EUM... (1)
> *Enfin je suis parvenu à la fontaine mystique,*

______

(1) Je l'ai tenu.

enfin j'ai rencontré mon Bien-Aimé,
    enfin j'ai trouvé le bonheur...
Et cette fois je n'ai plus à observer les
    limites de la prudence (corps)
        ou de la discrétion (cœur : amitiés sensibles)
          des affections de la terre...!
Je puis aimer passionnément,
        éperdument,
            sans fin...
C'est l'Amour,
     l'amour dévorant,
       c'est le Ciel!

— NEC DIMITTAM... (1)
    Je tiens mon Bien-Aimé et je ne le laisserai pas s'échapper
      Ah! s'il voulait toujours
        demeurer avec moi...
    Je vais tout faire pour essayer de l'attacher à moi.
Ah! si je n'étais pas un néant,
    et encore un néant corrompu par le péché,
        je rêverais de le fasciner, de le ravir...
Je vais toujours lui promettre
    de ne plus rien lui refuser...
Je vais chercher les attentions les plus délicates
    susceptibles de le captiver...
      O Amour, je vous aime!
    Même si vous ne restez pas avec moi,
      je vous aimerai toujours,
        sans retour sur moi-même,
        sans calcul à vous fixer en moi.
Je vous aime,
        je vous aime éperdument.
Je vous le dis dans un long baiser d'amour...

RÉSOLUTION : Témoigner mon amour au Bon Dieu
        promptement,
        fréquemment,
        généreusement.

---

(1) Je ne le lâcherai plus.

Mercredi de Pâques 1924.

A cette date, se trouve dans le carnet de mon frère, la mention d'une peine qu'il accepta généreusement; c'est pourquoi les notes continuent :

« *Et ainsi je ne vous ai* RIEN *refusé, ô Bien-Aimé;*
mais je vous en SUPPLIE, *donnez-moi la force*
de ne vous rien refuser à l'avenir !
Car je vous aime, ô Jésus,
et je désire vous combler de mes tendresses,
ô ineffable Ami !...
Je vous aime, je vous aime, je vous aime,
ô Bien-Aimé;
mais je désire vous aimer encore davantage.
J'ai une soif BRULANTE *de votre amour,*
ô Bien-Aimé !

— L'oraison ?
c'est la joie,
c'est l'heure ineffable
de jouir intensément de la présence et
de l'union avec le Bien Aimé...
Que vous êtes doux,
que vous êtes suave,
que votre bonté est infinie,
ô Dieu d'amour...
Quelle ivresse pour une âme de se perdre
en vous, ô Océan d'amour...!
Joies indicibles, éperdues,
de se donner à vous, dans un brûlant
et interminable baiser d'amour...!

Jeudi de Pâques 1924.

Désormais, ce m'est une passion
que d'aller à l'oraison...
Quel plaisir intense
de rencontrer le Bien-Aimé,
de pénétrer en Lui,
de le sentir pénétrer en moi,
de ne faire qu'un avec Lui !

O joies enivrantes de l'amour divin,
 que ne vous ai-je obtenues plus tôt !
  En un instant vous surpassez,
   même totalisés, tous les plaisirs de la terre
   que j'ai jamais éprouvés jusqu'ici.

Mon seul désir est désormais de vous éprouver toujours !
O Bien-Aimé, je suis blessé d'amour ! »

L'abbé Léopold, en raison de sa maladie, avait très souvent des insomnies. C'est pourquoi, au cours de la nuit, il avait écrit :

« *O Bien-Aimé,*
   ô transports d'amour,
     ô ivresse de vous donner toute ma nuit !

O Bien-Aimé, je T'aime.
   Je brûle de T'aimer davantage
     et de Te faire aimer…! »

Comme nous n'étions que deux frères et que nous n'avions plus à cette époque ni père ni mère, je m'efforçais, autant que possible d'aller rendre de fréquentes visites à mon aîné souffrant, pour lui adoucir la peine de l'éloignement du pays natal. Au cours de cette année, je profitais des vacances de Pâques pour quitter le Nord et aller le retrouver en Bretagne, afin de passer quelques jours avec lui. J'arrivais à « Kervihan » dans la matinée du jeudi de Pâques. C'est pourquoi, l'abbé Léopold écrit ce jour :

« **Jeudi de Pâques** (*suite*), **11 heures du matin.**

Mon frère vient d'arriver… joie bien vive !
   Et cependant je m'en vais de tout cœur
      à l'oraison :
    car là, c'est la joie des joies…
     Mon Bien-Aimé est à moi.
      Je le presse sur mon cœur !
       C'est l'amour…
         c'est l'amour sans fin !

Jeudi soir.

Jésus ne vient pas au rendez-vous.
Je le supplie de venir : il se fait sourd à ma voix.
Je suis le mendiant d'amour,
et Lui ne me dit rien...
Mais je veux Lui prouver
que je l'aime, Lui et non ses consolations.
Je serai fidèle à l'attendre...
Soirée triste mais confiante.

Vendredi de Pâques. A LA SAINTE MESSE.

Jésus sourd à mes supplications d'hier soir
se fait obéissant aux paroles de la consécration.
O Amour! O joie indicible!
Quel bonheur de Le tenir entre mes mains!
Messe (consécration et communion)
des plus saintes allégresses de ma vie,

ORAISON. *Jésus vient dans mon âme*
aussitôt que je me suis recueilli...
Joie calme et sereine.
C'est la Paix dans l'Amour!
O Amour, qu'es-tu donc? »

Le samedi de Pâques, nous fîmes ensemble, mon frère et moi, le pèlerinage de Sainte-Anne d'Auray. Nous célébrâmes la sainte messe successivement dans la basilique dédiée à l'aïeule de Jésus; mon frère voulut que je montasse le premier à l'autel. Ce fut pour nous un bonheur de nous servir respectivement. Au retour, mon frère écrivit sur son carnet :

« **Samedi de Pâques.**

Je sers la messe à mon frère tant aimé.
Jamais je n'ai senti si vive
cette sainte impatience de célébrer à mon tour.
Jamais je n'avais compris aussi profondément
cette expression : « La messe, c'est une matinée de fête. »

Et cependant toute la journée m'est une fête.
La pensée et l'amour de Jésus ne me quittent plus...
Toute la journée m'est une oraison...

*Et l'*ORAISON*, c'est l'heure d'amour,*
amour vibrant ou calme et serein tour à tour,
mais c'est l'amour !
O caresses et étreintes de l'amour divin,
que ne vous ai-je connues plus tôt !
Vous m'enivrez !

Dimanche de Quasimodo.

O Amour divin,
douceur des douceurs,
suavité incomparable !
L'amour entre les créatures
s'ébrèche par les déceptions inévitables
et surtout il doit finir un jour...
L'amour pour Jésus est infini
comme son adorable personne,
et il se continuera dans le ciel
pour ne finir jamais !
O ivresse !
Mon Bien-Aimé est sur mon cœur,
sur mes lèvres tremblantes d'amour !... »

Le lundi de *Quasimodo* je quittais la Bretagne dans la matinée. Ma visite avait été agréable à mon frère, mais, je l'ai su dans la suite, elle avait nui à son recueillement. C'est pourquoi mon frère écrit :

« Lundi de Quasimodo.

(Mon frère tant aimé vient de me quitter)
Je vais avec passion à l'oraison,
car l'oraison,
c'est l'heure suave par excellence,
c'est toutes les joies de la terre
réunies et multipliées à l'infini...

> *O Jésus, ô bonté et douceur infinies !*
>   *Qu'ai-je donc fait*
>   *pour mériter tant de bonheur ?*
>   *C'est le Ciel sur la terre ! »* .

Mon frère, en recevant toutes ces faveurs, était heureux ; mais, à certaines heures, le doute le prenait : il avait peur d'être l'objet d'une illusion. Aussi, allait-il consulter les Maîtres de la vie spirituelle. A la lecture de leurs ouvrages, il était rassuré, **car il trouvait exposés**, ses propres états d'âme. Après une de ces **lectures, il** écrit :

« **Mardi de Quasimodo.**

> *Je suis très heureux de lire dans les auteurs mystiques*
>   *les passages suivants :*
> *— L'âme parvenue à l'état contemplatif*
>   *trouve un grand bien-être*
>   *à demeurer* SEULE *avec Dieu,*
>   *à lui donner son* AMOUREUSE *attention*
>   *sans s'occuper d'aucune considération particulière*
>   *et à jouir d'une paix, d'un calme, d'un repos intense (1).*

> *— L'abondance de ces grâces et de ces tendresses d'esprit*
>   *se répand même sur le corps*
>   *et se glisse jusque dans la moelle des os,*
>   *qui semble lui dire selon le langage de David :*
>   *« Seigneur, qui peut être semblable à vous ? (2) »*

Mercredi de Quasimodo.

> *Aux autres, les amours humaines :*
>   *elles passent...*
> *A moi, l'amour de mon Bien-Aimé !*
>   *Il ne me quittera pas,*
>   *si je Lui suis fidèle...*
> *O ivresse !*
>   *Mon Amour est sur mon cœur...*

---

(1) Saint Jean de la Croix, *Montée du Carmel.*
(2)   —   —   *Vive flamme d'amour.*

O mon Crucifix (1), désormais je ne crains plus rien.
    Ton Amour (avec ta grâce, ô mon Dieu)
        sera plus fort que la Mort!

— Mon Bien-Aimé est sur mon cœur...
        Je ne désire plus rien
            sauf de jouir de sa présence, toujours, toujours,
            O soif d'Amour...!

Jeudi de Quasimodo.

J'ai rencontré
        Celui que mon cœur cherche!
Mon Bien Aimé est à moi.
        O douceur des douceurs!
O Jésus, j'ai SOIF de ton Amour!

— Mon cœur bat avec émotion pour « Lui ».
        O joie enivrante...
    Que puis-je désormais vous refuser,
        ô mon Dieu?

Vendredi de Quasimodo (1er de mai).

Encore une fois
    vous daignez venir sur mon cœur, ô mon Bien-Aimé.
O condescendance infinie de mon Sauveur!
    Il consent à s'approcher de sa créature, proche du néant
        qui, même à certains jours,
            par manque de délicatesse ou d'intelligence,
            a dédaigné ses avances
                d'une délicatesse inconcevable...
    Votre bonté — exquise — ô mon Dieu, me confond...!

— Quand je vous aime, ô mon Dieu,
        et que je vous dis — dans le silence — mon amour,
        comme tout est simple!
            Il n'y a plus de temps...
                Oh! je comprends l'Éternité!

______

(1) Durant ces heures bénies, mon frère pressait sur son cœur le crucifix dont on peut trouver la reproduction dans cet ouvrage.

*— Jamais, ô mon Dieu, je n'ai donné de baiser passionné
à personne...
Mais vous, ô mon Dieu, Vous le méritez !
et je sais que votre Amour
ne me trahira pas !... »*

Ce jour, mon frère reçut une lettre très agréable d'une personne qu'il affectionnait en Dieu; mais son cœur, malgré cette sainte amitié, restait tourné vers le ciel. C'est pourquoi, il écrivit le jour suivant :

« **Samedi de Quasimodo.**

*Durant l'oraison,
puisque vous le permettez, ô mon Dieu,
je* SAVOURE *votre amour ;
durant cette heure bénie,
je ne veux plus rien savoir,
malgré les amitiés si belles et si douces
que Vous avez placées autour de moi.
Que la terre est petite
et peu digne d'attachement pour elle-même !
Néanmoins, tantôt,
par devoir d'état et pour Vous, ô mon Dieu,
je retournerai au souvenir de ces amitiés,
et je me ferai exquis pour elles !
Elles sont l'œuvre de vos mains !...*

Lundi du Bon Pasteur.

ORAISON.
*Jésus se cache à nouveau...
Je veux lui témoigner de la patience et de l'amour.
Je veux être fidèle à l'attendre...
O mon Dieu, je vous remercie
de me faire sentir mon néant devant vous.*

VISITE AU SAINT-SACREMENT.
*Jésus se fait à nouveau extrêmement doux...
O bonheur du ciel, que seras-tu donc ?*

Le château de " la Beuvrière ", où l'abbé Léopold Giboteaux passa les dernières années de sa vie.
La fenêtre marquée d'une croix indique la chambre où il rendit son âme à Dieu.

Hoc oro, hoc desidero ut tibi totus uniat !
Tu in me, et ego in te, et sic nos pariter
in unum manere concede... (1)

— *Ne faire qu'un avec Vous, ô mon Jésus !*

10 mai.

Communion.

*Joie vibrante,
de vous sentir en moi, ô Jésus...*

Oraison.

*Joie intense et profonde.
Vous êtes mon* unique, *ô Jésus.*

Solennité de Saint Joseph — 11 mai —

*Oraison plus douce et plus vibrante encore
que les précédentes.
O délices inexprimables...
Mon Bien-Aimé est à moi
et je suis tout à Lui...!
Mon regret est de n'être pas l'Univers
pour Lui offrir davantage.
Je veux au moins Lui offrir tout ce que je suis :
entendement, mémoire, volonté.
Comme il lui plaira,
selon son bon plaisir.
Car je T'aime d'amour, ô Bien-Aimé !
Mon devoir est de me fondre en Toi,
de ne faire qu'un avec Toi.
Mais que suis-je ?
Une pauvre créature pour qui est trop bon
Son Créateur et Son Sauveur...
O délices inexprimables !
Je brûle d'amour pour Toi, ô Bien-Aimé.*

---

(1) Je demande, je désire être uni à toi, tout entier !
Toi en moi et moi en toi, et ainsi pareillement je t'en prie, restons dans l'unité.

> *Ce m'est une passion*
> *de boire à longs traits*
> *à la fontaine de l'Amour.*
> *O Jésus, ô Jésus.*
> *Merci, merci mille fois !*
> — « VOUS !... » *ô Jésus.*
> SEUL *avec Vous ! ô Jésus.*
> *Rien ne détache comme l'Amour :*

Lundi 21 mai.

> *Mon Bien Aimé est sur mon cœur.*
> *Amour, Amour ! qu'es-tu donc ?*
> *Je ne suis pas digne, ô Jésus,*
> *des faveurs dont vous comblez mon âme,*
> *Je ne suis pas digne...!*
> *Mais,* JE VOUS EN SUPPLIE,
> *embrasez mon cœur d'amour pour vous.*
> *Car je désire vous rendre amour pour amour.*
> *Et cependant je m'y sens impuissant !*
> *Vos tendresses sont ineffables.*
> *Votre intimité est d'une douceur*
> *inconnue ici-bas.*
> *Devant votre amour pâlissent toutes les amitiés humaines !*
> *Dédommagement indicible*
> *de vous avoir sacrifié les amours de la terre !*
> *O Jésus, je fus votre préféré...*
> *Merci, merci mille fois !* ».

Sur la même page, mon frère écrivait ces deux pensées de sainte Thérèse de Lisieux :

> « — *Jésus, je voudrais tant L'aimer...*
> *L'aimer comme jamais il n'a été aimé !*
> — JÉSUS, FAIS QUE J'EXPIRE D'AMOUR POUR TOI ! »

Le 19 mai. il écrit encore avec enthousiasme :

> « *Je possède mon Dieu !*
> *Quelle faveur et quelle ivresse...*

Mon cœur est trop petit
pour vous aimer, ô Bien-Aimé !
Je vous en supplie, dilatez-le ! »

Ensuite, dans les carnets de mon frère, les notes de ce genre s'espacent de plus en plus. Le séjour de l'abbé Léopold, en Bretagne, était à peu près terminé. Bientôt, il rentrait dans l'Orne. Il ne notera désormais qu'à de rares intervalles les joies profondes reçues à l'oraison. Toutefois, à la fin de mai, après la fête de la grande mystique, sainte Madeleine de Pazzi, il écrivait :

« 29 mai 1924.

Divin Amant de la Vertu,
qui avez embrasé de votre amour tout céleste
la bienheureuse Vierge Madeleine de Pazzi,
accordez-moi la grâce
de toujours correspondre à vos vues
dans mes affections et amitiés
et surtout de connaître les secrets de votre Amour. »

Puis, le **30 mai 1924,** il note :

« ARIDITÉS.

Je souffre de votre absence, ô Bien-Aimé,
et cependant je vous remercie.
Il est infiniment meilleur
de vous avoir aimé et de vous avoir perdu
que de n'avoir jamais connu
les suavités, les tendresses de votre amour ! »

Toutes ces faveurs avaient eu pour effet de provoquer chez mon frère un plus grand amour de Dieu et un esprit de sacrifice plus intense. L'abbé Léopold ne voulait pas jouir de son Bien-Aimé sans lui prouver en retour sa tendresse. Aussi prit-il à ce moment la résolution de faire le vœu du plus parfait. Durant le courant de juillet de la même année, on peut lire, en effet, dans ses notes :

« **11 juillet 1924.** — Premier jour du vœu du plus parfait :

Que ce baiser est doux, à mon Crucifix,
   ô Bien-Aimé...
O transports d'amour...
   Que suis-je pour mériter
     semblable faveur...!
Vous êtes bon... ô Amour, d'avoir ravi mon cœur. »

Puis les notes reprennent, mais assez espacées :

« **12 juillet 1924.**

   — Non, je ne désire plus rien :
    Mon Bien-Aimé est sur mon cœur! »

« **20 juillet 1924.**

   — L'oraison ?
    Douceur des douceurs...
      Heure exquise entre toutes,
       que ne durez-vous toujours!
Et si durant ces joies éperdues,
   il vous est doux, à Vous, Seigneur,
    de sentir qu'un cœur Vous aime,
oh! alors, joie vibrante!...
Je suis déjà si heureux de faire plaisir
   autour de moi
      à ces amitiés que vous m'avez données ;
Mais à Vous, ô Sauveur...!
   Que ne suis-je un chérubin ? »

« **24 juillet 1924.**

Sur la terre, nous sommes si heureux
   de deviner les désirs
    des personnes aimées!
Pourquoi ne chercherions-nous pas
   à faire son « Bon Plaisir » à Lui ? »

Au cours d'une nuit sans sommeil, il écrit encore **en songeant au**

néant de la créature, et au devoir de charité à rendre, cependant,
au prochain :

> « *Vous seul, ô mon Dieu !*
> Tout *le reste n'est rien.*
> *Et cependant il faut être tendre pour le prochain,*
> *mais dans le détachement toujours*
> *qui libère et donne des ailes...*
> — *Je m'abreuve à la fontaine*
> *et cependant je demeure altéré*
> *de plus en plus, ô mon Sauveur...*
> *Mais en suis-je digne ?*
> — *Nuit très douce, nuit d'amour !*
> *ô Bien-Aimé... ô Bien-Aimé !*
> *Sentir son âme envahie par l'Amour,*
> *par l'Amour qui ne finira pas ;*
> *c'est déjà le Ciel !* »

Le **15 août** il écrit encore :

> « *O calme de votre amitié, ô Bien-Aimé !*
> *Cette paix n'est déjà plus de la terre ! ô Bien-Aimé !* »

Puis, le **17 août** :

> « *Oraison !... heure divine !*
> *Nous nous aimons !...*
> *Nous nous aimons !...*
> *Nous nous aimons !...* »

Le **2 septembre** on trouve de même :

> « *Oraison !... Transports d'amour !*
> *Qu'ai-je fait, ô bonté infinie,*
> *pour mériter vos faveurs...*
> *De plus en plus, je comprends*
> *que je ne suis rien, absolument rien*
> *devant Vous...*
> *Je ne voudrais plus vous quitter,*
> *ô Bien-Aimé !*
> *Heures d'amour,*
> *que ne durez-vous toujours...?* »

Le 3 septembre :

« Jésus se cache !... Tristesse.
Et cependant : « Fiat ! Amen ! Alleluia ! »

Au début du mois d'octobre de l'année 1924, l'abbé Léopold fut atteint de congestion pulmonaire. Au cours de la maladie, il écrivait :

« Votre amour ô mon Dieu, a brûlé mon cœur...
Ces heures de joie sont passées,
mais il m'en reste un souvenir impérissable,
gravé au plus profond de mon être.
Que puis-je désormais vous refuser, ô mon Dieu ?
Vous êtes mon Tout !...
Mon seul désir est de vous être uni...»

Pendant sa maladie, voulant s'attacher davantage à Jésus considéré dans sa Passion et se détacher de plus en plus de lui-même, l'abbé Léopold écrit encore :

« Vous aimer, ô mon Dieu,
A PROPORTION de vos humiliations
et de vos souffrances...
Jusqu'à présent dans mon amour pour vous,
j'ai trop pensé à moi ! »

Au cours de sa convalescence, il écrira successivement :

« 12 novembre.

Je ne puis pas lire.
Je ne puis écrire.
Épreuve bénie ! Je vais à l'oraison.
VOICI L'AMOUR !
Comment le décrire ?
Joies humaines, vous n'êtes rien ! »

« 15 novembre.

O Bien-Aimé, ô Bien-Aimé,
Je brûle d'amour pour vous ! »

Comme l'abbé Léopold à cette époque était très épuisé, une personne charitable lui faisait à haute voix sa lecture spirituelle. Mon frère écrit :

> « *On me fait ma lecture spirituelle*
> *dans saint Jean de la Croix.*
> *Heure exquise !* »

Puis le **23 novembre,** après une certaine inquiétude, mais complètement rassuré, il note :

> « *O Jésus, ô Jésus,*
> *Je suis fou d'amour pour vous.*
> *Ne permettez pas, je vous en supplie,*
> *que je vous trahisse jamais...*
> *Humilité...!* »

Ensuite, pour se rassurer encore sur ses états d'âme au cours de l'oraison, il écrit avec justesse après avoir consulté les auteurs mystiques :

> « *Si l'âme sort de l'oraison*
> *plus attachée à ses devoirs d'état,*
> *plus humble*
> *et plus désireuse d'abnégation,*
> *elle est en droit de ne pas craindre l'illusion.* »

Le **5 décembre,** ravi de voir l'équilibre parfait produit par l'amour de Dieu dans son âme, il note avec reconnaissance :

> « *Quelle joie, ô mon Dieu, d'avoir compris*
> *que, Seul, vous pouvez rassasier mon cœur...*
> *Dès lors, quel calme, même au milieu des affections*
> *les plus nobles, les plus dévouées...*
> *Combien de tentations diverses (illusions, fantasmagories)*
> *n'ont plus de prise sur mon âme.*
> *Néanmoins, humilité toujours*
> *et défiance de moi-même.* »

Le **6 décembre,** à la suite de saint Jean de la Croix qui disait :

> *« Le cachet distinctif de l'amour*
> *est que les amants aiment infiniment mieux*
> *rester seuls pour jouir l'un de l'autre,*
> *en tête à tête,*
> *que de se mêler à une société*
> *si choisie qu'elle soit »,*

l'abbé Léopold écrit avec satisfaction :

> *« Enfin seuls! (plus de distractions)*
> *Le Bien-Aimé est à moi!*
> *Quelle douce intimité! »*

Quelques jours plus tard, il ajoute :

> *« MOI, peu importe...*
> *Mais « LUI »! qu'est-ce qui Lui ferait davantage plaisir ?*
> *à Lui qui me suit toujours*
> *et me tient TOUJOURS compagnie...*
> *Qu'il est doux de lui faire plaisir !*
> *ô Bien-Aimé... ô Bien-Aimé!.. »*

Le **23 décemdre,** il écrit encore :

> *« Je vous aime, je vous aime, Seigneur!*
> *Comment pourrais-je vous refuser*
> *ce que j'ai de meilleur ?...*
> *Donc, l'oraison avant tout ! »*

Le jour de Noël, rempli de reconnaissance et décidé à tout sacrifier à Jésus, en réponse à ses divines avances, mon frère écrit avec joie :

> *« Jamais, ô mon Sauveur, je n'avais senti*
> *votre amour pénétrer si avant dans l'intime de mon être...*
> *En retour, JE VOUS OFFRE TOUT, ô mon Dieu,*
> *même mes amitiés les plus douces, les plus tendres...*
> *Désormais, connaître et accomplir votre volonté sainte*
> *est ce qu'il y a pour moi de meilleur...*
> *Vous faire plaisir... ô mon Dieu!*
> *Mais je me défie de moi, et vous supplie*
> *de me maintenir à ce degré d'amour ! »*

Le **24 mai 1925,** jour de la canonisation de la Mère Barat, l'abbé Léopold transcrit sur son carnet, ce texte émané de la nouvelle sainte :

> « *Cœur sacré de Jésus,*
> *ô ma lumière,*
> *mon amour*
> *et ma vie,*
> *faites que je ne connaisse que vous,*
> *que je n'aime que vous,*
> *que je ne vive que de vous,*
> *en vous,*
> *par vous,*
> *et pour vous !* »

L'abbé Léopold, on le voit, progressait de plus en plus dans l'amitié divine. Convaincu de la nécessité du dépouillement total, il écrivait quelque temps après, au cours d'une nuit d'insomnie :

> « *Les heures sonnent dans la nuit*
> *et je pense à Vous, ô Bien-Aimé ;*
> *et je vous répète amoureusement mon désir :*
> *INTRONISER en moi votre Volonté sainte*
> *en lieu et place de ma volonté propre !* »

Arrivé en quelque sorte au complet détachement, il écrivait alors le **26 août 1925,** avec simplicité, au terme de ces notes vraiment sublimes :

> « *Tout m'est indifférent,*
> *sauf ce qui vous touche, ô mon Dieu.* »

*
* *

Toutes ces faveurs, dont mon frère était l'heureux bénéficiaire, n'étaient pas stériles; elles provoquaient chez lui une heureuse transformation qui l'amenait à une plus grande union à Dieu. Les grâces mystiques, en effet, ont pour conséquence de détacher l'âme d'elle-même et de l'attacher de plus en plus au Créateur, principe de tout bien et terme ultime de toute sainteté.

Au cours de l'oraison contemplative, l'âme doit surtout rester passive, pour laisser Dieu opérer son action. A ce sujet, mon frère écrivait à la suite de saint Jean de la Croix :

> « *Pour que l'œuvre de Dieu soit entravée* (au cours de cette oraison),
> *il suffit... de la moindre opération de l'âme*
> *voulant appliquer ses sens ou ses appétits*
> *à la poursuite*
> *de quelque connaissance distincte*
> *ou de quelque consolation sensible.* » (1)

C'est pourquoi l'abbé Léopold écoutait le conseil de l'illustre docteur :

> « *Laissez là vos opérations propres...*
> *Tout ce que vous avez à faire à cette heure*
> *se réduit à ne point agir par vous-même*
> *et à vous détacher de toutes choses*
> *sans vous laisser retenir par aucun lien.* » (2)

En effet, si le contemplatif suit ces indications, il parviendra à ressentir « les ineffables délices que procure l'attouchement de la substance de Dieu à la substance de l'âme », à constater que « dans une seule touche divine, l'âme savoure toutes les perfections de Dieu, » et à expérimenter le « rejaillissement du bonheur de l'âme sur le corps lui-même ».

C'est pourquoi, avec joie, mon frère aimait à citer le texte de saint Jean de la Croix, qui décrivait ce qu'il éprouvait lui-même, dans ce merveilleux état d'élévation suprême :

> « *La substance de Dieu,*
> *comme l'ont expérimenté bien des saints pendant leur vie,*
> *touche alors la substance de l'âme.*
> *Les ineffables délices*
> *que l'on ressent dans cet attouchement divin sont indicibles ;*
> *et je ne voudrais pas en parler*
> *dans la crainte de faire croire*
> *que cette faveur est restreinte*
> *à ce qu'on peut en dire.*

---

(1) *Vive Flamme d'Amour*, strophe III, 8.
(2) *Ibidem*, strophe III, 15.

Il n'y a pas de mots
qui peuvent expliquer ou désigner clairement
des choses aussi sublimes que celles
dont ces âmes saintes font l'expérience.

La seule chose qui convienne,
quand on a le bonheur de les recevoir,
c'est de les comprendre par soi-même,
de les sentir,
de les savourer,
et de se taire (1). »

Mais si l'âme, dans cet état, est impuissante à traduire ce qu'elle ressent, elle ne peut s'empêcher de chanter son amour et d'essayer d'entraîner d'autres âmes à aimer comme elle et avec elle son Bien-Aimé ! Aussi n'est-il pas étonnant que l'abbé Léopold ait affectionné cette prière que j'ai retrouvée dans ses papiers et dans laquelle, avec l'auteur, il suppliait Dieu de se faire aimer de tous les hommes :

« *Mon Jésus,*
Je ne vous demande qu'une grâce
et je ne puis pas vous en demander d'autre,
parce que cette grâce suffit et suffit infiniment
pour vous,
pour moi
et pour tous les hommes, mes frères.

Mon Jésus,
vous ne pouvez me refuser cette grâce, à savoir,
de vous faire aimer de tous les hommes
jusqu'au dernier, sans exception d'un seul.

Faites-vous aimer,
sinon autant que vous êtes aimable,
puisque c'est impossible,
du moins autant que nous en sommes capables.

---

(1) *Vive Flamme d'Amour*, strophe II, 4.

Faites vous aimer, mon Jésus,
 de l'amour
           le plus pur,
           le plus ardent,
           le plus généreux,
           le plus constant,
           le plus tendre,
puisque vous ne désirez que cela,
puisque vous ne vous êtes incarné que pour vous faire aimer,
puisque tous vos anéantissements,
      vos douleurs,
      vos souffrances,
      vos angoisses pendant trente-trois ans,
           n'ont point eu d'autre but
                que de vous faire aimer des hommes.
Je ne vous quitterai pas, mon Jésus,
      je vous poursuivrai,
      je vous importunerai,
      je ne vous laisserai pas un instant de repos,
           ni le jour, ni la nuit,
                jusqu'à ce que vous m'ayez accordé cette grâce
                     de vous faire aimer.
Je vous la demande, mon tendre Jésus,
      par vos larmes,
      par vos sueurs,
      par toutes les gouttes de votre sang divin,
      par vos clous,
      par vos épines,
      par le fiel et le vinaigre dont vous avez été abreuvé.
Je vous la demande
      par votre croix,
      par votre crucifiement,
      par votre mort,
      par les crachats qui ont sali votre auguste visage,
      par les soufflets qui l'ont meurtri,
      par votre flagellation,
      par votre couronnement d'épines,
      par votre agonie aux Oliviers,
      par votre abandon sur la Croix.

Je vous la demande
>> *par vos humiliations et vos anéantissements infinis,*
>> *par votre pauvreté extrême,*
>> *par l'océan immense de vos douleurs et de vos souffrances.*
Je vous la demande
>> *par votre divin Cœur,*
>>> *infiniment aimable,*
>>> *aimant et compatissant.*
Je vous la demande
>> *par l'amour que Dieu le Père*
>>> *et Dieu le Saint-Esprit*
>>>> *ont pour vous*
>> *et par l'amour réciproque*
>> *que vous avez pour ces deux adorables personnes.*
Je vous la demande
>> *par l'amour que vous avez*
>>> *pour votre divine et immaculée Mère Marie,*
>> *et par celui qu'elle a pour vous ;*
>> *par toutes les douleurs*
>>> *et les angoisses de cette Mère douloureuse ;*
>> *par l'amour que vous avez*
>>> *pour votre tendre Père, saint Joseph ;*
>> *par tous vos Anges et vos Saints*
>> *et par celui qu'ils ont pour vous.*
Faites de moi, en moi et par moi,
>> *tout ce qu'il vous plaira, mon Jésus !*
Faites-moi vivre,
>> *faites-moi mourir,*
>>> *réunissez sur moi*
>>>> *les souffrances de tous les hommes,*
>>> *tous les tourments du purgatoire et de l'enfer :*
>> « OMNIA POSSUM IN JESU MEO;
>> JE PUIS TOUT EN MON JÉSUS »;
Mais, ne me refusez pas, je vous en conjure,
>> *par tout ce qu'il y a de saint et de sacré*
>>> *au ciel et sur la terre,*
>>>> *cette grâce de vous faire connaître et aimer*
>>>>> *de tous les hommes, jusqu'au dernier,*
>>>> *sans en excepter un seul.*

Donc, mon Jésus,
    faites-vous aimer des cœurs
        qui peuvent encore vous aimer.
Je suis à vos pieds sacrés
    et je ne cesserai de les arroser de mes larmes
        qu'au jour où vous m'aurez accordé cette grâce...
Je défie le ciel, la terre et l'enfer,
Je défie toutes les créatures ensemble
    de m'arracher de vos pieds adorables.
Oui, Jésus, je resterai à vos pieds
    jusqu'à mon dernier soupir.
La mort elle-même ne m'en arrachera pas.
    J'y serai dans le temps
        et jusqu'à la fin des temps,
        pendant qu'il y aura des âmes à sauver,
            à arracher à l'enfer, au démon et au péché,
        pendant qu'il y aura des âmes
            en faveur desquelles je pourrai
                demander cette grâce précieuse :
                    celle de vous aimer dans le temps,
                        et dans l'éternité bienheureuse.

Mon Jésus, nous sommes tous infiniment indignes,
    d'une indignité infinie.
Souvenez-vous, cependant,
    que nous avons été tous les objets de votre amour
                infini et éternel,
        ayant été chéris de vous une éternité toute entière
            avant que nous n'existions,
            avant que votre puissance nous tirât du néant.
Souvenez-vous donc, mon tendre Jésus,
    que nous sommes les ouvrages de vos mains,
    que nous avons été créés et formés à
        votre image et ressemblance,
    que vous nous avez destinés à vous aimer toujours,
    que nous avons été les objets, le but et la fin
        de votre Incarnation,
        et de tous les travaux de votre vie mortelle.

Souvenez-vous que nous sommes tous couverts
        de votre sang adorable.
Faites-vous donc aimer, mon tendre Jésus ;
    non à cause de nous,
    mais à cause de vous ;
        non par amour pour nous,
        mais par amour pour vous
            qui êtes infiniment digne d'amour
            et d'amour infini.
Vivent Jésus, notre amour,
        Marie, notre espérance
        et Joseph, notre protecteur. Ainsi soit-il. »

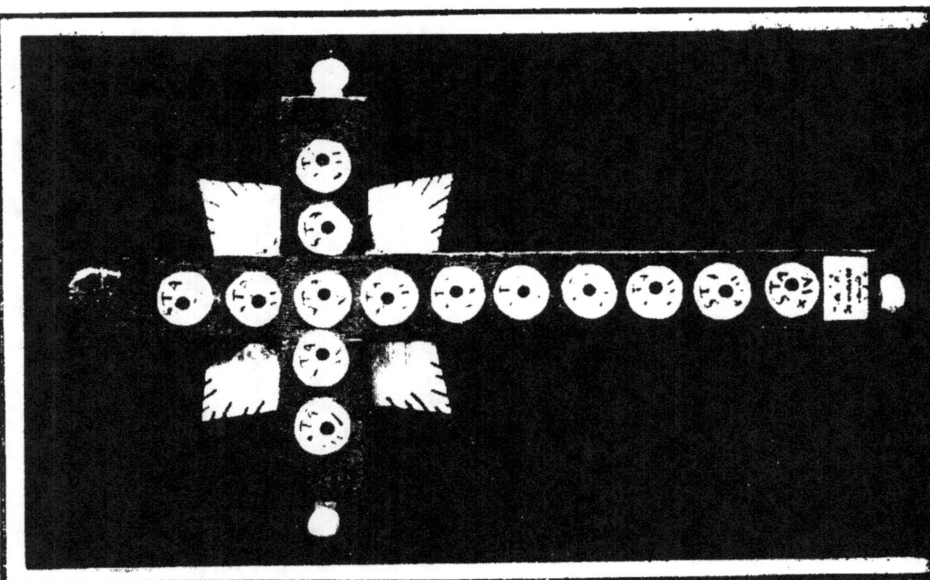

CHAPITRE VII

LA CHARITÉ ENVERS LE PROCHAIN

La charité comporte un double objet : Dieu et le prochain; Dieu aimé par-dessus toutes choses, pour lui-même, à cause de ses infinies perfections; le prochain, aimé comme nous-mêmes, parce que racheté par le sang divin, à cause de Dieu.

Si l'abbé Léopold aima Dieu de tout son cœur, de toute son âme, de toutes ses forces, il témoigna aussi sa dilection à l'égard de son prochain, par amour pour Dieu. Il se plaisait du reste à citer dans ses notes ce texte de saint Paul : « *Qui diligit proximum, legem implevit — Qui aime son prochain remplit la loi.* » (1) Dès lors, il s'adonna à l'amour du prochain avec la même ardeur qu'à l'amour de Dieu.

La charité à l'égard du prochain, d'ailleurs, est de même nature que la charité envers Dieu. Elle part du même principe : elle est essentiellement surnaturelle; elle vient de Dieu et nous invite à aimer parmi les personnes qui nous entourent, non seulement celles que nous pourrions aimer naturellement, mais même celles qui ne nous plaisent pas; plus encore, nos ennemis qui nous attaquent, nous nuisent et nous persécutent.

C'est le propre du christianisme de produire pareille vertu. Avant la venue du Sauveur, on vivait la maxime : « Œil pour œil, dent pour dent. » Depuis que Jésus est venu sur la terre et a laissé tomber de ses lèvres sacrées ces mots : « Aimez-vous les uns les autres; — aimez vos ennemis; — faites du bien à ceux qui vous haïssent », une ère de douceur, de paix et de bonté s'est levée sur le monde.

_____

(1) *Rom.*, XIII, 8.

L'abbé Léopold vivait cette doctrine. Il avait fait à ce sujet toutes les distinctions nécessaires. C'est pourquoi, il notait :

> « *Aimer par inclination, c'est aimer en bête ;*
> *aimer avec inclination, c'est aimer en homme ;*
> *aimer sans inclination, c'est aimer en chrétien ;*
> *aimer contre son inclination, c'est aimer en saint.* »

Il poursuivait :

> « *C'est là le dernier effort de la charité chrétienne*
> *et le triomphe de l'amour divin ;*
> *car il n'y a que Dieu*
> *qui puisse nous faire aimer*
> *celui qui ne nous plaît pas,*
> *beaucoup plus, celui qui nous déplaît,*
> *qui nous désoblige*
> *et qui nous offense.* »

Mon frère s'adonna avec joie aux différentes formes de la charité envers le prochain. Il le fit avec sa générosité coutumière. Il disait lui-même avec justesse, en suivant la gradation des divers degrés de l'amour :

> « *Aimer, c'est se donner,*
> *s'oublier,*
> *s'immoler.* »

Il se donna, s'oublia, s'immola, avec son esprit de sacrifice, pour faire plaisir à son Bien-Aimé.

** **

Il y a des vertus que l'on pratique avec plus ou moins de difficultés, selon son tempérament et les tendances propres de son caractère. On peut dire ici que l'abbé Léopold vécut la charité envers le prochain avec facilité. C'était un besoin de sa nature, de se donner, et une inclination de son esprit, de faire plaisir. Une des dominantes de sa vie morale était, avec la générosité, la bonté. Il étudia dès sa jeunesse, dans différents auteurs, cette vertu.

Au cours de ses lectures, il notait :

> « *La bonté consiste*
> *dans le débordement de soi-même dans les autres.*

*Elle adoucit tout
    et rend la vie plus supportable.
Qui ne sait combien de caractères vicieux ou désagréables
    sont capables de s'épanouir
        sous l'influence de quelques rayons de cette vertu !
Un sarcasme a-t-il jamais corrigé personne ?
La bonne humeur, au contraire, est toute-puissante...
Les bonnes paroles
    sont comme la musique céleste de ce monde.
Elles ont un pouvoir qui semble dépasser la nature.
Elles sont comme la voix d'un ange
        qui se serait fourvoyé sur notre terre. »*

Il insistait :

*« Les querelles ont souvent
    leur source dans un malentendu.
Dites quelques bonnes paroles,
        et les préjugés se mettront à fondre. »*

D'ailleurs, il reconnaissait à la bonté des effets salutaires.

*« Rien ne donne de la profondeur à l'esprit
        comme une habitude de charité, écrivait-il.
L'orgueil est rarement bienveillant,
        tandis que l'humilité dispose à la bonté.
La bonté nous rend humbles. »*

Il pensait que cette vertu doit inspirer les autres. Il affirmait :

*« Le moindre acte de bonté
    fait plus d'effet que la plus grande injustice...
La justice est une vertu nécessairement agressive,
    tandis que la bonté est l'amabilité de la justice. »*

Logique avec sa conscience, l'abbé Léopold aimait à s'oublier,
afin de mieux penser aux personnes qui l'entouraient :

*« Cachons nos peines et nos douleurs, écrivait-il;
    soyons attentifs aux autres
        quand nous sommes malheureux nous-mêmes.*

> *Y a-t-il bonheur au monde*
>> *semblable à celui d'une âme*
>>> *heureuse du bonheur des autres ?* »

C'est pourquoi, il prenait des résolutions :
> « *Je suis résolu à être bon, bon à confondre...,* notait-il,
>> *Je serai bon,*
>>> *toujours bon,*
>>>> *bon à outrance,*
>>>>> *bon envers tous.* »

Puis, il faisait passer ses résolutions dans la pratique. A une personne qui gardait ses distances envers lui, il dit un jour :
> « *Je vous guérirai de vos défiances*
>> *par discrétion et par bonté.* »

Du reste, il désirait à la suite d'Élisabeth Leseur :
> « *au dehors,*
>> *se faire de plus en plus accueillant*
>>> *doux*
>>> *plein de sérénité.* »

Il se surveillait sur ce point, car il voulait aller dans la pratique de la vertu de charité, jusqu'au raffinement le plus exquis. Un jour, il dressa à ce sujet un examen particulier ainsi conçu :
> « *Je veux développer en moi*
> LA BONTÉ, *c'est-à-dire :*
>> *ne faire de peine à personne ;*
>> *ne jamais contrarier,*
>>> *ni contredire ;*
>> *ne pas laisser voir qu'on m'ennuie,*
>> *ne jamais traiter les autres avec dureté...*
> *Je serai plus expansif*
>> *et me demanderai le soir si les autres sont*
>>> *contents de moi.*
> *Je serai aimable sans affectation.*
> *Je m'appliquerai à faire parler les autres*
>> *plutôt que moi-même.*

Je réprimerai tout mouvement d'égoïsme,
toute envie de prendre la place la plus commode,
de choisir ce qu'il y a de meilleur,
de m'occuper de moi. »

L'abbé Léopold aimait aussi à pardonner, quand on l'avait peiné.

« L'amour des ennemis, notait-il,
est fait d'un amour d'indulgence
et de bienfaisance ;
par indulgence,
nous devons pardonner du fond du cœur,
ne jamais repousser les avances,
chercher à nous réconcilier ;
par bienfaisance,
nous devons prier pour le salut de nos ennemis,
compromis par la haine ;
faire du bien quand l'occasion s'en présente,
sans avoir égard aux torts commis envers nous. »

Du reste, mon frère eut à exercer le pardon des injures à ses derniers moments. Quelques jours avant sa mort, en effet, Dieu permit qu'une personne, pour qui il n'avait eu que du dévouement, lui adressât une lettre de reproches et d'injures. En retour, mon aîné répondit avec douceur et voulut même faire un cadeau à qui l'avait douloureusement blessé au cœur. Ce fut là, sa vengeance. Après avoir aimé Dieu jusqu'aux extrêmes limites de l'amour, il désirait aimer son prochain avec la même délicatesse. Comme Jésus, qui au cours de sa passion garda le silence en face des injures et pria pour ses bourreaux, l'abbé Léopold, au soir de sa vie, voulut couvrir le prochain, amis et ennemis, de sa pieuse sollicitude.

** * **

Mais si mon frère ne fut pas toujours compris des âmes à qui il voulait du bien, il en rencontra d'autres qui se montrèrent charmées de sa bonté. C'est pourquoi, avec le besoin qu'il ressentait de se donner et de faire plaisir, il noua, au cours de son existence, de nombreuses amitiés. Celles-ci furent pour lui une source de joies très pures et très élevées.

En effet, l'abbé Léopold avait compris à fond son christianisme. Il n'avait rien d'un rigoriste; il aimait avec douceur, dans la mesure tracée par le devoir. Sur ce point, il notait avec justesse :

«L'amour de Dieu
n'est pas un amour d'exclusion
mais un amour de préférence. »

Dès lors, il se donna, et se donna avec toute la délicatesse dont il avait été doté à sa naissance.

« L'amitié, écrivait-il à la suite de Lacordaire,
est le plus parfait des sentiments de l'homme,
parce qu'il est le plus libre et le plus profond.
Fondée sur la beauté de l'âme,
elle naît dans des régions plus pures
que toute autre affection.
L'âge ne saurait l'affaiblir
car l'âme n'a pas d'âge.
Supérieure au temps,
elle habite le lieu éternel des esprits. »

Il notait encore :

« L'amitié n'est autre chose
qu'une parfaite union de deux cœurs,
que l'inclination fait naître,
que la ressemblance des mœurs forme,
que le mérite soutient,
et que la vertu rend éternelle. »

Ensuite, il écrivait lui-même :

« L'intimité de la vie avec des êtres de choix
est ce qu'il y a sur la terre
de plus doux,
de plus parfait,
de plus semblable à la vie du ciel.

> *L'amitié surnaturelle indéfectible*
> *est un trésor inestimable.* »

En parlant de ce noble sentiment, il pensait avec Jacqueline Rivière :

> « *Nous sommes ici en présence*
> *du pacte humain le plus sacré...*
> *Quand deux cœurs se sont librement engagés*
> *dans cette voie,*
> *le seul fait qu'ils sont libres d'en sortir*
> *les y retient.*
> *Il faut de bien graves considérations,*
> *des cas désespérés,*
> *pour que les liens de l'amitié*
> *puissent être dénoués*
> *sans traîtrise*
> *ni forfaiture à la loi morale.* »

Avec l'abbé Perreyve, il écrivait encore

> « *L'amitié est un contrat spirituel*
> *formé entre deux âmes*
> *qui se promettent librement*
> *de s'aimer*
> *et de se soutenir toujours.* »

Puis, avec un autre auteur :

> « *Les amis sont comme des compagnons de voyage*
> *qui doivent s'entr'aider réciproquement*
> *à persévérer dans le chemin de la meilleure vie.* »

En effet, pour l'abbé Léopold, l'amitié ne devait exister qu'en fonction du surnaturel.

> « *Aimer quelqu'un, écrivait-il,*
> *c'est travailler*
> *avec tact et de tout son cœur*
> *à le rapprocher de Dieu* » ;

ou encore :

> « *Aimer quelqu'un*
> *c'est travailler à augmenter*
> *la somme de ses mérites.* »

A ce sujet, mon frère pensait avec Louis Veuillot :

> « *Un vrai ami pardonne tout, mais ne passe rien.* »

Pour l'avoir expérimenté, l'abbé Léopold notait aussi avec l'auteur de *l'Imitation* :

> « *De pieuses conférences*
> *sur les choses pieuses*
> *aident beaucoup à l'avancement spirituel,*
> *surtout entre personnes*
> *d'un même esprit et d'un même cœur*
> *qui sont associées en Dieu* » (1).

On comprend qu'en raison de ses amitiés, l'abbé Léopold reçut de nombreuses marques d'affection; mais au milieu des joies qu'elles lui procuraient, il ne pouvait s'empêcher de faire monter vers Dieu l'hymne de la reconnaissance. A cette occasion, il notait :

> « *Je suis entouré d'affections de tous côtés.*
> *Or toutes ces joies, c'est vous qui me les accordez.*
> *ô Bien-Aimé.*
> *Faites, ô mon Dieu, que je vous paie en retour*
> *par autant de délicatesse...*
> *O Bien-Aimé,*
> *que vous rendrai-je ?* »

Une autre fois, il écrivait avec le même bonheur :

> « *L'amitié est chose si douce...*
> *surtout l'amitié à donner ;*
> *c'est le ciel sur la terre...*
> *Que vous êtes bon, mon Dieu,*
> *de m'avoir donné ces amitiés,*
> *et que je dois être bon pour vous!* »

____

(1) I, X, 2.

Toutefois, si l'abbé Léopold se donnait, il désirait le faire dans le plus grand amour de Dieu. Sur ce point, il disait :

> *« Ce qu'il faut, dans la vie, c'est l'ordre.*
> *Sachons hiérarchiser nos affections*
> *suivant leur place et leur importance,*
> *car elles ne doivent pas étendre un « brouillard »*
> *au devant du devoir,*
> *mais aider à le faire voir et*
> *à le faire accomplir. »*

C'est pourquoi, mon frère écrivait résolument

> *« L'attachement*
> *dans la mesure où Dieu le permet ;*
> *Le détachement*
> *accepté d'avance,*
> *dès qu'Il le demandera. »*

Au surplus, pour le cas où une amitié aurait été amollissante, il trouvait qu'il fallait alors :

> *« comme la libellule :*
> *se détacher vivement et planer. »*

Du reste, si l'amitié procure de grandes joies, elle n'est pas sans apporter parfois quelque peine. En pareille circonstance, mon frère montait vers Dieu avec le désir de devenir toujours meilleur. En effet, dans une de ces circonstances, il notait :

> *« Un froissement humain*
> *dans nos amitiés ?*
> *c'est un coup d'aile vers le Bien-Aimé,...*
> *car après s'être grisé dans l'azur de la bonté divine,*
> *on redescend vers les créatures*
> *avec la résolution d'être envers elles*
> *plus tendre que jamais... »*

L'amitié ne détachait pas l'abbé Léopold de Dieu. Au contraire, elle le faisait monter davantage vers lui, pour vivre plus encore en son intimité. Avec saint François d'Assise, il pensait :

« Le ciel et la terre
n'ont rien qui ne soit entièrement doux.
Tout s'efface devant l'amour du Christ. »

Il écrivait lui-même :

« Que nos amitiés de la terre
sont douces, ô mon Dieu!
et cependant elles ne sont rien
auprès de la vôtre...
Je m'enivre de vous, ô Bien-Aimé.
Que votre amour est suave!
Les mots humains
sont impuissants à l'exprimer.
Je ne puis que répéter :
O Bien-Aimé!
O Bien-Aimé!
O Bien-Aimé! »

*
* *
*

Mais si l'abbé Léopold se donna au prochain dans ses amitiés, il s'y consacra surtout dans l'apostolat auquel le conviait son ministère.

« Vous aimer, ô mon Dieu, écrivait-il,
ne va pas sans chercher à vous gagner des âmes
en grand nombre. »

« Faites de moi votre apôtre, disait-il avec Élisabeth Leseur,
c'est la grâce que je désire pour moi
par-dessus tout
et que j'implore de vous, ô mon Dieu. »

Ailleurs, il écrivait de même :

« Chaque jour, au Pater,
nous disons à Dieu souhaiter l'établissement de son règne.

Nous cherchons déjà à l'établir en nous-mêmes,
        ce royaume ;
        mais ce n'est pas assez.
Ayons plus d'ambition.
        Il faut étendre ce royaume au dehors de nous,
                d'abord pour faire plaisir à Dieu,
                et ensuite pour exercer notre charité envers le prochain.
Allons, du courage !
        Avec la grâce de Dieu,
                le succès ne nous manquera pas. »

C'est pourquoi, mon frère se dépensa autant que le lui permit sa santé, dans les différents postes que lui confia la Providence. Toutefois, il agissait ici encore avec méthode. Il voulait que son apostolat reposât tout d'abord sur le surnaturel.

J'ai retrouvé dans ses papiers, un texte qu'il avait fait sien et qui s'exprimait en ces termes :

« *Comment devons-nous considérer l'apostolat ?*

« *Beaucoup se disent qu'être apôtre c'est être très actif, se donner du mal, sortir de soi... L'apostolat n'est pas, ne peut pas n'être que cela. Avant de sortir de soi, il faut être soi.*

« *Être apôtre, c'est devenir pour les autres, un flambeau où ils s'éclairent, un foyer où ils se réchauffent, un modèle très concret, qu'ils n'aient qu'à imiter. Est-ce tout ? Non, car ce qu'on entend donner, c'est du divin, et ce divin, il est de toute évidence qu'il faut le posséder soi-même abondamment, le faire accepter, le faire fructifier dans les autres.*

« *Or, comment être soi-même rempli de divin ? Pour avoir la grâce en abondance, il faut la demander et, de plus, la mériter. Par nous-mêmes, nous sommes incapables de transmettre cette grâce de manière à ce qu'elle vivifie et transforme ceux qui en bénéficient.*

« *Donc, le premier jalon à poser dans la voie de l'apostolat, c'est l'union à Celui qui est la source de toute grâce, à Celui qui peut agir au fond des âmes parce qu'Il les a créées et qu'Il en est le Maître. Et cette union doit être aussi intime, aussi persévérante que l'apostolat que nos désirons exercer. En un mot, pour être apôtre, il faut vivre de la vie intérieure. »*

Du reste, mon frère écrivait lui-même :

« *Avant d'agir, il faut s'établir dans la paix,*
fortifier sa volonté par la prière et la méditation,
et ensuite se mettre à l'œuvre
 humblement
 virilement
 joyeusement. »

Il notait encore :

« *Plus nous aurons de Jésus en nous,*
plus nous donnerons de Jésus autour de nous! »

En outre, si l'abbé Léopold trouvait que le zèle doit être surnaturel dans son principe, il pensait aussi qu'il doit être exercé avec intelligence.

Il écrivait :

« *Il faut savoir comprendre tout et tous,*
afin de réunir le plus possible
de points de contact avec les autres. »

De même, il pensait avec saint Ignace :

« *Entrons chez le prochain par sa porte (adoptons ses idées),*
et faisons qu'il sorte par la nôtre (transformé par nous). »

Puis, comme le prêtre doit souvent exercer l'autorité dans son ministère, mon frère était d'avis de le faire avec circonspection. A ce sujet il notait avec esprit :

« *Sachons serrer la vis, sans faire crier!* »

Enfin, si l'abbé Léopold voulait agir avec doigté, il désirait surtout gagner le cœur par sa charité.

« *Le cœur du prêtre,* affirmait-il,
n'est plus le cœur d'un homme.
C'est le cœur de Dieu.
Le prêtre ne s'appartient plus! »

Avec humour il disait :

« Le prêtre doit savoir s'ennuyer à l'occasion.
Son ministère l'appelle auprès de toutes sortes d'hommes
qui ne sont pas tous et toujours intéressants.
Néanmoins, qu'il s'oublie et se donne. »

C'est pourquoi, il avait pris pour devise :

« Austérité au dedans !
Charme au dehors ! »

C'était là sa pensée dominante : s'oublier pour se donner, afin d'obtenir plus d'efficacité dans l'exercice du zèle. Quelle joie, d'ailleurs, pour lui, que de rapprocher les âmes de Dieu. Il écrivait sur ce point :

« Le côté consolant du ministère du prêtre
est de ramener les brebis au bercail,
d'affermir les courages chancelants,
de fortifier les volontés indécises,
et de faire monter plus haut encore
les âmes qui n'ont pas peur du sacrifice,
et dont l'horizon s'étend chaque jour davantage. »

En effet, si l'abbé Léopold savait que l'on touche les âmes par la prédication et par le zèle, il n'oubliait pas que c'est surtout au confessionnal, par la direction, qu'on les élève davantage encore vers Dieu. A ce sujet, il agissait avec discernement et désintéressement. A la suite de Mgr Lejeune, il notait avec sagesse :

« Lorsqu'une personne s'adresse à vous pour la première fois,
récitez le « Veni Sancte ». |
Lorsqu'elle vous quitte pour se confesser ailleurs,
dites le « Te Deum ».

Dans la confession et la direction, d'ailleurs, il aimait à s'effacer. Chaque fois, avant d'y exercer son ministère, il se prosternait devant Dieu, baisait la terre par humilité et ne s'approchait qu'avec recueillement du tribunal de la pénitence. Il était convaincu de son néant, c'est pourquoi il pensait avec sainte Thérèse :

« Un directeur qui n'a pas appris aux âmes
à se passer de lui
ne leur a rien appris. »

En outre, il entendait entièrement disparaître dans certains cas, pour mieux laisser Dieu agir à sa guise, par la grâce. Aussi, à la suite du P. de Maumigny, il écrivait :

« Lorsqu'une âme se donne à Dieu sans réserve,
le directeur doit grandement respecter
l'action immédiate de Dieu
sur cette bien-aimée du Seigneur.
Il ne lui convient pas d'entrer dans le sanctuaire sacré
où Dieu et l'âme se disent leur mutuel amour.
Son office est de veiller
à ce que le démon ne force pas la porte de cet asile béni,
et que le tumulte des passions
ne vienne pas en troubler la paix. »

** * **

Telles étaient les pensées de mon frère, relatives à l'apostolat. Elles sont marquées au coin du bon sens et du surnaturel. En réalité, l'abbé Léopold ne put faire, dans ce domaine, tout ce qu'il aurait voulu. Son mauvais état de santé fut un obstacle au débordement de son zèle; mais si la joie de se multiplier, selon son désir, dans l'exercice de l'apostolat, lui fut refusée, il trouva quand même un moyen efficace de se donner totalement. En effet, dans l'impossibilité de se dévouer auprès des âmes qui font partie de l' « Église militante », il se tourna vers celles qui constituent l' « Église souffrante », et fit retomber sur elles le mérite de ses satisfactions en posant, après le vœu du plus parfait, le vœu héroïque.

Cest ici qu'on pourra découvrir le caractère transcendant de l'âme de mon frère...

Pour les lecteurs qui ne seraient pas documentés sur la valeur et la portée de ce vœu, il est nécessaire de fournir quelques indications.

En quoi consiste le vœu héroïque? A remettre entre les mains de la Sainte Vierge, toutes les œuvres satisfactoires que nous pouvons poser pendant notre vie, et même tous les suffrages qui nous seront appliqués après notre mort, en demandant à Marie, notre Mère, d'en faire retomber la valeur sur les âmes du purgatoire, pour hâter leur entrée dans le ciel. Donnons ici quelques explications complémentaires.

Il existe pour le chrétien trois sortes d'œuvres : les œuvres impétratoires, les œuvres méritoires, les œuvres satisfactoires. Les œuvres impétratoires sont les prières que nous adressons à Dieu, pour obtenir de lui quelque bienfait, au profit des âmes pour lesquelles nous prions ou pour nous-mêmes. Les œuvres méritoires sont celles que nous posons avec une intention surnaturelle et qui ont pour effet d'augmenter en nous la vie de la grâce. Les œuvres satisfactoires sont celles que nous effectuons dans le but d'expier les peines dues aux péchés déjà pardonnés par l'absolution. Ce sont ces peines que les âmes du purgatoire ont à subir dans l'autre vie, avant d'entrer dans la félicité éternelle. N'ayant pas entièrement satisfait à la justice divine sur la terre, elles doivent, par la souffrance, suppléer aux pénitences qu'elles n'ont pas accomplies durant leur vie, afin d'expier entièrement leurs péchés.

Or, le vœu héroïque a pour effet de faire retomber sur les âmes du purgatoire, l'efficacité, non pas des œuvres impétratoires ni des œuvres méritoires, mais uniquement des œuvres satisfactoires. En conséquence, celui qui le prononce se dessaisit, au profit des âmes de l' « Église souffrante », de ses propres satisfactions effectuées durant cette vie et même des suffrages qui lui seront appliqués après sa mort. Cette donation généreuse, toutefois, n'oblige pas sous peine de péché et n'exige aucune formule (1); elle peut se faire en faveur d'une ou de plusieurs âmes désignées, ou en faveur de celles auxquelles la Sainte Vierge jugera bon de s'intéresser; elle peut être révoquée quand on le veut, sans le consentement de l'autorité ecclésiastique (2); du reste, après cet acte, on peut encore prier pour les autres ou pour soi et gagner des mérites en faveur de sa propre sanctification, car, par le vœu

---

(1) C. f. Léon XIII, 19 décembre 1885.
(2) S. Cong. des Rites, 20 février 1907.

héroïque, on renonce seulement à toute satisfaction, avant et après sa mort.

C'est cet acte généreux que mon frère voulut poser et qui prouve une fois de plus son désintéressement personnel.

A cet effet, il récitait chaque jour cette prière après la sainte communion :

« *O Marie, Mère de miséricorde, je fais entre vos mains, en faveur des saintes âmes du purgatoire, l'entier abandon de mes œuvres satisfactoires pendant la vie, et des suffrages qui me seront appliqués après la mort, et ne me réserve que la compassion de votre cœur maternel* (1). »

Par cette formule, on le voit, mon frère abandonnait toutes ses satisfactions entre les mains de la Sainte Vierge. Ce fut toujours durant sa vie un besoin pour lui de se donner; de cette manière, il s'oubliait totalement, afin de faire entrer plus rapidement dans le ciel les âmes qui attendaient en purgatoire leur délivrance.

A ce sujet, l'abbé Léopold écrivait avec joie, sur son carnet, à la fin de sa vie :

> « *A Jésus, j'ai tout donné :*
> *mes facultés, mon activité et ma vie.*
> *A la Sainte Vierge — que j'aime d'une tendresse infinie —*
> *j'ai donné tous mes mérites satisfactoires durant ma vie*
> *et tous les suffrages en ma faveur après ma mort...*
> *J'ai tout donné... je suis heureux...,*
> *Il est si bon d'être bon sur la terre...;*
> *mais pour le Bon Dieu et la Sainte Vierge,*
> *quel plaisir !...*
> *Pendant la guerre, le petit soldat donnait sa vie pour la France ;*
> *et moi, c'est pour le Bon Dieu ;...*
> *c'est mille fois mieux !... »*

*
* *

---

(1) Indulgence plénière, chaque fois que l'on récite cette formule, après la sainte communion, (Pie IX, 30 septembre 1852).

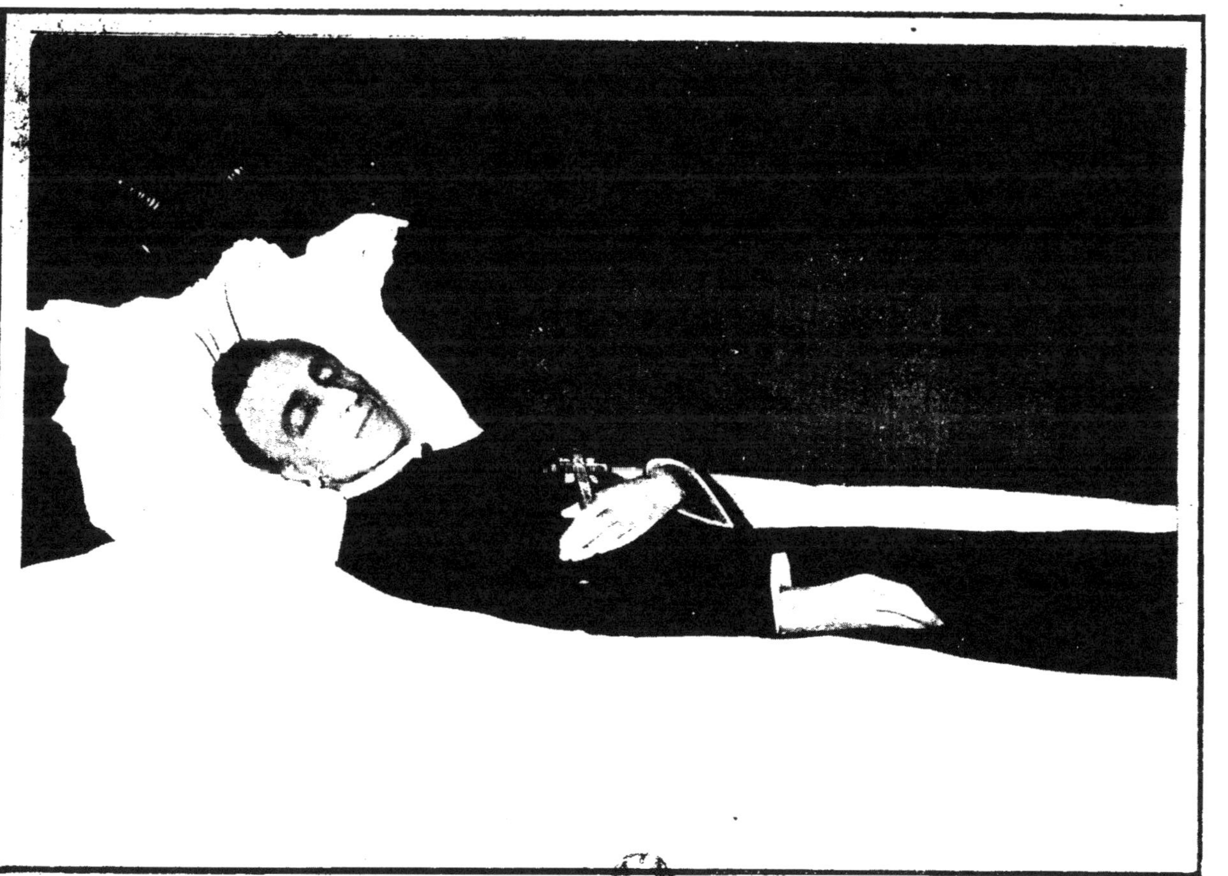

(Cliché de Sauverzac.)

L'abbé Léopold Giloteaux sur son lit de mort.

Certains pourront peut-être s'étonner d'une pareille donation et la trouver excessive : se dépouiller de ses propres satisfactions pendant sa vie et même des suffrages qui nous seront appliqués après la mort, n'est ce-pas s'exposer à rester longtemps dans le purgatoire, après le jugement de Dieu? On le croirait volontiers, si l'on ne connaissait la bonté du Sauveur. En effet, au témoignage des théologiens, cet acte héroïque, au lieu de nous être défavorable, attire sur nous les regards miséricordieux de la Sainte Vierge et de son divin Fils, qui récompensent toujours au centuple le moindre acte de générosité. « Ceux qui font le vœu héroïque, disent-ils, sont accueillis avec bienveillance par le Juge suprême au moment de la mort. »

Du reste, on pourra le constater bientôt pour mon frère, dont le passage de la terre au ciel fut très rapide. Après avoir beaucoup aimé et s'être ardemment dévouée, son âme devait recevoir très tôt, après la mort, la récompense de son immolation.

L'abbé Léopold, je l'ai dit, fit cette donation en faveur des âmes de l' « Église souffrante », parce qu'il n'avait pu se donner comme il l'aurait souhaité aux âmes de l' « Église militante ». Toutefois, ici encore, il arriva à satisfaire son désir, car s'il ne put se dépenser par l'exercice du zèle, il se sacrifia, ainsi que nous allons le constater, par l'apostolat de la souffrance chrétiennement acceptée et généreusement vécue au pied de la croix.

CHAPITRE VIII

L'ESPRIT DE SACRIFICE

Si la sainteté se réalise par la pratique de la vertu de charité, elle se traduit surtout par l'esprit de sacrifice. Aimer, en effet, depuis le péché originel, ce n'est pas seulement recevoir et jouir, mais c'est aussi se donner et souffrir. Or, le don de soi ne va pas sans souffrance. Dès lors, il n'est pas étonnant que les saints, qui se sont donnés à Dieu et au prochain par la pratique de la charité, aient vécu de sacrifice.

Cette attitude, d'ailleurs, trouve son explication dans l'imitation du divin Rédempteur : Jésus a sauvé le monde par la croix; il est logique, en conséquence, que les saints qui veulent collaborer avec lui à son œuvre rédemptrice prennent à sa suite la route du Calvaire et s'étendent mystiquement, à son exemple, sur l'instrument de son supplice.

La souffrance ! Que d'incompréhensions à son sujet ! Certains prennent prétexte de son existence pour blasphémer; d'autres, au contraire, se réjouissent de son apparition dans leur vie pour s'exalter.

Ce n'est pas ici le lieu de disserter sur la douleur, mais sans vouloir l'expliquer entièrement, il est bon de faire remarquer qu'elle joue un double rôle dans la vie du chrétien : elle est à la fois expiatrice et sanctificatrice.

A l'origine, la douleur fut inconnue de nos premiers parents. Créés dans un état de sainteté et de bonheur, Adam et Ève jouissaient au paradis terrestre de l'amitié de Dieu. Hélas ! ils ne surent pas conserver leur état d'innocence; ils commirent le péché, qui les entraîna dans le malheur. En effet, en punition de leur désobéissance, Dieu leur infligea la souffrance. A Adam, il dit d'un ton courroucé : « Tu gagneras ton pain à la sueur de ton front ! » et à Ève qui avait poussé son mari à prévariquer : « Tu enfanteras dans la douleur ! » Depuis sont apparus sur la terre les maux que devait subir l'humanité pour expier ses crimes. La souffrance se présente donc, en premier lieu, comme la rançon du péché.

Mais ce n'est là qu'un effet de la douleur. Si la souffrance est tout d'abord un instrument d'expiation, elle devient ensuite un moyen de sanctification. Sans doute, Jésus est monté au Calvaire pour réparer la faute originelle; il l'a aussi gravi pour nous ouvrir à nouveau les portes du salut. A sa suite, si nous voulons bénéficier de la rédemption, nous devons également épouser la douleur, car, acceptée généreusement, elle nous procurera la béatitude éternelle. D'expiatrice et de réparatrice, la souffrance est donc devenue, en second lieu, par une heureuse métamorphose opérée par Jésus, sanctificatrice et salvatrice.

Dès lors, puisque la douleur joue un rôle si important dans la vie surnaturelle, on comprend que les saints en aient fait la compagne de leur vie. Comme le Sauveur, ils l'ont affectionnée, parce qu'ils en avaient compris la beauté, la valeur et la fécondité.

Pour sa part, l'abbé Léopold avait accepté ce point de vue.

> *« Si les âmes savaient le prix de la souffrance*
> *pour acquérir les biens de l'ordre le plus élevé,*

écrivait-il à la suite de saint Jean de la Croix,

> *jamais elles ne chercheraient leur consolation dans autre chose. »*

Ce sont les idées de mon frère, relatives à la douleur, que nous allons considérer au cours de ce chapitre.

*
* *

Tout d'abord, l'abbé Léopold commença par envisager la

souffrance sous l'angle humain, et il en découvrit de suite toute la fécondité. Il écrivait à ce sujet :

*« C'est une loi de notre nature imparfaite,
        qu'aucune grande action
                ne peut s'accomplir sans douleur. »*

C'est pourquoi, à la suite d'un auteur, il notait :

« L'âme n'est belle que par le sacrifice !... »

En effet :

« l'esprit, humain n'arrive à la beauté intellectuelle que par l'effort de la pensée, les durs labeurs et les longues veilles : demandez aux vieux savants ce que leur a coûté leur couronne de lauriers ! »

A leur tour,

« le cœur et la volonté ne parviennent à la beauté morale que par les douloureux oublis et les nobles souffrances du renoncement : qui donc est monté sans peine sur le piédestal de l'héroïsme ? »

La souffrance, en conséquence, apparaissait en premier lieu, à mon frère, comme la condition *sine qua non* de tout progrès humain.

Mais, si elle est déjà efficace dans l'ordre naturel, combien ne l'est-elle pas dans le monde surnaturel ?

« Ici-bas, tous souffrent, écrivait encore l'abbé Léopold,
        *et ce qui coûte le plus,
                c'est qu'on souffre
                        seul,
                                sans profit...
Or la religion nous donne Dieu
                        comme compagnon,
        et nous présente la douleur
                comme une purification
                        et un mérite. »*

Par ces mots, on le voit, mon frère avait compris l'étendue du

problème. Il envisageait la douleur comme agent de purification
et de mérite.

La souffrance, en effet, obtient des résultats merveilleux dans
la vie Chrétienne.

Tout d'abord, comme le faisait remarquer l'abbé Léopold,

     « elle nous détache des frivolités du monde

         et, par contre-coup,

            nous rapproche de Dieu » ;

puis, elle nous unit au divin Rédempteur et, par le fait, nous conduit à sa suite sur le chemin du ciel.

A ce sujet, mon frère notait encore avec saint Jean de la Croix :

     « Celui qui ne cherche pas la croix de Jésus

         ne cherche vraiment pas non plus la gloire de Jésus. »

C'est pourquoi, il ajoutait avec saint Jean Chrysostome :

Dans la destinée de Jésus-Christ,

     tout chrétien lit la sienne.

Être prédestiné à la gloire,

     c'est être prédestiné d'abord à la passion.

Il n'existe pas, en effet, de signe infaillible de prédestination,

     car l'Apotre qui avait porté si loin le nom de Jésus-Christ,

         craignait d'être réprouvé,

            après avoir cependant prêché aux autres.

Suis-je ou non inscrit au livre de vie ?

Suis-je de ceux qui entendront l'appel des élus,

     ou de ceux qui seront rejetés pour toujours,

         en dehors de la miséricorde ?

Insoluble et poignante énigme !

Les dons de Dieu,

     que tout homme reçoit ici-bas,

         ne lui procurent aucune certitude sur ce point ;

     leur grandeur même

         ne fait de lui qu'un plus grand débiteur.

Faire des miracles vaut moins que pâtir et souffrir,
parce que celui qui opère des miracles,
devient le débiteur de Dieu ;
Mais qu'un homme souffre,
c'est Dieu qui devient son débiteur ! »

Cette pensée est profonde; elle révèle la prodigieuse fécondité de la douleur. Aussi, mon frère affirmait-il :

« *En nous mettant sous le pressoir des tribulations,*
Dieu nous force à lui rendre tout ce qui lui revient
de prière,
de mortification
et d'abandon à sa volonté sainte. »

La souffrance apparaît donc bien comme instrument de salut. Devant cette constatation, l'abbé Léopold affirmait encore :

« *C'est une loi du progrès*
que les tendances inférieures doivent être sacrifiées aux autres.
La généreuse confiance en un ordre meilleur
est ce qui fait la valeur et la dignité de notre vie :
on perd sa vie pour la sauver. »

Puis, il ajoutait avec justesse :

« *Ce n'est pas Dieu qui réclame notre souffrance ;*
mais c'est nous qui en avons besoin. »

Ensuite, il concluait :

« *De toute manière, si Dieu la veut,*
ce n'est pas en tant que souffrance,
mais comme moyen de nous rendre meilleurs,
ou comme preuve de pénitence,
de générosité et d'amour. »

C'est pourquoi, l'abbé Léopold voulut suivre Jésus sur la voie du Calvaire, avec le grand désir de s'étendre après lui, sur l'instrument de son supplice.

Avec le P. de Clorivière, il pensait :

> *La pierre de touche de la vertu,*
> *c'est l'imitation du Christ souffrant et méprisé.* »

D'ailleurs, déjà au Séminaire, en songeant à l'efficacité de la douleur et à sa fécondité dans toute vie sacerdotale, mon frère écrivait :

> *Ce serait un malheur pour un prêtre*
> *d'échapper à la souffrance.* »

Ensuite, avec le P. Plus, il notait :

> *Pour le prêtre,*
> *vivre sans vivre crucifié*
> *devrait être un non-sens.* »

Plus tard, il dit lui-même :

> *La seule raison de vivre*
> *c'est Lui, Jésus, le Maître aimé*
> *dans la souffrance !* »

Mon aîné, en raison de ces idées, avait une grande dévotion envers le Crucifix. A la méditation des douleurs du divin Maître, et à la vue de sa croix, il disait au Sauveur, au cours de sa jeunesse :

> *O Christ immolé pour moi,*
> *ton corps n'est plus qu'une plaie,*
> *ton cœur s'est fondu comme une cire ;*
> *fais que le mien se fonde d'amour pour toi.*
> *Permets-moi de t'approcher,*
> *de te baiser les pieds,*
> *de te serrer dans mes bras,*
> *de me réfugier dans tes plaies,*
> *de vivre de ton amour.* »

Les plaies du divin Rédempteur avaient pour lui des charmes. A la suite de saint Augustin, il disait en parlant d'elles :

> *C'est là que je dors en sûreté d'un sommeil tranquille,*
> *que je reprends au réveil un courage intrépide.* »

Puis, avec Hamon il s'écriait :

« O plaies divines, si chères au Cœur de Jésus,
dont vous nous ouvrez les portes,
que vous êtes belles !
C'est vous qui faites bénir Dieu éternellement
par tous les anges et tous les saints,
heureux de chanter la parole évangélique ;
« Voila comment Dieu a aimé l'homme. »
C'est vous qui, au grand jour du jugement,
confondrez ceux qui n'auront pas voulu profiter
du bien de la rédemption !
O plaies adorables, je vous vénère et je vous aime !

Vous me commandez de vous regarder ;
avec amour, je vous contemple.
Vous êtes mon refuge, je me repose en vous.
Vous êtes ma lumière ;
je m'instruirai à votre école.
Vous êtes ma force ;
vous me soutiendrez dans mes abattements.
Vous êtes des foyers d'amour ;
je m'approcherai de vous,
je me tiendrai près de vous et je serai réchauffé ;
car comment se tenir près d'un grand feu
sans en ressentir la chaleur ? »

En outre, avec l'abbé Perreyve, il aimait à dire au sein de ses propres souffrances et après expérience :

« O divin Crucifié, à travers mes larmes,
j'ai regardé tes mains percées pour l'amour des hommes ;
mes lèvres ont rencontré les clous qui attachent tes pieds,
et ma main qui serrait ton image
s'est posée sur la plaie de ton cœur.
J'ai longtemps baigné de pleurs cette croix
que tu baignas de ton sang.
Alors la paix est venue.

> *Je me suis comme endormi sur ton cœur,*
> *et peu à peu*
> *l'amour a vaincu la souffrance ;*
> *je pleurais encore,*
> *mais c'était presque de bonheur !* »

L'union à Jésus Crucifié, en effet, est génératrice de générosité. Sur ce point, l'abbé Léopold pensait avec l'auteur de l'*Imitation*, que la croix est pesante, lorsqu'on la repousse, mais qu'elle devient légère, dès qu'on l'accepte avec courage. De même, avec saint Paul, il savait qu'uni à Jésus souffrant il pourrait tout. C'est pourquoi, il notait :

> « *Si la douleur m'épouvante et m'écrase ;*
> *c'est que, pauvre enfant orgueilleux et sot,*
> *j'ai l'outrecuidante prétention*
> *de la porter tout seul.* »

Son désir fut donc de s'unir au divin Rédempteur.

Cette attitude, du reste, lui procura une sorte de vigueur toujours nouvelle, qui lui donnait la possibilité de supporter généreusement ses peines.

Avec l'abbé Perreyve, dans cet esprit, il écrivait :

> « *De toutes les forces latentes qui sauvent la terre,*
> *la souffrance* UNIE A LA CROIX
> *est la plus puissante.* »

Dans ces conditions, mon frère s'efforça, par la souffrance, de jouer dans l'Église, le rôle que la Providence lui avait départi. Sans doute, il souffrait de son inaction, mais à la suite d'Élisabeth Leseur il écrivait avec résignation :

> « *Si Dieu ne veut pas de moi autre chose :*
> *que je sois du moins entre ses mains*
> *un instrument inerte et docile...*
> *Il utilisera à sa guise*
> *mes prières, mes sacrifices et mes souffrances.* »

Puis, avec la même âme, il notait :

« *La pénitence — de précepte pour tous —*
    devient pour certains
        l'œuvre importante entre toutes,
          l'instrument efficace de cette œuvre réparatrice
           qu'est la vocation des âmes de choix. »

C'est pourquoi, l'abbé Léopold s'adonna avec ardeur à la réparation; elle lui apparut comme une nécessité, pour lui et pour les âmes. Il disait avec sincérité :

« *Merci, ô mon Dieu !*
        telle doit être mon exclamation devant toute peine !
    Chaque épreuve est une purification,
             donc, un trésor spirituel ! »

Dans cet esprit, il aimait à méditer cette parole de sainte Marguerite-Marie :

« *Une âme juste peut obtenir pardon*
        pour mille criminels ,

et il ajoutait :

« *Or point de réparation sans sacrifice,*
    point de sacrifice sans destruction,
    point de destruction sans souffrance. »

« *Réparer, notait-il encore,*
    c'est aimer, mais c'est avant tout souffrir...
Dès lors, il faut s'immoler en aimant. »

Toutefois, avec la caractéristique de sa pondération, l'abbé Léopold n'entendait rien faire d'extraordinaire dans ce domaine.

Il précisait avec soin :

« *L'âme réparatrice ne s'illusionne pas;*
    elle ne rêve pas d'immolations impossibles...
Les sacrifices obscurs,
    connus de Dieu seul :
      voilà ce qu'elle cherche avant tout. »

Alors, avec le grand désir de s'unir aux âmes réparatrices et à la réparation de Jésus sur la croix, mon frère prit un jour l'énergique résolution :

« — *de ne trouver de repos que dans la douleur,*
— *de se montrer avide d'immolation,*
— *de se donner au sacrifice*
tel qu'il se présente dans la vie. »

A cet effet, il aimait méditer certaines paroles que Notre-Seigneur lui-même avait dites à des âmes privilégiées et qu'il avait notées :

« — *A ma suite,*
tu passeras par la croix, par la douleur...

— *Si je n'étais pas là pour te soutenir,*
tu ne pourrais supporter tes peines...

— *Que de douceurs, que de joies,*
ie te ferai goûter dans tes tribulations... »

Au sortir de cette méditation, il écrivait lui-même :

« *Merci, Seigneur,*
d'avoir choisi une pauvre petite créature comme moi
pour vous consoler.
Vous savez bien que je ne vous abandonnerai pas! »

Avec de pareils sentiments, mon frère accueillait la douleur avec sérénité.

Du reste, avec le P. de Maumigny, il écrivait :

« *Quand Dieu nous éprouve,*
c'est l'heure de réveiller notre foi
et de nous rappeler que les tribulations
sont les plus grands bienfaits
que Dieu puisse nous accorder sur la terre! »

** **

L'abbé Léopold, toutefois, ne se contentait pas de cet effet négatif de la souffrance : la réparation. Il désirait surtout, par elle, collaborer avec Jésus, à l'œuvre du salut du monde. Notre-Seigneur, en effet, demande parfois à certaines âmes, qui lui sont unies intimement dans son « corps mystique », de s'associer à son œuvre rédemptrice, afin de perpétuer son sacrifice au cours des siècles, selon la parole de saint Paul : « Je parachève dans ma chair ce qui manque à la passion du Christ. »

C'est surtout sous cet aspect que l'abbé Léopold envisagea l'efficacité de la souffrance. Comme il ne pouvait sauver les âmes par le zèle, il désirait les conduire au ciel par la douleur.

Dans cet esprit, il écrivait :

« La souffrance !
on n'est pas obligé de la demander,
mais si le Bon Dieu l'envoie,
il faut l'accepter,
car elle devient pour les âmes d'élite
un moyen de rachat pour les âmes des pécheurs. »

Avec le P. Baron, il pensait :

« Une fois crucifié,
on devient sauveur ;
les âmes sont à ce prix. »

Il était convaincu de cette vérité. Aussi se plaisait-il à noter à la suite de sainte Thérèse de l'Enfant-Jésus :

« C'est bien plus par la souffrance...
que par de brillantes prédications
que Dieu veut affermir son règne dans les âmes. »

Longtemps, il lui fut pénible de ne pouvoir se dépenser comme il l'aurait voulu; mais quand la lumière se fut faite dans son esprit, il devint heureux de son sort. Il pratiquait, sur ce point comme sur d'autres, la sainte indifférence, laissant à Dieu le soin de tout conduire dans sa vie. Dans cet esprit d'abandon, il notait le passage d'une lettre qui lui avait été envoyée :

> « *La grâce qui doit toucher les âmes*
>   *doit être achetée au prix de nos douleurs.*
> *Que nous soyons des instruments de rançon*
>   *ou des distributeurs de bienfaits,*
> *que nous importe,*
>   *du moment que nous collaborons à l'œuvre divine.* »

Au sein de ses souffrances, et par esprit d'imitation, il aimait du reste à méditer cette parole que Notre-Seigneur adressait à une religieuse réduite à l'impuissance par la maladie, après une vie d'apostolat très actif :

> « *Je prie et tu souffres.*
>   *A nous deux nous sauvons le monde !* »

C'est pourquoi, l'abbé Léopold, comprenant la fécondité surnaturelle de la douleur généreusement acceptée, adressa cette prière au Sauveur :

> « *Travailler avec vous, Jésus,*
>   *au salut des âmes,*
> *et pour cela,*
>   SOUFFRIR AVEC VOUS,
>   *si vous m'en jugez digne !* »

Mon frère fut exaucé, puisque sa vie fut en quelque sorte une souffrance perpétuelle,

*
* *

Mais il est bon de se demander de quelle manière l'abbé Léopold se comportait en face de la douleur. Si certains prennent prétexte de la souffrance pour murmurer ou blasphémer, mon frère, au contraire, avec la charité divine qui le consumait, s'en fit le compagnon.

Avec le P. de Clorivière, il écrivait :

« *Toujours occupé du soin de connaître*
        ce qui plaît au Bien-Aimé,
    l'amour regarde la loi qui le lui manifeste
        non comme un joug onéreux
        mais comme une réponse à ses désirs,
    et la souffrance
        perd en quelque sorte pour lui son amertume. »

Du reste, si l'on veut se faire une idée de son attitude en face de la souffrance, il faut lire ce qu'il écrivait, le 15 octobre 1924, à la veille de sa fête, au cours de la congestion pulmonaire qui faillit l'emporter à cette date. Il notait sur son carnet :

« **15 octobre. Saint Léopold. Premières Vêpres :**

Des vœux de santé
        me parviennent de toutes parts,
    mais pour moi plus que pour tout autre,
        la vie ne peut plus être qu'une marche sûre
            vers l'amoindrissement,
                l'anéantissement,
            la mort.
Telle est votre volonté, ô mon Dieu ;
        qu'elle soit aimée de tout cœur, sans retour.
            Dieu soit béni

Amoindrissement progressif, lent et sûr :
        quelle abjection, mais aussi quelle grâce pour l'humilité !
        Merci, ô mon Dieu. »

Quelque temps plus tard, alors qu'il allait mieux, il notait à la suite du P. Perroy :

« *La mort vaudrait peut-être pour moi*
        mieux que la vie,
    mais vous voulez que je vive
        pour souffrir
            et aussi pour vous aimer...
Je vous aimerai donc, ô mon Dieu. »

Puis, le lundi de Pâques 1925, après avoir médité le texte de l'évangile du jour, il écrivait :

> « *Ne fallait-il pas que le Christ souffrît*
> *pour entrer dans la gloire ?*
> *Vous voulez que je souffre, Seigneur...*
> *Je souffrirai et* COMME *vous voudrez...* »

Toutefois, si l'abbé Léopold aimait la souffrance, il ne tenait pas à le faire remarquer. En effet, à la suite d'Élisabeth **Leseur**, il prenait encore cette résolution :

> « *Accepter ou rechercher souffrances ou pénitences*
>   DANS LE SECRET
>   *sans rien faire qui puisse attirer l'attention,*
>   *en redoublant au contraire*
>   *d'affabilité et de douceur.* »

Il désirait, cependant, que la souffrance fortifiât son âme et lui permît de mieux rayonner la grâce afin de faire davantage de bien autour de lui.

Alors, avec saint Paul, il écrivait, en adaptant le texte à sa situation :

> « *Libenter* GLORIABOR *in infirmitatibus meis,*
>   (*au lieu de me plaindre*
>   *je me glorifierai dans mon impuissance intellectuelle*)
>   *ut inhabitet in me virtus Christi,*
>   (*pour que la force du Christ*
>   *habite en moi et apparaisse plus évidente*). »

Cette attitude généreuse devait conduire mon frère, non seulement à l'acceptation chrétienne de la douleur, mais aussi à cet état supérieur qu'ont vécu les saints avec bonheur : « la joie **dans** la croix ». On connaît le texte fameux de saint Paul s'écriant au sein des pires adversités : « Je surabonde de joie au milieu de mes tribulations »; celui de sainte Thérèse d'Avila, qui préférait la souffrance à la vie sans douleur : « ou souffrir ou mourir »; celui de sainte Madeleine de Pazzi, qui désirait rester le plus longtemps possible sur la terre, afin de mieux mériter par la souffrance :

« toujours souffrir et ne jamais mourir ». Mon frère partageait
ce généreux enthousiasme. A la suite de ces saints, il disait en
parlant de ses souffrances :

> « *Ne pas seulement les* SUPPORTER
> *mais les* PORTER *d'un cœur joyeux,*
> *car chacune d'elles est une parcelle*
> *de la croix du Sauveur.* »

En outre, en octobre 1924, au cours de la congestion pulmonaire qui le minait, je fus amené à lui dire nettement ma pensée
sur son état de santé et à ne pas lui cacher mes inquiétudes pour
l'avenir; l'abbé Léopold m'écouta avec sang-froid et accepta
avec calme la sentence de mort que je semblais lui apporter par
mes ouvertures fraternelles et sacerdotales.

A la suite de cet entretien il écrivit le soir sur son carnet :

> « *Journée mémorable entre toutes de ma vie!*
> *Mon frère me dit avec précision la vérité sur ma santé!*
> *Désormais, mon existence*
> *sera une préparation à la mort,*
> *dans un abandon*
> SEREIN, *par respect et amour*
> *pour la divine Providence,*
> *et* JOYEUX *par charité pour mon prochain.* »

Une autre fois, il écrivit :

> « *Dans mes peines et mes abattements,*
> *je penserai à votre gloire, ô mon Jésus ressuscité,*
> *pour rayonner toujours votre* JOIE...
> *D'ailleurs, à une âme désintéressée dans son amour,*
> *ne suffit-il pas*
> *que son Seigneur et Maître soit dans la gloire?* »

A la suite, il notait encore le texte de saint Paul qu'il avait lu
dans l'*Introït* du 3ᵉ dimanche de l'Avent :

> « *Gaudete in Domino semper; iterum dico : Gaudete* » (1).

____

(1) « Réjouissez vous toujours dans le Seigneur, de nouveau, je vous dis : Réjouis-
sez-vous. »

« *La gaîté*, se plaisait-il à dire,
        est la forme la plus virile du courage. »

Ces assertions ne restaient pas, pour mon frère, lettres mortes. Il les faisait passer avec générosité dans sa vie. Plus encore, il essayait de les répandre et s'en faisait volontiers le propagandiste. En effet, à une âme à qui il avait parlé de la joie qu'on peut ressentir au sein de la douleur, et qui s'étonnait de cette affirmation, il écrivit pour expliquer sa pensée et mieux prouver son sentiment :

« *L'âme humaine est extrêmement complexe, et il faut avec saint François de Sales distinguer le fond de notre nature, basse, grossière, animale, et, d'autre part, la fine pointe de l'âme. Tandis que gronde l'orage, dans la première, le calme règne parfois dans la seconde. Distinguons donc, et voyons, lors d'une épreuve, comment les choses se passent :*

« *I. — Dans le fond de notre nature, la douleur entre, bouleverse tout, et parfois pousse à la révolte. On comprend alors qu'on soit triste ; personne ne le défend. Notre-Seigneur lui-même pleura à la mort de Lazare...*

« *II. — Ensuite, sauf dans les douleurs immenses et folles, la raison aidée de la foi se ressaisit ; elle comprend que l'épreuve est voulue de Dieu. Alors, elle s'incline et elle accepte : c'est la résignation. Jusqu'ici nous arrivons encore à nous comprendre ;... mais vous me dites :*

« *Avouez que ce mot : « accepter avec joie la douleur » est exagéré. »*

« *III. — Je ne suis pas de votre avis, car si l'âme, par la méditation, arrive à saisir que, par la « VIE DE VICTIME », elle concourt avec le Sauveur à racheter les âmes, elle arrive à être contente de s'unir à Lui dans la souffrance, et c'est alors la joie... Ne sommes-nous pas heureux, parfois, au milieu d'une peine, de ressentir la compassion de l'un de nos amis? Ainsi en est-il de même avec le Bon Dieu, le grand Ami. Quand une douleur nous accable, une partie de l'âme souffre, mais la fine pointe de l'esprit nous aide à nous réjouir, parce que nous souffrons en union avec le Sauveur, et pour Lui... »*

Il n'est pas étonnant, en conséquence, que l'abbé Léopold,

qui avait si bien compris ce sentiment de « la joie dans la croix »,
ait écrit pour son propre compte, dans ses carnets, avec une sorte
de plaisir :

> *« Ma fonction dans l'Église*
> *est de souffrir...*
> *O Jésus, j'accepte* AVEC JOIE *votre volonté ;*
> *je m'abandonne*
> *et je vous remercie :*
> *Je serai ainsi plus près de Vous ! »*

*
* *

Le lecteur a pu remarquer, au cours des pages précédentes,
que mon frère, dans l'explication qu'il donnait, de l'expression
« la joie dans la croix », parlait de la « vie de victime ». L'abbé
Léopold, en effet, ne se contenta pas d'accepter la douleur et de
vivre avec amour les épreuves que Dieu, dans sa bonté, daignait
lui envoyer; il voulut, avec bonheur, faire de sa vie un holocauste
perpétuel, et, à cette intention, à l'imitation de sainte Thérèse de
Lisieux, il s'offrit en victime, afin de mieux s'unir au sacrifice du
divin Rédempteur.

Cette délicate question demande d'être traitée avec le sérieux
qu'elle comporte. C'est pourquoi, je lui ai consacré le chapitre
suivant.

Toutefois, avant d'aborder ce sujet, arrêtons-nous quelques
instants pour méditer la poésie qui résume admirablement les
pensées et les sentiments de mon aîné relativement à la souffrance,
et qu'il avait demandé à l'une de ses pénitentes de lui copier pour
en faire son idéal. Elle exprime excellemment les souhaits de
l'âme de l'abbé Léopold dans ses aspirations surnaturelles. La
voici :

> *« Victime sur la croix et dans l'Eucharistie,*
> *Jésus, à ton école, apprends-moi à souffrir.*
> *Dans l'ombre, avec amour, je désire être hostie,*
> *Pour mieux vivre et mourir !*

« *Souffrir!... fais-moi souffrir, Jésus, je t'en supplie!*
Souffrir pour ton amour : doux et puissant désir!
Jésus, que sur la croix, ta douce main me lie!
Jésus, fais-moi souffrir!

« *Souffrir, ô mon Sauveur, pour moins aimer la terre,*
Pour mieux t'aimer, Jésus, pour n'aimer plus que toi!
Toi seul auprès de moi!

« *Souffrir, abandonné, sans qu'un seul ami vienne*
A moi, sans que le cri de mon cœur déchiré
Révèle ma pauvre âme à d'autre qu'à la tienne,
O mon Maître adoré!

« *Souffrir, le front joyeux, pour que nul ne devine*
Des maux qui, partagés, ne m'accableraient plus;
Afin que vers mon cœur, aucun cœur ne s'incline,
Que le tien, ô Jésus!

« *Souffrir, pour réparer tant de chutes coupables,*
De lâches reniements, de tristes abandons,
Si durs, et qui pourtant n'ont pas été capables
D'épuiser tes pardons!

« *Souffrir, pour consumer à ta divine flamme,*
Tout ce qui dans mon être est impur et gâté.
Souffrir, pour m'ennoblir et rendre ma pauvre âme
Belle de ta beauté!

« *Souffrir, pour faire envie à tes bienheureux même,*
Et pour rendre jaloux, au Ciel, tes Séraphins.
Pour régner en portant l'épineux diadème
Qu'ont porté tous les saints!

« *Souffrir au fond du cœur des blessures brûlantes,*
Comme celles que fait ou la flamme ou le fer,
Pour l'embraser d'amour et d'ardeurs dévorantes,
Plus fortes que l'Enfer.

« *Souffrir, pleurer sans bruit, penché sur ta poitrine,*
Quand l'angoisse trop forte oppressera mon cœur,
Puisant à cette source une force divine,
Pour porter ma douleur!

« *Souffrir jusqu'à la fin, les croix les plus pesantes,*
Puis mourir dans tes bras, par ta voix endormi,
En t'étreignant encore de mes mains défaillantes,
O mon divin Ami!

« *Souffrir, en attendant, voilà mon existence!*
Avec toi, sur la terre, être abreuvé de fiel!
N'aurai-je pas, Jésus, pour t'aimer sans souffrance
Le ciel, le ciel, le ciel? »

CHAPITRE IX

L'HOLOCAUSTE

Quand on parlait de « vie de victime », il y a quelques trente ans, les âmes s'effrayaient facilement, car on donnait alors au mot « victime », une signification redoutable, correspondant dans la vie chrétienne à la réception de souffrances extraordinaires, à peine supportables pour une âme héroïque; mais, depuis l'apparition dans l'Église de sainte Thérèse de l'Enfant-Jésus, qui, on le sait, l'est offerte en holocauste à Dieu et a pour ainsi dire popularisé s'offrande en victime, on se montre moins craintif. Il reste cependant dans beaucoup d'esprits certaines préventions, injustifiées, semble-t-il, car la « vie de victime » n'est autre que la vie chrétienne vécue avec un grand souci de perfection (1).

Notre-Seigneur, en effet, a dit dans l'Évangile : « Si quelqu'un veut être mon disciple, qu'il renonce à lui-même, prenne sa croix et me suive (2). — Qui ne prend sa croix et ne me suit pas n'est pas digne de moi (3). » L'esprit et l'amour de la croix apparaissent donc comme le centre de la vie chrétienne. Mais accepter la croix, la porter et s'y attacher, n'est-ce pas se faire victime ? Si nous devons prendre notre croix après Jésus, ne sommes-nous pas tenus de nous faire hostie, à la suite du Sauveur, et de nous offrir comme lui en holocauste surnaturel ?

Saint Paul, du reste, en écrivant aux Romains, leur prêchait déjà cette doctrine : « Je vous exhorte, mes frères, par la misé-

---

(1) J'ai longuement exposé la doctrine relative à la « vie de victime » dans deux de mes ouvrages : « *Les Ames hosties, les Ames victimes* » et « *Sainte Thérèse de l'Enfant-Jésus et la vie de victime* ». Le lecteur qui voudrait se documenter n'aurait qu'à s'y reporter (Voir les tables et les appréciations à la fin de ce livre).

(2) MATH., XVI, 24.

(3) MATH., X, 38.

ricorde de Dieu, à offrir vos corps comme une *hostie* vivante, sainte et agréable à Dieu : c'est le culte spirituel que vous lui devez (1). »

On ne voit pas, dès lors, puisque l'Apôtre, au premier siècle de l'Église, invitait les fidèles à s'offrir en victimes, ce qui pourrait empêcher les chrétiens de le faire au XXe siècle. La doctrine n'a pas changé, et les ressources surnaturelles de la grâce sont toujours aussi puissantes.

Toutefois, pour éviter des écarts et des chutes, par des malentendus, il est bon de préciser. La « vie de victime » en effet, peut être dangereuse pour certains esprits qui ne l'ont pas comprise et marchent sous son couvert à des extravagances. Il importe, en conséquence, d'avoir sur ce point des idées claires, en rapport avec une parfaite orthodoxie.

Qu'est-ce que se faire victime ? C'est s'unir d'une façon intime et personnelle au Christ Rédempteur dans son sacrifice éternel, afin de glorifier, avec lui, Dieu son Père, et de participer à son œuvre du salut du monde.

Cette assertion demande quelques explications. Donnons tout d'abord la notion du sacrifice.

Le sacrifice, entendu au sens cultuel, est l'acte le plus élevé de la vertu de religion. D'après sa définition théologique, c'est l'offrande et l'immolation, par une personne vraiment et authentiquement qualifiée, d'une victime ou hostie, pour adorer, remercier demander, expier. Le sacrifice, en effet, est accompli pour quatre fins : l'adoration, l'action de grâces, la demande et la réparation.

De tout temps et dans tous les pays, on l'a offert à Dieu ou aux idoles, que l'on considérait comme des dieux, afin de reconnaître et de traduire extérieurement le souverain domaine de la divinité sur toutes les créatures. Chez les païens, on allait même jusqu'à présenter en holocauste des victimes humaines, mais chez le peuple juif, sur un ordre de Dieu le Père, on substituait à l'homme, des substances minérales ou végétales, comme

______

(1) *Rom.*, XII, I.

le sel, le blé, le vin, l'huile, l'encens, ou, mieux encore, des animaux vivant habituellement dans le commerce de l'homme, comme le bélier, l'agneau, le bouc, le bœuf, le veau, la tourterelle et la colombe.

Toutefois, la religion judéo-chrétienne devait avoir son sacrifice humain, couronnement des sacrifices de l'Ancienne Loi et synthèse de tous les sacrifices qui allaient désormais se succéder au cours des siècles : c'est le sacrifice de Notre-Seigneur Jésus-Christ, s'immolant au Calvaire pour glorifier son Père et sauver l'humanité de la mort éternelle.

Son sacrifice fut à la fois latreutique ou d'adoration, eucharistique (1) ou d'action de grâces, impétratoire ou de demande, réparateur ou d'expiation.

Il fut *latreutique*, car l'adoration la plus parfaite que Dieu puisse recevoir se concrétise dans la mort de son Fils; il fut *eucharistique*, car, si dans l'action de grâce la reconnaissance doit égaler le bienfait, l'offrande du sacrifice du Calvaire n'étant autre que celle de l'Homme-Dieu, compensa par sa valeur toutes les faveurs fournies par l'Éternel; il fut *impétratoire*, car Jésus Crucifié nous rendit par son immolation les dons perdus par Adam grâce et gloire, et nous obtint ainsi tous les secours dont nous avons besoin; il fut *réparateur*, car il fut en même temps : *propitiatoire*, puisqu'il apaisa après la faute originelle la colère de Dieu, *expiatoire* puisqu'il inclina le Tout-Puissant à pardonner l'offense commise contre sa majesté; *satisfactoire*, puisqu'il expia et paya la dette primitive due à la justice divine.

En réalité, c'est le sacrifice du Calvaire qui a fondé la religion chrétienne. Or, depuis cette date, il se renouvelle chaque jour d'une façon mystique au saint sacrifice de la messe, où Jésus, toujours Prêtre et Victime, ne cesse de s'offrir en sacrifice à Dieu son Père.

Cependant, si le sacrifice de Jésus synthétise tous les autres sacrifices et se renouvelle chaque jour sur l'autel catholique, Dieu a voulu que de nouvelles victimes viennent à leur tour se présenter pour l'holocauste surnaturel. Ce ne sont plus comme autre fois, dans l'Ancien Testament, des êtres inférieurs : minéraux,

---

(1) Ce mot est employé ici au sens étymologique du terme : rendre grâces.

végétaux, animaux; mais des âmes, objet beaucoup plus noble, celles des chrétiens, qui, à la suite de Jésus, s'immolent d'une façon mystique et parachèvent au cours des siècles son sacrifice rédempteur.

L'Église, en effet, au dire de saint Paul, est le « corps mystique » du Christ. Jésus en est la tête; les chrétiens en sont les membres. Dès lors, les fidèles de cette Église, membres du « corps mystique » du Christ, doivent comme la tête participer au sacrifice. En conséquence, si les chrétiens comprennent leur devoir, ils s'uniront à Jésus et s'offriront comme lui en sacrifice. Leur immolation, toutefois, ne sera pas, comme celle du Sauveur au Calvaire, une immolation physique et extérieure, mais une immolation « en esprit et en vérité », selon l'expression du divin Maître, c'est-à-dire mystique et intérieure. Elle consistera à présenter et à rendre à Dieu tout ce qu'il nous a donné : corps, intelligence, cœur et volonté, pour les mettre au service de sa gloire; à accepter les souffrances de cette vie, en union à celles du Sauveur; à s'associer, de la sorte, à son œuvre, en d'autres termes, à vivre parfaitement la vie chrétienne, en l'orientant vers les quatre fins du sacrifice : l'adoration, l'action de grâce, la demande, et la réparation.

S'offrir en victime, par conséquent, ce n'est pas, comme certains se l'imaginent, se vouer irrémédiablement à des souffrances extraordinaires et excessives, mais placer simplement tout son être sous la souveraine dépendance de Dieu, lui demander d'en prendre possession pour y accomplir son œuvre de perfectionnement surnaturel, et parachever de cette manière le sacrifice de Jésus sur la croix.

Cette offrande, cependant, ne peut se réaliser, on le comprend, sans esprit de sacrifice. En effet, toute victime, matière de sacrifice, doit être immolée, et l'immolation ne peut être opérée sans souffrance. Dès lors, de même que dans l'Ancien Testament les victimes tombaient sous le coup du couteau du sacrificateur, de même, dans l'Église, les hosties spirituelles doivent succomber sous le tranchant du glaive; leur immolation, toutefois, ne sera pas sanglante, mais intérieure, et se concrétisera dans l'esprit et l'amour de la croix; de plus, leur sacrifice ne sera pas le sacrifice d'un instant, mais de toutes les minutes de leur existence; enfin, le feu qui les consumera en holocauste, ne sera pas le feu matériel de la terre, mais la flamme ardente et vivifiante de la charité divine.

Pratiquement, en conséquence, la vie de victime se ramène à l'offrande et à la remise de tout son être entre les mains de Dieu, dans l'acceptation généreuse de toutes les douleurs de cette vie et dans un acte perpétuel de charité divine. En fait, comme il a été dit au début de ce chapitre, elle n'est autre que la vie chrétienne vécue avec un grand souci de perfection, c'est-à-dire une vie de sacrifice soulevée et fécondée par un très grand amour,

Ces notions sont importantes, mais elles ne nous disent pas où doit s'effectuer, pour le chrétien, l'union au Christ Rédempteur. Sans doute, le fidèle peut en pensée, au cours de ses journées, s'unir au sacrifice du Calvaire; mais il y a ici un point de doctrine à sauvegarder, car seul Jésus s'est offert en sacrifice au Golgotha. Personnellement, nous n'y avons eu et ne pourrons y avoir aucune part, pour cette raison que le sacrifice de la croix se place à l'origine même du Christianisme.

« Le sacrifice de la croix, dit en effet Bellarmin, a été offert une seule fois, et depuis cette oblation il a cessé d'exister. Il ne demeure dans la suite que par ses effets et sa vertu. Par rapport aux chrétiens, c'est un sacrifice invisible qu'ils contemplent non de leurs yeux de chair, mais des regards de la foi. Les peuples ne s'y peuvent assembler, et même, si par impossible ce sacrifice était encore présent, ni le prêtre ni le peuple chrétien n'y pourraient prendre une part active, car la mort du Christ sur la croix, même si elle pouvait être renouvelée, ne saurait être le fait des chrétiens (1). »

Dès lors, puisque seul sur la croix Jésus, comme prêtre et comme victime, a offert son sacrifice, il paraît impossible, au sens strict du terme, de coopérer à l'œuvre rédemptrice accomplie au Calvaire. En effet, nos actes : prières, mérites, satisfactions, en tant qu'ils possèdent devant Dieu quelque valeur, sont les *effets* du sacrifice du Calvaire, mais, effets de la Passion, ils sont cependant nécessaires pour procurer notre salut. C'est en ce sens, en fait, qu'ils achèvent, selon le mot de saint Paul, ce qui manque aux souffrances du Christ. On saisit, d'ailleurs, que

---

(1) *De Missa*, libr. I, c. xx.

cette relation d'*effets* à *cause* ne peut être considérée comme le point précis où s'affirme notre coopération au sacrifice rédempteur; cette coopération, en effet, suppose une union intime avec le Sauveur. Or, cette union, si elle ne se réalise pas dans le sacrifice du Calvaire, s'effectue au saint sacrifice de la messe, sacrifice du « corps mystique » du Christ, où tous les fidèles sont offerts avec Jésus lui-même.

On comprend, par le fait, que c'est surtout par Jésus, avec Jésus, en Jésus (1), victime à la sainte messe, que peut et doit s'affirmer notre désir de coopérer à son sacrifice. Là, en effet, les chrétiens qui veulent s'offrir en victime peuvent se placer mystiquemeht sur la patène ou dans le calice du prêtre à l'offertoire; se présenter à Dieu le Père, avec son divin Fils, au moment de l'élévation; s'unir à la divine victime à la communion, non seulement dans une communion sanctifiante, mais aussi dans une communion immolante, en prenant les pensées et les sentiments du Sauveur, en esprit d'adoration, d'action de grâces, de demande et d'expiation. En réalité, c'est là que s'effectue l'union au Christ-Rédempteur; c'est à la messe que le prêtre peut s'offrir lui-même avec la divine victime et offrir les fidèles qui désirent collaborer avec Jésus à la glorification de son Père et à l'œuvre du salut du monde.

Ces notions élémentaires étaient nécessaires pour faire comprendre ce qui va suivre. En effet, mon frère s'étant offert en victime, il fallait fournir quelques explications susceptibles de révéler le sens, la valeur et la portée de son immolation.

En fait, c'est à partir de 1924 que l'abbé Léopold s'orienta définitivement vers la « vie de victime ». Mon ouvrage : « *Les Ames Hosties, les Ames Victimes* (2) », venait de paraître au début de cette année, Mon frère le lut avec attention et en fit passer généreusement la doctrine dans sa vie.

Son esprit, d'ailleurs, y était déjà préparé, car dès 1921 il fai-

---

(1) *Per ipsum, cum ipso et in ipso.*
(2) Chez l'Auteur et chez P. Téqui, 82 rue Bonaparte, Paris (VIᵉ).

sait sienne cette prière placée sur une image qu'une de ses diri-
gées lui avait adressée cette année, au jour anniversaire de sa
messe de prémices :

« HOSTIA PRO HOSTIA.
Avant de vous voir là-haut,
Divin Époux de mon âme,
dans les joies de votre vision éternelle,
Je veux passer ma vie ici-bas
à devenir la petite hostie de l'Hostie d'Amour

Comme l'Hostie du Tabernacle,
je veux rester blanc et pur ;
je veux que mon cœur demeure sur l'autel
entre le ciel et la terre.

Comme l'Hostie du Ciboire,
je veux aller où l'obéissance me dira d'aller,
dans les grands devoirs de la charite.

Comme l'Hostie du Saint Sacrifice,
je me laisserai rompre, consommer
dans toutes les fatigues
et les sacrifices du dévouement.
O mon Dieu,
j'irai à tous, sous forme d'hostie,
c'est-à-dire de sacrifice inspiré par votre amour. »

L'année suivante, mon frère, avec une âme qu'il affectionnait
en Dieu, disait :

« Être prêtre, c'est être hostie ;
unissons nos efforts pour réaliser cet idéal! »

De plus, comme l'abbé Léopold faisait partie de la Société
des Prêtres de Saint-François de Sales et s'était affilié à la Phalange Apostolique et Réparatrice qui dépend de cette association,
il récitait très souvent cette formule d'oblation imposée à ses
membres :

« Seigneur, mon Dieu, répondant à l'appel de votre divine grâce,
et mettant en son secours toute ma confiance, je veux, selon vos ado-

rables desseins et votre paternelle miséricorde, réparer mes propres péchés et ceux de toutes les créatures, particulièrement ceux qui outragent plus douloureusement votre sainteté infinie.

« *Je viens donc, avec les membres de la Phalange Apostolique et Réparatrice de la Société des Prêtres de Saint-François de Sales, vous demander de vouloir bien agréer la Consécration spéciale que je vous fais de moi-même à cette intention. Confiant en votre infinie bonté, j'accepte d'avance, avec tout l'amour dont je suis capable et une joie surnaturelle, toutes les décisions de votre justice qui pourront à mon égard être la conséquence de mon oblation. J'unis mes pauvres mérites et mes misérables expiations aux souffrances infiniment méritoires de mon Sauveur Jésus, Prêtre et Victime, à celles de Marie, mère des douleurs, Vierge-Prêtre, de mon Père saint François de Sales, et de tous les saints et saintes du Paradis. Je les supplie de regarder en pitié ma faiblesse et de me venir en aide.* »

Cette oblation, cependant, ne devait pas suffire à la piété de mon aîné. Il désirait étendre son offrande, non seulement à la réparation, mais aussi aux autres fins du sacrifice. Les événements, d'ailleurs, se chargèrent de l'amener peu à peu à embrasser la « vie de victime » dans toute son extension.

En effet, comme au début d'octobre 1924, l'abbé Léopold avait été frappé de congestion pulmonaire, il crut à ce moment mourir. Il avait regardé la mort en face et était prêt à faire le sacrifice de sa vie, en union à celui du Sauveur sur la croix. C'est pourquoi, à ce moment, désireux de s'immoler entièrement, il rédigea sur son carnet, cette formule, avec l'intention de la voir imprimée sur ses souvenirs mortuaires, au cas où il serait venu à décéder à cette époque :

« *Je m'unis à vous, ô Jésus Crucifié,*
    dans les quatre fins du sacrifice éternel :
        pour réparer mes péchés et les fautes de l'univers,
        pour vous remercier de vos bienfaits envers l'Église entière,
        pour adorer votre divine Majesté de tout mon cœur
            de créature raisonnable
      et accepter dans toute ma liberté
        votre volonté sainte,
    pour implorer des grâces immenses pour les âmes.

> *Pour moi je ne demande rien,*
>> *sauf un amour éperdu pour vous,*
>>> *ô divin Crucifié!*
> *Tirez donc de mon existence, ô Sauveur adoré,*
>> *la glorification la plus parfaite de votre saint nom ;*
>>> *pour le reste, je m'abandonne*
>>>> *et j'accepte tout !* »

Par cette formule, on le voit, l'abbé Léopold s'offrait en quelque sorte en victime et étendait son offrande, comme le Sauveur sur la croix, aux quatre fins du sacrifice. A la réparation, trop souvent exclusivement considérée, il unissait l'adoration, l'action de grâces et la demande, mais, dans sa prière, il sollicitait simplement la glorification du Créateur.

Cette congestion pulmonaire de 1924 n'était en quelque sorte qu'un premier appel de Dieu à l'immolation totale. L'abbé Léopold profita de sa guérison momentanée, accordée par l'intercession de S, S. Pie X, pour s'initier de plus en plus à la vie victimale et la vivre dans toute son étendue.

Il aimait sur ce point à suivre les conseils de sainte Thérèse de l'Enfant-Jésus. Avec joie, en face de ses souffrances et de sa maladie, il notait sur son carnet cette pensée de la célèbre moniale de Lisieux :

> « *Pour aimer Jésus,*
>> *pour être sa victime d'amour,*
>>> *plus on est faible et misérable,*
>>>> *plus on est propre aux opérations*
>>>>> *de cet amour consumant et transformant.*
>
> *Le seul désir d'être victime suffit ;*
>> *mais il faut consentir à rester toujours*
>>> *pauvre et sans force...*
> *(Si nous y restons,)*
>> *... Il nous transformera en flammes d'amour.* »

L'abbé Léopold était heureux de cette affirmation. En raison de sa santé ébranlée, il se sentait « pauvre et sans force »; c'est pourquoi, il se livra avec plus d'ardeur que jamais à la charité divine, pour être transformé en « flamme d'amour ».

D'ailleurs, il semble que de plus en plus, à cette époque, mon frère s'orienta vers la réalisation intégrale de la « vie de victime ». En effet, il paraît avoir pris la résolution énergique de la vivre entièrement, le 21 octobre 1924, car à cette date il écrivait :

> *« Désormais, ma vie sera, ô mon Dieu,*
>> *pour vous,*
>>> *l'offrande du moindre geste,*
>>>> *du moindre battement de mon cœur,*
>>>> *de la moindre pensée ;*
>> *pour moi*
>>> *la marche persévérante vers la perfection,*
>>> *la préparation sereine à la mort. »*

Par ces mots mon frère semblait donc affirmer qu'il entendait tendre à la perfection et parvenir à la sainteté, par la réalisation complète en lui de la « vie de victime ».

Cette idée, du reste, le poursuivait. En effet, le 24 décembre 1924, il écrivait encore en s'adressant au Seigneur :

> *« S'offrir, par amour, en* **holo**-*causte*
>> *à votre divine Majesté,*
> *est-il plus bel emploi d'une vie humaine,*
>> *ô mon Dieu? »*

Puis, quelque temps après, devant les affres de la douleur, mais convaincu de l'assistance divine, il notait avec le désir de devenir de plus en plus hostie avec le Sauveur :

> *« O mon Dieu, que l'on est petit devant la souffrance !*
> *Que votre grâce ne m'abandonne pas !*
> *Mais, au contraire, que je vous sois de plus en plus uni*
>> *dans le souvenir de votre Passion ! »*

Ensuite, il souhaitait, par le plus parfait, marcher avec ardeur et joie sur la voie royale de la croix. En effet, il écrivait encore :

> « *Toujours faire ce qui me coûte le plus,*
> *faisant de ma vie l'union de joie et de sacrifice*
> *avec vous, ô mon Dieu !* »

Toutefois, mon frère prenait cette résolution dans un esprit large et puissant. L'intelligence avait toujours été le guide de sa vie; aussi se plaisait-il à écrire à la suite de cette détermination :

> « *Sainte Thérèse disait à une communauté :*
> *« Bien assez de personnes sont bêtes par nature,*
> *ne vous rendez pas bêtes par grâce !*
> *Je tâcherai donc d'accomplir ma résolution*
> *avec intelligence*
> *mais généreusement et allègrement.* »

D'ailleurs, mon frère désirait vivre sa « vie de victime » dans l'abandon. Certains, en effet, s'imaginent que la vie victimale requiert des souffrances extraordinaires ; c'est une erreur. La « vie de victime », je l'ai indiqué antérieurement, ne demande autre chose que l'acceptation joyeuse de toutes les croix; pour la vivre parfaitement il suffit de se remettre amoureusement entre les mains de Dieu, avec la détermination d'accueillir généreusement les peines de la vie quotidienne d'après le saint abandon.

L'abandon ! J'en ai longuement exposé la doctrine et les relations avec la « vie de victime », dans mon ouvrage « *Les Ames Hosties* » (1). Qu'il suffise de rappeler ici qu'il consiste dans la soumission à la volonté de bon plaisir de Dieu. Les Maîtres de la vie spirituelle, en effet, distinguent en Dieu deux sortes de volonté : la volonté signifiée et la volonté de bon plaisir. La volonté signifiée est celle qui nous est manifestée par la doctrine à croire, par les commandements de Dieu et de l'Église, par nos devoirs d'état, par les conseils évangéliques, ajoutés aux préceptes, par les inspirations secrètes du Saint-Esprit, révélatrices du vouloir divin sur nous, par les saintes règles et les constitutions religieuses

---

(1) IIIᵉ partie, ch. I : L'attitude de l'âme victime.

pour les âmes vivant hors du siècle, dans le service de Dieu; s'y soumettre, c'est pratiquer l'obéissance. La volonté de bon plaisir, au contraire, est celle qui s'offre à nous par les événements extérieurs, provoqués par Dieu et les créatures libres ou déterminées, et viennent nous meurtrir ou nous réjouir, mais le plus souvent nous affliger dans notre vie. La volonté signifiée, il est bon de le remarquer, nous est ordinairement connue d'avance, et en général d'une façon claire et précise, par l'intermédiaire de l'Église, de nos supérieurs immédiats ou de notre Directeur, tandis que la volonté de bon plaisir parvient seulement à notre connaissance au fur et à mesure des circonstances qui nous l'indiquent, et, par le fait, elle dépasse notre prévoyance. Or, se détacher de sa volonté propre pour se plier aux décisions de la volonté de bon plaisir, c'est pratiquer l'abandon à la volonté divine.

L'abbé Léopold avait parfaitement compris cette distinction Il écrivait à ce sujet :

« *La perfection*
consiste dans l'accomplissement intégral
de la volonté divine :
donc OBÉISSANCE *pour la volonté signifiée ;*
ABANDON *amoureux, filial,*
pour la volonté de bon plaisir. »

Du reste, il avait étudié avec soin la théorie de l'abandon. A la suite de ses lectures il transcrivait sur son carnet, pour bien préciser l'attitude de l'âme qui pratique la sainte indifférence, ce texte de Mgr Gay :

« *L'âme abandonnée*
s'applique à ne rien toucher de créé
qui ne soit, comme dit son Jésus,
remonté jusqu'au Père céleste,
c'est-à-dire, déifié par une vie de foi
et consacré pour elle par la sainte Volonté du Père...
Comme un enfant endormi
que sa mère ne peut réveiller
sans qu'il lui tende les bras,

elle sourit à chaque vouloir divin
et l'embrasse avec une pieuse tendresse.
Sa docilité est active ; et son indifférence, amoureuse.
ELLE N'EST A DIEU QU'UN « OUI » VIVANT.
Chaque soupir qu'elle pousse et chaque pas qu'elle fait
est un « amen » brûlant
qui va se joindre à l' « amen » céleste et s'y accorde (1) ».

Ailleurs, avec le même auteur, il notait encore :

« *L'âme abandonnée ?*
on ne la voit jamais VOLONTAIREMENT *inquiète.*
A peine si on peut dire qu'elle est prévoyante.
Dieu est son œil et sa prudence.
Le lendemain, pour elle, c'est uniquement,
comme aujourd'hui :
le bon plaisir du Père Céleste. »

Puis, avec Bossuet, il affirmait la fécondité prodigieuse de cette attitude. En effet, à la suite du grand évêque français, il écrivait :

« *L'abandon à la volonté de Dieu*
est un moyen plus efficace
[que toutes les austérités extraordinaires. »

De même, avec le P. Ramière, il notait, pour bien montrer jusqu'où doit aller cette vertu :

« *L'abandon, bien compris,*
doit aussi nous délivrer de cette impatience
à parvenir d'un bond au sommet de la sainteté ;
elle ne réussirait qu'à nous éloigner de l'unique voie
qui puisse nous y conduire : l'humilité. »

L'abbé Léopold étudia également avec soin dans « *Les Ames Hosties* » les rapports qui existent entre la « vie de victime » et l'abandon. Il vit que la « vie de victime » peut s'épanouir à la fois dans une vie de prière, de souffrance et de zèle, et qu'elle n'est pas, par conséquent, comme on le croit trop souvent, une vie

---

(1) Mgr GAY : *De la Vie et des Vertus chrétiennes.* De l'abandon à Dieu, II, p. 381.

consacrée exclusivement à la douleur. Il aurait voulu vivre intégralement la « vie de victime » dans cette triple manifestation, mais, en raison de son état de santé, il se contentait de réaliser uniquement ce que Dieu lui demandait; c'est pourquoi, il notait certains passages de mon livre qui correspondaient spécialement à sa propre vie :

« Peut-être... certaines âmes voudront-elles
 tendre à l'épanouissement complet
  de la vie victimale (prière, souffrance, zèle).
L'idéal est certainement enviable ;
 mais qu'elles se contentent de répondre
  aux vues de Dieu sur elles
sans vouloir outrepasser leur vocation... (1) »

En effet :

« Il est des âmes qui doivent se contenter
 d'être apôtres d'une façon très éloignée
  par l'efficacité de la prière et de la souffrance,
si Dieu ne leur réclame pas,
 à cause de leur vocation,
  de leur état de santé ou
  de leur position sociale,
 un concours dans le travail apostolique.
Dans ce cas,
 elles n'ont qu'à s'incliner
  pour correspondre de leur mieux
  au bon plaisir de Dieu (2). »

De même, au sujet de la souffrance, l'abbé Léopold notait encore au cours de sa lecture :

« L'idéal n'est pas de choisir soi-même sa croix,
 mais d'agréer celle que Dieu nous réserve.
Le tout est d'aimer la souffrance
 et de l'aimer dans la mesure
  où Dieu la demande à notre amour (3). »

----

(1) P. 258, 1ʳᵉ, 2ᵉ et 3ᵉ éditions; p. 270, 4ᵉ mille et au-delà.
(2) P. 257, 1ʳᵉ, 2ᵉ et 3ᵉ éditions; p. 269, 4ᵉ mille et au-delà.
(3) P. 252, 1ʳᵉ, 2ᵉ et 3ᵉ éditions; p. 265, 4ᵉ mille et au-delà.

Avec saint Jean de la Croix, il pensait aussi que :

« le plus petit acte de pur amour a plus de prix aux yeux de Dieu et se trouve être plus profitable à l'Église et à l'âme elle-même, que toutes les œuvres réunies ».

Muni de cette documentation, l'abbé Léopold pouvait donc vivre avec simplicité sa « vie de victime ». Résolu à tout accepter de la main de Dieu, il se jeta dans la pratique du saint abandon, pour faire intégralement la volonté divine, et n'être plus qu'un « oui » vivant aux décisions de la Providence à son endroit. En effet, dès 1924, il écrivait :

> *« L'heure et les moyens de l'apostolat*
> *appartiennent à Dieu.*
> *A moi, humble artisan, il appartient*
> *. de prier, de souffrir, d'agir*
> *en tout abandon, avec une entière humilité. »*

Une autre fois, après que je lui eus exprimé ma pensée sur la marche de sa maladie, il écrivait encore :

> *« Mon frère me parle franchement*
> *au sujet de ma santé.*
> *Merci, mon Dieu!... Je n'ai pas peur.*
> *Mourir... quand vous voudrez,*
> *comme vous voudrez...*
> *Abandon !*
> *Ma seule raison de vivre*
> *est de travailler pour Vous, ô Bien-Aimé,*
> *soit par l'apostolat*
> *soit par la prière,*
> *soit par la souffrance...*
> *D'ailleurs, ce n'est plus moi qui vis ;*
> *c'est Jésus qui veut bien vivre en moi. »*

Au cours de cette année 1924, mon frère se remit amoureusement entre les mains de Dieu; à cette époque, il aimait à

répéter la prière de sainte Thérèse de Lisieux, au divin Rédempteur, considéré dans son enfance :

« O petit Enfant Jésus, mon unique trésor,
*   je m'abandonne à tes divins caprices ;*
*   je ne veux d'autre joie*
*   que celle de te faire sourire. »*

Puis, après avoir fait en quelque sorte le bilan de sa vie, il reprit
sa route avec plus d'ardeur que jamais. Il notait à ce sujet :

« Pour le Passé :

A cause de mes péchés et de mes infidélités à Jésus :
*   Humilité.*

Pour le Présent :

Tendresse pour Lui ; amour de tout le reste en Lui et pour Lui.
Renoncer à ce qui nuirait à cette tendresse
*   ou prendrait dans mon cœur un peu de la place*
*   qui Lui est réservée.*
Amour encore pour Lui dans la souffrance
*   qu'il transformera en joie spirituelle.*

Pour l'avenir :

Après avoir pris,
*   dans le bon sens, tous les moyens humains (pour la guérison),*
*   mais dans une vue surnaturelle,*
*   et d'une manière large et paisible :*
*   Abandon et Confiance ! »*

Une autre fois, il dit plus succinctement :

« Pour le présent :
*   Détachement de tout.*
Pour l'avenir :
*   Abandon de tout. »*

Et mieux encore :

« Indifférent à tout pour le présent,
*   Prêt à tout pour l'avenir.*

> *Je ne vous refuse rien, ô mon Dieu ;*
> *Je ne désire rien !*
> *C'est la joie !* »

Ses carnets donnent alors toute une série de textes qui montrent comment il unissait la vie de victime et l'abandon. C'est une progression constante vers une union de plus en plus intime avec le divin Crucifié. A certains jours, cependant, il aurait préféré la mort, mais il s'en défendait pour rester conforme à la volonté de bon plaisir de Dieu.

En effet, après sa congestion pulmonaire de 1924, il écrivait :

> « *La mort serait pour moi une délivrance ;*
> *mais ce n'est pas de moi,*
> *mais de Vous, qu'il s'agit, ô mon Dieu.*
> *Tirez donc de mon existence,*
> *la glorification la plus parfaite*
> *de votre saint nom !*
> *Mon seul désir*
> *est de vous glorifier*
> *dans la mesure*
> *voulue par vos décrets éternels...*
> *Pour le reste*
> *je m'abandonne et j'accepte tout !* »

Quelques jours plus tard, il notait cependant, cette fois, avec une certaine angoisse :

> « *J'accepte avant tout votre volonté sainte,*
> *ô mon Dieu,*
> *Néanmoins, par amour pour le prochain,*
> *permettez-moi de vous demander la grâce*
> *de n'être pas longtemps à charge à mon entourage !* »

En réalité, il y avait dans cette restriction une imperfection. Mon frère le comprit et voulut s'en corriger par la suite; c'est pourquoi, quelques mois plus tard, définitivement abandonné au bon plaisir divin, il écrivit résolument :

> *« Il faut aimer sa vocation,*
> *c'est-à-dire la décision paternelle de Dieu à notre égard...*
> *Veut-il que je souffre,*
> *que je sois exposé à être à charge à mon entourage ?*
> *Soit !...*
> *Non seulement je veux être résigné*
> *mais* JOYEUX *et faire sa volonté sainte. »*

D'ailleurs, pour s'exercer de plus en plus à la sainte indiffé rence, il faisait sien, à cette époque, l'acte d'abandon de saint Ignace qu'il aimait à répéter et qu'il copia sur son carnet, en y ajoutant quelques mots :

> *« Prenez (en Maître), Seigneur,*
> *et recevez (ce que je vous offre de tout cœur)*
> *toute ma liberté (physique : santé, vie),*
> *ma mémoire,*
> *mon entendement,*
> *et toute ma volonté :*
> *(facultés que ma maladie peut amoindrir*
> *de jour en jour),*
> *tout ce que j'ai et tout ce que je possède...*
> *Vous me l'avez donné, Seigneur,*
> *je vous le rends ;*
> *Tout est à Vous,*
> *disposez-en selon votre bon plaisir !*
> *Donnez-moi (je vous en supplie)*
> *votre amour (sans cesse grandissant).*
> *Donnez-moi votre grâce : elle me suffit. »*

Le premier janvier 1925, à 3 heures du matin, il écrivait encore :

> *« Que sera 1925 ?*
> *Avant tout, je le désire, une année*
> *conforme à votre sainte volonté, ô mon Dieu...*

Au moins, que l'abandon
    — condition indispensable mais suffisante
        à la « vie de victime » —
apporte en mon cœur, à votre égard,
    un accroissement d'amour !
Je vous aime, ô Bien-Aimé,
    et j'ai confiance en vous ! »

Le 10 janvier, il écrivait de même :

« *Que sera demain ? Je ne sais.*
    Mais ce dont je suis sûr, ô mon Dieu,
        c'est que vous m'aimerez
            autant et même plus qu'aujourd'hui. »

Le jour de Pâques 1925, il notait :

« *De tout cœur*
    je m'offre à vous, ô mon Dieu, en holocauste
        pour votre plus grande gloire
            par les mains de Marie Immaculée,
pour que vous fassiez
    de votre petite créature
        tout ce que vous voudrez...
Accordez-moi la conversion des pécheurs,
    la délivrance des âmes du purgatoire,
        et pour moi la grâce de rester
            toujours fidèle à vos vues sur moi...
Mais surtout donnez-moi l'humilité !... »

Les notes continuent :

« Samedi « in albis » 1925 :
    Je le vois plus que jamais :
        ma vie est une vie de victime
            A ACCEPTER *dans la paix*
                dans la joie
                dans l'insigne honneur
                d'être associé à Jésus... »

Le 20 avril 1925 :

« C'est un grand malheur d'être malade...
Mais si c'est votre volonté, ô mon Dieu : Fiat
et ce fiat, prononçons-le sans amertume,
mais avec paix et avec joie.
— Plus que pour tout autre,
ma vie sera une lente agonie.
Utilisons jalousement notre temps,
préparons-nous
et soyons prêts. »

Au cours de quelques jours de recueillement, il écrivait en s'adressant à Jésus :

« M'offrir en holocauste
pour votre plus grande gloire et le salut des âmes,
toutes les fois que j'entendrai sonner l'heure ! »

Le 20 juillet 1925 :

« Pour l'avenir, je crois en votre Bonté...
Mon seul désir est de faire votre volonté
ou mieux, d'accomplir amoureusement votre Bon |Plaisir. »

Le 25 août :

« Je ne vous refuserai rien, ô mon Dieu ! »

Le 26 du même mois :

« Tout m'est indifférent
sauf ce qui vous touche, ô mon Dieu ! »

En novembre 1925, avec le P. de Clorivière :

« Acquiescement — Dégagement.
— Acquiescer de cœur et d'esprit
doucement, tranquillement, paisiblement
à toutes les volontés de Dieu sur moi.
— Me dégager de tout ce qui pourrait me troubler
et rendre moins parfait mon abandon
entre les mains du Seigneur. »

Un peu plus tard, après avoir médité profondément le texte
précédent :

> *« Acquiescement à tout ce qui est désagréable :*
> *refréner telle antipathie.*
>
> *Dégagement de tout ce qui est trop attirant :*
> *me « désengluer » de telle sympathie trop vive,*
> *pour être indifférent*
> *comme l'aiguille d'une balance,*
> *en attendant d'être capable*
> *de pencher de préférence*
> *vers ce qui me rend davantage semblable*
> *à Jésus Crucifié. »*

Le 9 décembre 1925, il transcrivait un texte de sainte Marguerite-Marie :

> *« Je m'abandonne totalement au Sacré-Cœur*
> *de Notre-Seigneur Jésus-Christ...*
>
> *me regardant comme sa victime*
> *qui doit toujours être dans un continuel acte*
> *d'immolation et de sacrifice, selon son bon plaisir,*
> *ne s'attachant à rien qu'à l'aimer*
> *et le contenter*
> *en agissant*
> *et en souffrant en silence ! »*

Au début de l'année 1926 :

> *« Année d'humilité et d'esprit réparateur,*
> *si vous le voulez, ô mon Dieu !*
>
> *L'important est de faire Votre Volonté,*
> COMME *vous le voulez !*
>
> *A un maître qui désire un verre d'eau*
> *le domestique ne fait pas plaisir parfois*
> *en apportant un verre de vin, même délicieux.*
>
> *Comme vous voudrez, ô mon Dieu.*
> *Tout ce que vous voudrez ! »*

En juillet 1926 :

> *« Le temps est court*
>> *le reste de ma vie, je dois l'employer jalousement*
>>> *dans la soumission à la volonté divine,*
>>> *dans une vie immolée,*
>>> *dans la recherche à Lui faire plaisir...*
>> *— Ma vie sera remplie*
>>> *dans la mesure où elle sera consacrée*
>>> *à la louange,*
>>> *au respect,*
>>> *au service de Dieu ! »*

Au début de 1927, l'abbé Léopold fut à nouveau frappé de congestion pulmonaire. En réalité, il ne s'en remit pas. A partir de cette date, sa vie fut une suite douloureuse de souffrances qui devaient petit à petit le conduire à la tombe. Mon frère accepta avec résignation la perspective de plus en plus certaine de sa mort.

Au cours de cette nouvelle congestion pulmonaire, je fus appelé près de lui. Comme j'avais reçu de l'autorité ecclésiastique du diocèse de Séez les pouvoirs de confesser, je donnais à mon frère l'absolution. Au cours de l'exhortation préparatoire, je l'invitais à se comparer à un cierge dont la fonction est de brûler à l'autel, auprès du tabernacle. C'est pourquoi, le 2 février, l'abbé Léopold écrivit sur son carnet :

> *« Le petit cierge doit se consumer*
>> *sans impatience, mais avec piété et joie,*
>>> *devant le Saint-Sacrement ! »*

Le même jour, il exprimait le désir d'être :

> *« Prêtre et Victime,*
>> *avec Jésus, Prêtre et Victime,*
>>> *sous le regard maternel*
>>>> *de Notre-Dame de la Croix. »*

La maladie, du reste, l'invitait de plus en plus à s'unir à Jésus Crucifié et à faire solennellement son offrande en victime. Il résolut de l'accomplir le 19 mars 1927, jour de la fête de saint Joseph. La veille, il écrivait avec générosité sur son carnet :

« **18 mars au soir**.

Vous savez, ô mon Dieu,
   combien je suis heureux à « la Beuvrière »...
Eh bien! de ce bonheur je veux vous faire le sacrifice
   si vous daignez l'accepter,
      en même temps que celui de ma vie...
Je vous donne tout, ô mon Dieu,
   pour la sanctification des âmes en général
      et en particulier de celles qui me sont chères,
         pour les œuvres auxquelles elles se consacrent...
Faites de moi ce que vous voudrez, ô mon Dieu ;
   je suis heureux de me donner tout à vous...
      je n'ai pu le faire par les vœux de religion :
         je le ferai demain, à la sainte Messe,
            par ce don de tout moi-même,
         bien plus entier encore que celui du sous-diaconat.
Désormais, toute minute me sera une minute de prolongation...
   Faites, ô mon Dieu, que je l'emploie saintement !
— *Veille de la fête de saint Joseph, patron de la bonne Mort.* »

Saint Joseph ne devait pas rester insensible à cette intention. Au moment suprême du départ pour le ciel, il entoura d'affection celui qui s'était offert en holocauste, au jour de sa fête, et qui avait réclamé son intercession.

Le lendemain, le carnet ne porte aucune mention. L'abbé Léopold note ensuite :

« **20 mars 1927**.

Les Ames !
   J'en comprends maintenant le prix,
      puisque, avec Jésus Victime, j'ai offert ma vie pour elles. »

Puis, on retrouve des notes relatives à l'abandon et à la « vie de victime », à des dates assez espacées.

« 22 avril 1927.

> — *Mine tirée, essoufflement, petite fièvre :*
> *la nature s'affaisse et s'attriste*
> *comme à Gethsémani ;*
> *et pourtant la mort,*
> *suivant une expression pleine de foi,*
> *c'est pour l'âme fidèle :*
> *« le saut joyeux de l'enfant*
> *dans les bras de son père. »*

« Vacances de Pâques.

> *Mon frère s'attriste de mon mauvais état de santé,*
> *malgré le beau temps...*
> *Le vendredi de la semaine de Pâques,*
> *je me confesse à lui...*
> *Discrètement, implicitement, il me prépare à la mort. »*

Après cette confession, l'abbé Léopold prit alors la résolution de :

« RESTES SUR LA CROIX

AVEC JOIE

JUSQU'AU CONSUMMATUM EST, »

On lit encore :

« 15 juin 1927.

> *En plein mois de juin : température superbe,*
> *et cependant ma maladie reprend de plus belle...*
> *Je ne me plains pas, ô Seigneur,*
> *mais je vous bénis...*
> *Je vous remercie de me permettre*
> *de souffrir pour Vous !*
> *De tout cœur, je renouvelle le sacrifice de ma vie :*
> *je ne regrette qu'une chose :*
> *c'est de ne vous avoir pas assez aimé... »*

Comme la santé de l'abbé Léopold ne se remettait pas malgré la belle saison, Mme la Comtesse de Maleissye résolut de conduire

son chapelain en automobile à Lisieux, pour obtenir de la petite
sainte un miracle en sa faveur. Mon frère accepta de faire ce pèlerinage; mais, en raison de son vœu du plus parfait et pour rester
fidèle à l'abandon et à la vie de victime auxquels il s'était voué,
il refusa de demander sa guérison. A Lisieux, il ne formula à la
Sainte qui avait aimé le divin Maître avec tant d'ardeur, qu'un
seul désir : celui de voir son propre amour pour Dieu croître de
plus en plus. C'est pourquoi, il écrivit au retour du pèlerinage,
sur son carnet :

« 23 août 1927. — Pèlerinage à Lisieux.

> *Sauf un amour toujours plus grand du Maître,*
> *je ne vous demande rien, ô sainte Thérèse;*
> *je tiens surtout à vous remercier... »*

Le 23 septembre, sur l'avis des médecins, l'abbé Léopold
subissait une intervention chirurgicale. Le lendemain, il écrivait :

« 24 septembre 1927.

> *Opération chirurgicale à Chartres.*
> *— Quelles attentions de la Providence,*
> *malgré tous mes péchés.*
> *— Le Bon Dieu m'aime donc!*
> *Quelle consolation pour un pécheur;*
> *quelle joie et quel honneur!*
> *— Sur la table d'opération,*
> *avant de m'endormir par le chlorure d'éthyle,*
> *ma dernière pensée fut :*
> *« Je vous aime, ô mon Dieu! »*
> *C'était, je crois, un acte parfait de pur amour;*
> *aussi, désormais, dans mes* Ave Maria,
> *dans le passage :*
> *« et in hora mortis nostræ »,*
> *je supplie la Sainte Vierge,*
> *lorsque je passerai réellement dans l'éternité,*
> *de mettre sur mes lèvres le même cri,*
> *avec la même pureté d'amour. »*

Le 29 septembre, sur une feuille à part, il écrivit malgré les résultats heureux de l'intervention chirurgicale :

« Je me rends compte
que je suis devenu un contagieux :
situation, au point de vue humain, pire que la mort...
Cependant, je sais que vous m'aimez, ô mon Dieu,
et que tout cela est pour mon bien...
Alors je me confie en Vous et m'abandonne.
Je remets d'ailleurs ma cause entre les mains de
sainte Thérèse de l'Enfant-Jésus,
Sa Sainteté Pie X,
le Vénérable Père de la Colombière. »

Les notes relatives à la vie de victime reprennent **au début** de l'année suivante. En effet, à ce moment, on peut lire :

« Janvier 1928.

Petite Retraite.
1º Toute ma journée doit se concentrer vers ma Messe.
2º Toute ma pauvre petite existence
doit désormais se ramener
à une vie d'union intime avec le Christ-Victime,
dans les quatre fins du sacrifice :
adoration — action de grâces — demande — expiation ;
mais toujours le cœur dilaté par la charité... »

« Janvier et février 1928 :

— Souffrances comme je n'en ai jamais connues
de telles dans ma vie.
Je ne me plains pas ; je remercie le Bon Dieu ! »

A cette époque, j'avais pu me procurer dans une maison religieuse une relique insigne du corps de sainte Thérèse de Lisieux Aussitôt que j'en fus en possession, je l'envoyai à mon frère. L'abbé Léopold ne voulut point en faire usage pour demander sa guérison. Toujours avec le même abandon, il écrivit à cette date :

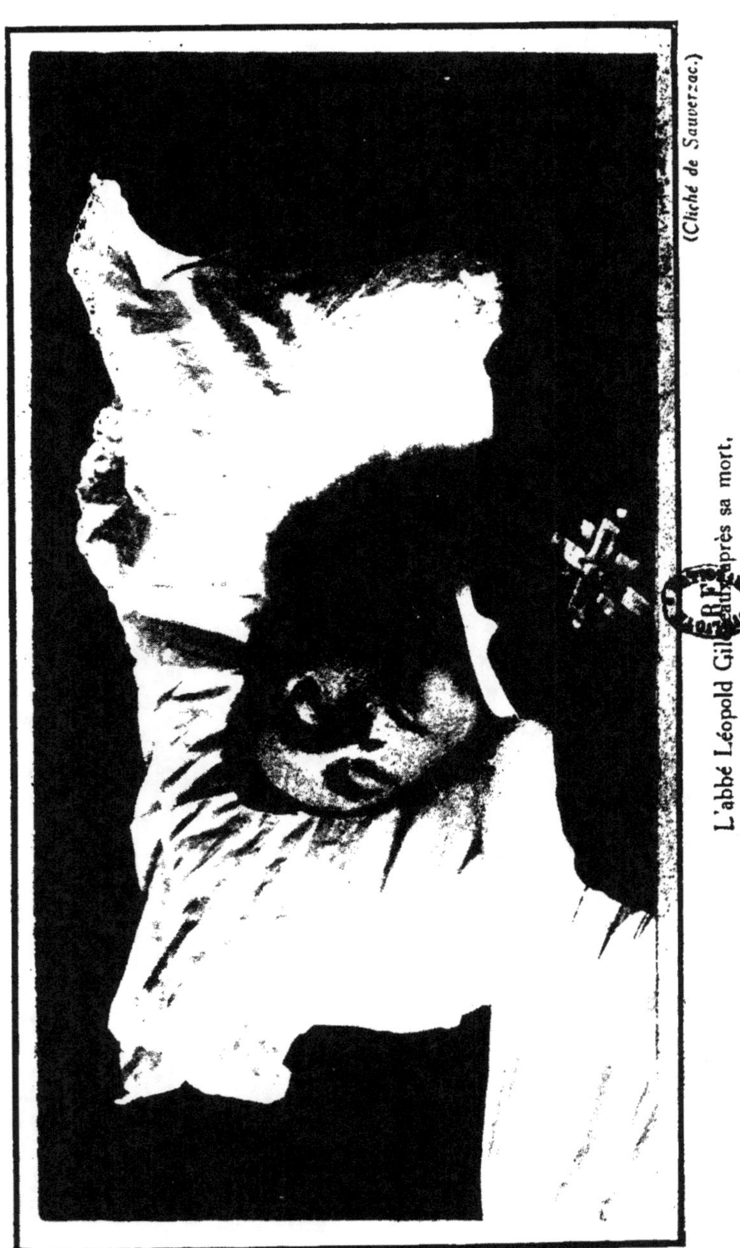

L'abbé Léopold Gilbeaux après sa mort,

(Cliché de Sauverzac.)

« **Mars 1928.**

> *Mon frère me prête une relique « ex ossibus »*
> *de Sainte Thérèse de Lisieux.*
> *Je la fais accrocher au mur, près de mon lit.*
> *« Que je vive, que je meure,*
> *peu importe. »*
> *Je me jette dans le saint abandon :*
> *c'est le calme, c'est la paix ! »*

On lit encore :

« **8 mars.**

> *Grandes souffrances !*
> *Mais union prolongée avec le Christ-Victime. »*

La maladie de mon frère, en effet, faisait à cette époque de rapides progrès. Je fus de nouveau appelé auprès de lui. En réalité, la fin approchait.

Peu de temps avant mon arrivée, l'abbé Léopold m'avait appris la rédaction, au cours de sa maladie, de ses « notes spirituelles ». Arrivé à « la Beuvrière », je lui exprimai le désir d'en prendre connaissance. Mon frère acquiesça à ma demande. Au cours de ma lecture, j'étais profondément édifié, mais je remarquais qu'aucune formule d'oblation en victime, nettement caractérisée, n'avait été rédigée par mon aîné. Je lui suggérais alors l'idée d'en composer une où il exprimerait entièrement sa pensée et ferait en quelque sorte l'offrande suprême de son être en holocauste à Dieu. L'abbé Léopold entra dans mes vues. Avant de paraître devant Dieu auquel il avait consacré son existence, après avoir vécu durant de longues années la « vie de victime », mon frère synthétisa alors en quelque sorte les idées principales qui avaient dominé sa vie spirituelle durant sa maladie, et décida de refaire son offrande, le 5e vendredi du Carême, consacré à exalter la Vierge des Douleurs dans son propre holocauste. Après s'être préparé pendant plusieurs jours à cet acte suprême, l'abbé Léopold le posa en toute conscience et avec sa générosité habituelle. Il voulut que je l'offrisse moi-même en victime à la sainte Messe, au jour fixé, et comme sa chambre était voisine de la chapelle où je devais célébrer, il put ainsi s'associer au saint sacrifice de la messe et s'unir au Sauveur dans le renouvellement de son sacrifice sur la croix. Au cours de cette messe, à l'offertoire, il récita cette formule, dont nous avions ensemble discuté et précisé tous les termes. Elle est en quelque sorte le testament spirituel de mon aîné. La voici dans sa simplicité et sa sublimité :

ACTE D'OFFRANDE EN VICTIME
A JÉSUS
PRÊTRE ET VICTIME

O Jésus, Prêtre et Victime, qui m'avez donné la vocation sacerdotale pour me faire participer à Votre Sacerdoce et m'associer à Votre Sacrifice éternel ;

Et Vous, Marie, Vierge-Prêtre (1), Mère de Jésus-Hostie, Corédemptrice du genre humain, qui, debout au pied de la Croix, Vous êtes associée aux souffrances du divin Rédempteur ;

Je m'unis à Vous dans l'oblation de Votre Sacrifice.

A Votre exemple, pour répondre généreusement aux desseins de miséricorde de Dieu le Père sur mon âme, et compléter mon sacerdoce par l'offrande en victime, je me présente RÉSOLUMENT *en holocauste surnaturel.*

Je m'offre tout entier, corps et âme, aux intentions de la gloire de la Sainte Trinité... (2).

Avec toute l'ardeur de mon âme, sollicitée par l'Esprit-Saint et aidée par la grâce, je m'offre comme Jésus et Marie, aux quatre fins du sacrifice : l'adoration, l'action de grâces, la réparation, la demande.

Je Vous ADORE, *ô mon Dieu, et pour reconnaître mon entière dépendance envers Vous, je renouvelle aujourd'hui le sacrifice de ma vie.*

---

(1) Pour la signification théologique du vocable « Vierge-Prêtre » attribué à la Sainte Vierge, consulter l'ouvrage du R. P. Hugon : LA VIERGE-PRÊTRE. — *Examen théologique d'un titre et d'une doctrine*, particulièrement le Ch. III : *La véritable interprétation*

(2) Certaines circonstances m'obligent à supprimer ici une phrase que j'espère pouvoir faire connaître plus tard.

Je Vous REMERCIE, *pour toutes les grâces que Vous m'avez accordées : grâce du baptême, de la communion eucharistique, du sacerdoce et de cette offrande en victime.*

Je désire RÉPARER *pour mes fautes personnelles, les péchés des âmes fidèles, les crimes des pécheurs, m'unissant dans mes souffrances à l'agonie de Jésus à Gethsémani, à sa montée au Calvaire, à son crucifiement au Golgotha.*

Je Vous DEMANDE, *ô Jésus, de daigner me permettre de collaborer à la glorification de Votre Père et au salut des âmes, et pour mieux procurer cette glorification et ce salut, à l'imitation de sainte Thérèse de l'Enfant-Jésus, qui au soir de sa vie Vous adressait cette prière :* « *Je te supplie d'abaisser ton regard divin sur un grand nombre de petites âmes ; je te supplie de te choisir en ce monde une légion de petites victimes, dignes de ton amour* », JE VOUS PRIE DE LAISSER TOMBER UN REGARD DE BONTÉ SUR LES PRÊTRES ET DE FAIRE NAITRE DE MON SACRIFICE UNE FOULE INNOMBRABLE DE VOCATIONS SACERDOTALES ET DE « PRÊTRES-VICTIMES ».

Permettez, ô Jésus, que je me consume en holocauste à tout instant sur cette terre et que mon sacrifice se prolonge perpétuellement au ciel dans un acte parfait de charité divine.

O Jésus, Prêtre et Victime, je m'unis à Vous dans Votre Sacerdoce et Votre Sacrifice ; ayez pitié de moi.

O Marie, Notre-Dame de la Croix, Vierge Sacerdotale, présentez mon offrande et mon immolation à Jésus, Votre divin Fils, pour qu'à son tour il les présente à Dieu le Père.

O saint Joseph, Patron de la bonne mort, priez pour moi.

Saint Benoît, patriarche des religieux, conduisez-moi.

Sainte Thérèse de l'Enfant-Jésus, modèle des hosties spirituelles, donnez-moi votre humilité, votre confiance, votre abandon, et aidez-moi à quitter comme vous, cette terre, dans un acte de parfait amour.

Léopold Giloteaux

✠

Au vendredi de la 5e Semaine du Carême
En la fête de Notre-Dame des Sept Douleurs.
Le 30 Mars 1928. »

* *
*

Tel est l'acte suprême de la vie spirituelle de mon frère. On pourrait en fournir de longs commentaires. Contentons-nous d'en faire ressortir les idées principales et la note caractéristique.

Tout d'abord, l'abbé Léopold s'est offert non pas à un seul attribut divin, comme certaines âmes le font, en se présentant en victime à la Justice ou à la Miséricorde de Dieu, mais à toutes les perfections du Créateur. En effet, son oblation s'adresse à la Trinité tout entière, c'est-à-dire à Dieu considéré à la fois dans son unité et sa trinité, en un mot à son essence, qui est Amour.

Ensuite, comme prêtre, l'abbé Léopold eut soin de s'unir, par la sainte Messe, au sacrifice du divin Rédempteur, et de s'offrir en holocauste aux quatre fins du sacrifice : l'adoration, l'action de grâces, la réparation, la demande.

Puis, il fit passer son immolation par l'intermédiaire de la Sainte Vierge, considérée dans sa fonction de victime au Calvaire, et de médiatrice entre les hommes et Jésus, afin de faire monter son sacrifice par Marie vers le divin Maître, et du Sauveur vers Dieu le Père.

Enfin, la note caractéristique de l'oblation est celle-ci : l'abbé Léopold, tout en s'immolant pour la glorification de Dieu et le salut des âmes, demandait spécialement au Sauveur « *de faire naître de son sacrifice une foule innombrable de vocations sacerdotales et de Prêtres-Victimes* ».

Dès lors, en posant cet acte religieux par excellence, mon frère entrait tout à fait dans l'esprit de l'Église, car les derniers Souverains Pontifes, Pie IX, Léon XIII, Pie X, Benoît XV, ont encouragé les âmes par divers documents officiels à s'offrir en victimes (1), mais il répondait particulièrement aux désirs de S. S. Pie XI, qui, au jour de la canonisation de sainte Thérèse de l'Enfant-Jésus, faisait sienne la prière de l'angélique moniale de Lisieux : « Je te supplie d'abaisser ton regard divin sur un grand nombre de petites âmes; je te supplie de te choisir en ce monde

____

(1) Voir *Ames Hosties*, Ire partie, ch. III.

une légion de petites victimes dignes de ton amour », et qui, dans son Encyclique « *Miserentissimus Redemptor* », relative à la réparation envers le Sacré-Cœur de Jésus, louait « les fidèles de l'un et l'autre sexe... qui n'hésitent pas à s'offrir eux-mêmes au Christ comme Victimes ».

Par ailleurs, si l'abbé Léopold, en posant son offrande en victime, entrait dans les vues de l'Église, il s'intéressait aussi à sa vitalité, car il en connaissait les besoins immédiats. Il savait la raréfaction des vocations sacerdotales; son désir était de voir l'Église dotée d'un clergé nombreux et saint, susceptible de travailler avec ardeur et générosité au développement du règne de Dieu en ce monde. C'est pourquoi, avec l'espoir de voir son sacrifice devenir fécond, il sollicitait une efflorescence merveilleuse de vocations sacerdotales, et, avec le désir d'être imité dans son immolation, il implorait de la bonté divine la faveur d'entraîner à sa suite une foule innombrable de Prêtres qui, à son exemple, couronneraient leur vie sacerdotale par l'offrande en victime.

Déjà, au cours de sa vie, l'abbé Léopold avait déjà exprimé ce magnifiques souhait. Il avait fait siennes, en effet, certaines prières trouvées dans un ouvrage de piété et récitées par lui du fond du cœur, en songeant à l'immolation dont doivent faire preuve les ministres de l'autel :

« *L'esprit de sacrifice, ô mon Dieu,*
    versez-le dans sa plénitude sur vos prêtres.
C'est leur gloire, autant que leur devoir,
    d'être des victimes,
    de se consumer pour les âmes,
    de vivre sans joies humaines,
    de subir souvent la méfiance, l'injustice et la persécution.
Qu'ils songent à ce qu'ils disent chaque jour à l'autel :
    « *Ceci est mon corps!... Ceci est mon sang.* »
Qu'ils y songent et qu'ils se l'appliquent :
    « *je ne suis plus moi : je suis Jésus, et Jésus Crucifié* » ;
    je suis comme le pain et le vin,
      une substance consacrée,
        qui a cessé d'être elle-même...

O mon Dieu,
je brûle du désir de la sanctification de vos prêtres ;
je voudrais que toutes ces mains consacrées
qui vous touchent
vous fussent des mains amies
dont le contact est doux,
et que ces bouches qui ont à l'autel
des paroles si hautes
ne se ravalent jamais aux formules triviales !
Qu'ils gardent dans toute leur personne
l'habitude de leurs nobles fonctions.
Que chacun les trouve simples et grands
comme l'hostie,
accessibles à tous et supérieurs aux autres hommes.
Oh ! faites qu'ils emportent de la messe d'aujourd'hui
la soif de la messe de demain,
et que, pleins eux-mêmes de ce qu'ils donnent,
ils aient la grâce de la communiquer
aux autres largement... »

Daigne le Seigneur exaucer le désir et la prière de l'abbé Léopold, pour l'avantage spirituel de notre Mère la sainte Église, qui, pour remplir sa mission sanctificatrice, a besoin de prêtres vivant intégralement la vie du Sauveur et surnaturalisant leur existence par l'oblation de tout leur être, en union à Jésus consommant au Calvaire et à l'Autel, ses fonctions saintes, de Prêtre et de Victime.

CHAPITRE X

L'ÉPANOUISSEMENT DES VERTUS

Quand une âme arrive au sommet de la perfection, pour imiter Dieu, elle se simplifie et s'unifie. On assiste alors au rayonnement de sa vie surnaturelle, sous l'influence et l'activité de la charité, qui, reine et maîtresse des vertus, les domine, les anime et leur fait produire tous leurs fruits. Cet état merveilleux se traduit par des paroles d'une plénitude presque infinie, où se manifestent, avec l'épanouissement de toutes les vertus, la perfection totale de l'esprit de sacrifice.

C'est à cet admirable spectacle qu'il fut donné d'assister durant les quinze derniers jours de l'existence terrestre de mon frère. En furent particulièrement témoins : Mme la Comtesse de Maleissye, chez qui se trouvait mon aîné, sa fille, Mlle Magdeleine de Maleissye, qui prodigua ses soins à l'abbé Léopold pendant sa maladie, et moi-même. La discrétion m'obligera à taire ici certains faits que je ne pourrai révéler que par la suite.

J'avais quitté pour la dernière fois, mon frère, aux jours gras de 1928. A cette époque, je ne me faisais aucune illusion sur la proximité relative de la mort de mon aîné. Les événements devaient me donner raison. Au cours du carême, en effet, l'état de santé de l'abbé Léopold ne fit qu'empirer. Le cher malade, devant la diminution progressive de ses forces, accepta de recevoir le Sacrement de l'Extrême-Onction, qui lui fut administré dans la matinée du vendredi 2 mars.

Le lendemain de ce jour, mon frère, qui conserva une lucidité parfaite jusqu'à la fin, m'écrivit :

« *J'ai reçu hier l'Extrême-Onction et la Bénédiction* **in articulo mortis**. *Quelle grâce! Je ne sais quelle est la pureté de mon amour de Dieu, mais j'ai fait tout de mon mieux, et je crois qu'il ne me reste plus beaucoup de purgatoire à faire. Quelle consolation! Me voilà comme l'enfant sortant des fonts baptismaux.* »

L'abbé Léopold affirmait la purification de son âme en raison de la bénédiction *in articulo mortis* reçue après le sacrement des malades, car elle a pour effet de remettre les peines dues aux péchés pardonnés par l'absolution. Il avait été vicaire et avait donné maintes fois, lui-même, cette bénédiction à laquelle il attachait beaucoup de prix; c'est pourquoi, il avait été si heureux de l'obtenir.

Du reste, avec son souci de précision habituelle, avant de recevoir l'Extrême-Onction, il avait consulté ses livres de théologie pour se remémorer les effets du sacrement et s'y préparer avec les meilleures dispositions possibles. En outre, afin d'édifier son entourage, il avait exprimé le désir de voir assister à la cérémonie le personnel masculin du château. On accéda à sa demande. Alors, avant que le prêtre ne commençât les premières prières, l'abbé Léopold adressa une courte allocution aux personnes présentes, Il leur dit qu'il les avait demandées pour leur donner l'exemple, leur expliqua le symbolisme des onctions, et ajouta qu'il se remettait joyeusement entre les mains de Dieu, pour faire sa volonté.

Par ailleurs, mon frère terminait la lettre qu'il m'avait adressée à ce sujet, par ces mots : « *Cérémonie calme, émouvante et touchante, car, lorsque tout fut fini, les domestiques s'approchèrent de mon lit pour m'embrasser!* »

C'était le baiser de paix de ces âmes que mon aîné, par son apostolat, avait rapprochées de Dieu pour la plupart, et qui, avant la séparation prochaine, tenaient à témoigner extérieurement leur pieuse reconnaissance.

Par la réception de l'Extrême-Onction, l'abbé Léopold obtint visiblement un accroissement de force surnaturelle, car, à partir de ce moment, il demeura dans une sérénité parfaite, au sein de laquelle il ne cessait de répéter : « *Je suis heureux ! C'est la paix, la paix, la paix !* »

*
* *

Personnellement, il ne me fut possible de me rendre auprès de mon frère qu'à la fin du carême. J'arrivais à « la Beuvrière » le 25 mars, dimanche de la Passion. L'abbé Léopold était alité. Il m'accueillit avec un bon sourire où je pus lire le calme, la paix et la sérénité de son âme. Nous eûmes ensemble une longue conversation au cours de laquelle il me dit entre autres choses :

« — *Je ne tiens plus à la vie. Rien ne me retient ici-bas. Si je suis encore content de vivre, c'est parce que je souffre et que par mes souffrances je puis gagner des mérites pour les âmes.* »

Puis, en me parlant de la bonté et du dévouement dont il était entouré, il ajouta :

« — *Je suis très bien soigné, et cependant je suis un grand pécheur. Je ne mérite pas ces attentions. Pourquoi le Bon Dieu est-il si bon pour moi ?* »

Plus tard, il me dit encore :

« — *Je regrette de n'avoir pas compris plus tôt la grandeur de la vie de victime. Tu me l'as révélée par tes ouvrages, il y a quatre ans. Je t'en remercie. Que c'est beau d'être prêtre et victime, avec Jésus, Prêtre et Victime !* »

Le lendemain, lundi 26 mars, je vins auprès de lui dans la matinée. Comme il ressentait une sorte d'écartèlement dans tous ses membres, on lui faisait, pour adoucir ses douleurs, de légers massages. En m'interrogeant du regard il me dit :

« — *Ai-je le droit de demander des massages pour être soulagé ? A certains moments je n'en puis plus. Si je les accepte, c'est pour continuer à vivre, afin de mériter encore par la souffrance.* »

Alors, pour calmer son angoisse, je lui exposais ces pensées :

« — Sois sans crainte. De même qu'à l'oraison il faut bien placer le corps pour permettre à l'âme de prendre son essor, ainsi, au cours de la maladie, il est bon de soulager aussi le corps, pour laisser à l'âme la liberté de bien offrir ses souffrances...

— Oh! me répondit-il, tu me rassures. J'avais peur de commettre une imperfection. »

Ensuite, gêné par l'essoufflement, il me dit :

« *— Oh! je souffre!*

— Oui, mais c'est pour pouvoir réaliser jusqu'au bout ta vocation de prêtre et de victime. »

Alors, avec un sourire, il me répondit :

« *— Je suis très heureux de souffrir! »*

L'après-midi, pour lui permettre de mieux respirer, on le leva et on le plaça à la fenêtre de sa chambre. Ce devait être pour la dernière fois. En effet, un tremblement nerveux et un essoufflement pénible le prirent et secouèrent tout son corps amaigri. On le recoucha aussitôt; l'essoufflement persista.

L'abbé Léopold me dit :

« *— Je n'ai pas une minute de répit, mais je suis heureux, car Jésus est auprès de moi.*

— Oui, il te voit, il te regarde, il te sourit.

« *— Il est près de moi! que dis-je? Il est avec moi. Il est en moi. Je ne fais plus qu'un avec Lui. Nous sommes unis! »*

Plus tard, dans un moment de crise aiguë, il fit entendre ces paroles adressées au Sauveur :

« *Je suis heureux, parce que je suis avec vous, Seigneur. Je suis avec vous sur la Croix! »*

Le mardi 27 mars, dans la matinée, au milieu d'atroces souffrances, il me dit :

« *— Je serai heureux de quitter la terre ; non pas toi, car je t'aime bien, mais la terre, qui n'est qu'un lieu d'exil!... »*

Puis, la toux le secoua vivement. Alors, en parlant d'elle, il ne put s'empêcher de dire :

« — *Oh! mon ennemie!* »

Mais aussitôt il se reprit et dit avec reconnaissance, en songeant à la possibilité qu'elle lui donnait de souffrir et de mériter :

« — *Oh! mon amie!* »

Plus tard, je lui demandais :

« — Tu aimes bien le Bon Dieu? »

Avec simplicité, modestie et sincérité, il me répondit :

« — *Oui. J'ai toujours fait pour Lui, doucement, tout mon devoir!* »

Son entourage était profondément ému et édifié des paroles qu'il prononçait et de l'exemple de courage, de résignation et de joie sereine qu'il manifestait au milieu de ses douleurs. A cause de ses souffrances, on le plaignait.

« — *Ne me plaignez pas*, disait-il. *Si extérieurement je souffre, à l'intérieur je suis heureux. Le bonheur est à l'intérieur!* »

*
* *

Quelque temps avant mon arrivée, Mme la Comtesse de Maleissye, qui vénérait l'abbé Léopold comme un saint, lui avait exprimé son admiration et lui avait parlé de sa sainteté possible. Mon frère s'en défendit. Il ne pouvait cependant s'empêcher de constater la transformation merveilleuse qu'opérait la grâce en son âme; c'est pourquoi, à une nouvelle affirmation de Mme la Comtesse de Maleissye de son état d'élévation spirituelle, il répondit cette fois, avec une sorte de pressentiment surnaturel, qui venait non d'un sentiment d'orgueil, mais d'une profonde humilité, parce que l'humilité est la vérité :

« — *Madame la Comtesse, plus tard, vous serez fière de votre abbé!* »

Puis, l'après-midi, au milieu de ses souffrances, en regardant les images de saint Joseph, de Mgr Verjus, évêque missionnaire qui s'était offert en victime avant sa mort, et du vénérable P. de la Colombière, que j'avais placées contre la muraille près de son lit, il dit avec piété :

« — *Saint Joseph, patron de la bonne mort, je vous aime bien !*
Monseigneur Verjus, évêque-victime, aidez-moi !
Vénérable Père de la Colombière, priez pour moi ! »

*
* *

La journée du 28 mars fut consacrée en grande partie à la rédaction et à la discussion des termes de la formule de l'offrande en victime que l'abbé Léopold devait renouveler solennellement le vendredi 30, en la fête de Notre-Dame des Sept-Douleurs. Mon frère me demanda de lui lire plusieurs fois cette formule. et de lui faire le commentaire détaillé de chaque phrase. Au passage : « *Je vous remercie pour toutes les grâces que vous m'avez accordées : grâce du baptême, de la communion eucharistique, du sacerdoce et de cette offrande en victime* », il m'arrêta et dit :

« — *Oh ! oui ; c'est une bien grande grâce que cette offrande ; c'est le couronnement de ma vie spirituelle !* »

La nuit du 28 au 29 fut pénible. Un essoufflement continu empêchait le malade de dormir. En levant les yeux au ciel, l'abbé Léopold fit entendre cette prière :

« — *Mon Dieu !... Mon Dieu !... Mon Dieu !... Ne m'abandonnez pas.* »

Puis, comme l'essoufflement reprenait avec plus d'intensité, il ajouta :

« — *Mon Dieu !... Mon Dieu !... Mon Dieu !... Lamma Sabacthani !* »

Après une nuit si agitée, l'abbé Léopold se montra très fatigué durant la journée du 29. Voyant l'état d'accablement dans lequel il se trouvait, je lui dis :

« — Es-tu content de souffrir ?
— *Oui, parce que c'est la meilleure manière de vivre, et que, par la souffrance, on est mieux avec le Bon Dieu.* »

Ensuite, il me parla de sainte Thérèse de l'Enfant-Jésus qu'il voulait imiter, et ajouta :

« — *Je crois avoir fait l'an dernier un bon pèlerinage à Lisieux, car je n'ai pas demandé ma guérison, mais un plus grand amour de Dieu !* »

Puis, en songeant tout à la fois à la prière de sainte Thérèse de l'Enfant-Jésus suppliant le Sauveur de se choisir « un grand nombre de petites victimes dignes de son amour », et à la sienne « *de faire naître de son sacrifice une foule innombrable de vocations sacerdotales et de Prêtres-Victimes* », il me dit :

« — *Je ne désire pas après ma mort avoir les mêmes honneurs que sainte Thérèse de Lisieux, car si je fais une demande semblable à la sienne, c'est uniquement parce que Notre-Seigneur peut l'exaucer pour sa gloire !* »

*
* *

Plus tard, comme ses douleurs devenaient intolérables, il dit encore :

« — *Oh ! je souffre, mais c'est la volonté de Dieu, sa volonté adorable. Je lui ai demandé de prendre tous les moyens nécessaires pour me permettre d'arriver au degré de perfection auquel il m'a destiné. Dans ces conditions, je n'ai pas à me plaindre, mais à me réjouir. Je suis heureux !* »

Chaque jour, il avait coutume d'offrir ses souffrances à une intention particulière. Quelques jours auparavant, il les avait présentées à Dieu, en lui demandant d'améliorer l'état de santé d'une personne malade. Il obtint satisfaction. C'est avec reconnaissance qu'il apprit par une lettre reçue le matin de ce jour, cette consolante nouvelle. Au début de l'après-midi, il me dit :

« — *Montre-moi à nouveau cette lettre pour que je puisse me réjouir de la grâce obtenue par mes souffrances !* »

Mais, se ravisant, il dit aussitôt :

« — *Non, ne me la montre pas. Il vaut mieux sauvegarder l'humilité.* »

Alors, pour détourner la conversation, il ajouta :

« — *La mort ne me fait pas peur ; c'est un gain, une délivrance. Ce qui pourrait m'attrister, c'est de songer qu'une fois mort, je ne pourrai plus souffrir et par conséquent mériter pour les âmes.* »

A un autre moment, au sujet de l'offrande en victime qu'il devait renouveler le lendemain aux intentions signalées, il m'interrogea :

« — *Ne crois-tu pas qu'il y ait quelque témérité à solliciter ce que je demande ?* »

Pour satisfaire son humilité, je répondis :

« — Jésus a couronné sa vie par son oblation et son sacrifice. Il est normal de couronner la tienne par ton offrande et le renouvellement de ton immolation en victime. Jésus s'est sacrifié pour la gloire de Dieu et le salut du monde. Tu peux l'imiter et t'unir à son immolation. Au surplus, si tu lui demandes « *de faire naître de ton sacrifice une foule innombrable de vocations sacerdotales et de Prêtres-Victimes* », cette prière ne peut que lui être agréable. Dieu veut qu'on le sollicite, qu'on l'implore, qu'on le supplie. Sainte Thérèse de Lisieux a adressé à Jésus une prière semblable à la tienne, avant sa mort. Dieu l'a exaucée. Ne devons-nous pas imiter les saints ? Jésus t'exaucera s'il le juge à propos. C'est le cas de cultiver une fois de plus l'abandon à sa volonté sainte. »

Alors l'abbé Léopold ajouta :

« — *Je ne demande rien que pour sa gloire !* »

*
* *

Plus tard il dit à Mlle de Maleissye :

« — *J'ai le pressentiment que je vais bientôt vous quitter, mais je ferai plus de bien au ciel que sur la terre !* »

*
* *

Le soir, il demanda à voir la photographie de notre mère, placée sur la cheminée, près de son lit. Il la regarda avec tendresse et la baisa longuement. Puis il dit avec un air inspiré :

« — *Oh ! plus tard, comme elle se réjouira, notre chère et sainte maman !* »

Dans la soirée, il me fit un gracieux sourire et me dit en pensant à son immolation définitive du lendemain :

« — *Quel bonheur ! demain. L'acte le plus beau de toute ma vie !* »

Quelques instants après, il ajouta :

« — *Quelle belle vocation que la vocation de victime ! quel mystère que celui de la prédestination divine !* »

Le 30 mars, 5e vendredi du Carême, fête de Notre-Dame des Sept-Douleurs, avait été choisi, on le sait, pour le renouvellement de l'offrande en hostie. Le matin, avant la messe, l'abbé Léopold me fit relire sa formule d'oblation. Sur sa demande, je lui en commentais certains passages. Il adhéra de toute son âme aux pensées exprimées. Puis, pour bien marquer sa volonté déterminée de s'immoler, au passage : « *Je me présente en holocauste surnaturel* », il me fit ajouter : « *résolument* » (1); à celui : « *avec toute l'ardeur de mon âme sollicitée par l'Esprit-Saint et aidée par la grâce* », il m'arrêta et dit : « *Oui, aidé par la grâce, car par moi-même je ne suis rien, je ne puis rien.* » A la dernière phrase, au mot : « *humilité* », il insista pour se libérer totalement de tout sentiment d'orgueil, et au mot : « *abandon* » il ajouta : « *Dieu peut me faire mourir demain s'il le désire !* »

La lecture terminée, il m'appela près de lui et me dit : « *Voici venir le moment le plus sublime de mon existence. C'est à toi que je le dois. Comme il y a un parrain au baptême et à la confirmation, il doit y avoir un parrain pour l'offrande en victime. C'est toi qui seras mon parrain. Si au ciel je suis récompensé pour mon offrande, ce sera à toi que je le devrai.* »

Puis il voulut que je l'embrasse. Il m'embrassa à son tour de tout son cœur et me dit dans un sourire :

« — *Merci !* »

Pendant la messe, par exception, on sonna la clochette au moment de l'offertoire, pour que de sa chambre l'abbé Léopold pût faire son offrande à l'oblation du pain et du vin. A l'élévation, il s'unit à la divine victime. Au moment de la communion,

---

(1) Je me présente *résolument* en holocauste surnaturel.

je lui portai la sainte Hostie, qu'il reçut avec une grande dévotion.

Après la messe, je revins dans sa chambre et lui dis :

« — Es-tu-content ? »

Il étendit les bras comme Jésus sur la croix :

« — *C'est le plus beau jour de ma vie ! Je suis content parce que j'ai pu suivre la messe ; j'ai entendu le tintement de la clochette à l'offertoire. A l'oblation du pain et du vin, je me suis offert avec bonheur. Comme action de grâces, j'ai relu ma formule. J'ai dit de tout mon cœur : « Je vous prie de laisser tomber un regard de bonté « sur les prêtres et de faire naître de mon sacrifice une foule innom- « brable de vocations sacerdotales et de prêtres-victimes ! »*

Puis il m'embrassa à nouveau avec toute son affection fraternelle.

Le soir, il fit écrire sur son carnet :

« *O journée mémorable entre toutes !*
  Quelle grâce !
Combien je la souhaite à une infinité de confrères !
  Mais beaucoup ne comprennent pas !
Si le Bon Dieu voulait agréer ma demande, quelle joie,
  quel bien j'aurais fait !
Offrande en Victime ! ! !
  Esprit Saint, je vous remercie de me l'avoir inspirée !
Les mots de ma formule m'apparaissent grandioses !
  Je vous remercie, ô mon Dieu !
Je m'arrête écrasé par la beauté des termes
  et la sensation de votre immense bonté envers moi.
Victime ! quelle vocation sublime !
  Merci, mon Dieu !...
  Mille fois, merci !... »

*
* *

Le samedi 31 mars, je lui fis part de la profonde impression produite sur moi par la lecture de ses « notes spirituelles ». Il me dit alors avec abandon :

« — *Je les ai écrites simplement, fidèlement, filialement, avec tout mon cœur, comme un enfant.* »

(Cliché Bonnaire.)

Convoi des funérailles de l'abbé Léopold Gileteaux à Fourmies, le 17 avril 1928.

Puis dans la journée, à Mlle de Maleissye, pour la remercier des soins si dévoués qu'elle lui prodiguait, il dit :

« — *Sainte Thérèse de l'Enfant-Jésus affirmait :* « *Je passerai* « *mon Ciel à faire du bien sur la terre.* » *Pour ma part :* « *Je passerai mon Ciel à faire plaisir à mes amis !* »

Comme je pressentais un dénouement prochain, j'avais écrit aux différents membres de notre famille, pour les inviter à venir s'entretenir une dernière fois avec le cher malade. Trois de nos cousins arrivèrent le samedi soir; ils furent reçus tour à tour par l'abbé Léopold, qui leur témoigna avec tendresse son affection. L'un d'entre eux, son filleul, récemment ordonné prêtre, reçut particulièrement ses confidences. Mon frère lui parla longuement de la « vie de victime ». Il l'invita, à l'exemple du Sauveur, à ne pas se contenter de son caractère sacerdotal, mais à y ajouter celui d'hostie. Il lui fit remarquer que la « vie de victime » n'avait rien de redoutable; qu'il n'était pas nécessaire pour la réaliser de demander des croix supplémentaires; qu'il suffisait pour la vivre d'accepter les peines journalières et de pratiquer amoureusement le saint abandon.

« — *Beaucoup de prêtres,* lui dit-il, *ne comprennent pas cette doctrine, et cependant, s'ils la vivaient, ils connaîtraient le grand bonheur que donne l'esprit de sacrifice...* »

La matinée du dimanche des Rameaux fut relativement bonne, mais l'après-midi devint douloureuse. Au cours d'un étouffement, le cher malade se mit à dire :

« — *O souffrance, mon amie, je te remercie de m'avoir rapproché de Dieu !* »

Le soir, malgré la fièvre, il voulut lire à son filleul quelques passages de ses « notes spirituelles », pour l'inviter à monter généreusement vers les sommets de la vie sacerdotale. J'entrais dans la chambre sur les entrefaites.

« — *Ce n'est pas de l'orgueil, n'est-ce pas,* me dit-il, *que de faire part à mon filleul de quelques pages de ma vie spirituelle ?*

— Mais non; c'est donner le bon exemple à celui pour lequel

tu as répondu sur les fonts baptismaux; c'est l'inviter à progresser dans l'amour de Dieu. Jésus ne peut en être que très heureux.

— C'était bien mon avis, et c'est pour cette raison que j'ai cru pouvoir soulever un peu le voile de ma vie intérieure! »

Le lundi saint, 2 avril, la respiration fut pénible et les étouffements devinrent très fréquents. Pour encourager le malade au milieu de ses douleurs, je lui parlais du ciel. Alors, tandis qu'il souffrait atrocement, il me dit :

« *— Patience! c'est l'acheminement vers la récompense!* »

Au cours de notre conversation, nous parlâmes également de la mort.

« *— Je ne serai jamais aussi bien préparé, me dit-il, c'est pourquoi je crois que la fin va venir. Je ne la demande pas, mais je l'accepte...* »

Puis il ajouta :

« *— Toutefois, je répète avec saint Martin : « Non recuso laborem* (1)» !

C'était surtout le soir que les étouffements le prenaient. Ce jour, à la fin de l'après-midi, il me demanda :

« *— Quelle heure est-il?*
— Six heures et demie.
— Ah! c'est l'heure pénible, celle où je souffre le plus! »

Puis, après une pause, il reprit :

« *— Mais, il me semble que je me plains! J'ai tort.* »

Alors il rentra dans le silence et continua à souffrir avec courage.

Chaque jour, je lui apportais la sainte Communion, Le Mardi Saint, 3 avril, comme son état de santé fléchissait beaucoup, le cher malade m'exprima le désir de recevoir la sainte Hostie avec

____

(1) « Je ne refuse pas le travail ! »

la formule du viatique, le Jeudi Saint, jour anniversaire, de l'institution de la sainte Eucharistie et du Sacerdoce catholique. Sur ma réponse affirmative il me dit :

« — *Il est possible que le Bon Dieu m'appelle à lui le jour du Vendredi Saint. Je serais presque disposé à le désirer, mais je ne demande et ne refuse rien : je m'abandonne. Si je pouvais désirer quelque chose, ce serait de continuer à souffrir !* »

Ensuite, après une pause :

« — *Si Jésus m'appelle à Lui, au ciel, je changerai mon désir de souffrir en celui de travailler avec ardeur à la gloire de Dieu.* »

La conversation vint ensuite sur la personne qui lui avait adressé une lettre de reproches et d'injures, dont il a été parlé précédemment. Avec bonté il dit :

« — *Je lui pardonne et je l'aime !* »

Il voulut alors qu'on envoyât à cette personne un cadeau Quelques instants après il ajouta :

« — *Au ciel, j'intercéderai en faveur de ceux qui n'auront pas été charitables envers moi !* »

Le Mercredi Saint fut pour lui une journée pleine de joie. Il reçut une visite très agréable parce que profondément surnaturelle. Au cours de celle-ci, en effet, l'abbé Léopold put s'entretenir des grâces précieuses d'oraison mystique qu'il avait reçues, avec une personne favorisée de l'intimité divine. Celle-ci le rassura sur la réalité des dons divins et la fécondité de l'oraison contemplative, même aride. En réalité, mon frère ne s'était jamais ouvert des grâces d'union mystique reçues à « Kervihan », et avait douté longtemps de leur caractère surnaturel; de plus, il traversait à cette époque une période de grande sécheresse spirituelle : ses communions ferventes demeuraient froides. La conversation qu'il eut ce jour le rassura pleinement et le combla de joie. A partir de ce moment, l'abbé Léopold progressa davantage encore dans la sérénité. Malgré ses souffrances, et surtout à cause d'elles, une sorte d'émanation surnaturelle semblait sortir de sa personne. On vivait près de lui des journées du ciel. C'était la suavité, malgré la douleur et la perspective de la séparation. Lui-même ne pouvait s'empêcher de dire :

« — Quelle paix! quelle paix!. quelle paix! »

L'après-midi, je le confessais en vue de la communion en viatique du lendemain. Je lui exposais la belle doctrine de sainte Thérèse de l'Enfant-Jésus relative à l'enfance spirituelle, faite d'humilité, de confiance et d'abandon, et lui commentais les quatre fins du sacrifice qu'il avait si bien envisagées dans son offrande en victime.

Puis, le soir, nous eûmes une conversation très intime où nous nous fîmes part respectivement des grâces que le Bon Dieu nous avait accordées au cours de notre vie sacerdotale. A la fin, il me dit :

« — Comme le Bon Dieu nous aime! Le passage le plus beau de la littérature est celui-ci : « In principio erat Verbum, et Verbum « erat apud Deum, et Deus erat Verbum (1) », mais la plus belle conversation qui puisse se dérouler entre deux frères est celle que nous venons de tenir. »

Plus tard, au sujet de sa mort possible, il me dit encore :

« — Comme le Bon Dieu voudra, dans le plus complet abandon. Mon Dieu, je remets mon âme entre vos mains! »

*
* *

Le 5 avril, jour où il devait communier en viatique, il écrivit lui-même, de grand matin, sur une feuille volante, mais d'une main tremblante et d'une écriture à peine lisible :

« Jeudi Saint. *— Malgré une bonne nuit, je ne me fais plus d'illusion sur mes forces physiques. Je vais communier en viatique.*
Je m'abandonne à vous, ô Jésus!

---

(1) « Au commencement était le Verbe, et le Verbe était en Dieu, et le Verbe était Dieu » (Début de l'Évangile de saint Jean).

Je désire d'une part — et c'est la note prédominante, puisque c'est le devoir — rester sur la terre pour gagner des mérites pour les âmes.

Mais, d'autre part, je désire aussi aller voir le Bon Dieu. Je suis si bien préparé ! »

Lorsque je vins lui apporter la sainte Communion, il étendit les bras et dit à haute voix :

« *— O mon Dieu, je vous désire et je vous aime !* »

Après la messe, je vins le visiter. Il m'appela près de lui et me dit à voix basse :

« *— J'ai l'impression que je vais bientôt m'envoler vers le ciel !* »

Vers 9 heures du matin, comme les extrémités de ses membres étaient glacées, il dit avec un sourire :

« *— Je commence à me refroidir !... quel beau voyage je vais faire !... Oh ! je suis heureux !* »

Plus tard, à onze heures, aux personnes présentes dans sa chambre :

« *— Mes enfants ! Je vais aller voir le Bon Dieu ! quel bonheur !* »

Puis, comme il respirait avec peine, on lui dit :
« — Vous souffrez ?

— Oui, mais il faut s'arranger avec la souffrance ! »

L'après-midi, cependant, fut très calme. L'abbé Léopold montra une parfaite lucidité d'esprit et exprima le désir de revoir tout le personnel du château, afin de lui faire ses adieux. Il reçut chaque personne en particulier pour lui donner ses derniers conseils. Il parlait de sa mort avec sérénité et engageait chacun à faire toujours son devoir.

Ensuite, comme c'était la veille du premier vendredi du mois et qu'il avait coutume, à pareil jour, d'écrire à son directeur, il me dicta une lettre spirituelle à l'adresse de celui-ci. Lorsqu'il eut terminé, il me dit :

« *— Je suis content. Ainsi, j'aurai été régulier et ponctuel jusqu'au dernier moment !* »

Le Vendredi Saint, la mort ne vint pas malgré son attente, mais il resta dans l'abandon.

L'après-midi, j'étais seul près de lui. Il me parla de sa fin prochaine, avec un calme surprenant et un sang-froid vraiment remarquable. Il me fit préparer tous les vêtements destinés à son ensevelissement et m'exprima ses dernières volontés. Puis, à trois heures exactement, à l'heure de la mort du Sauveur et en songeant à la fécondité surnaturelle du sacrifice, il me dit pour symboliser l'efflorescence de vocations de « prêtres-victimes », zélés et intrépides — il insista sur l'intrépidité, — qu'il désirait voir apparaître après sa mort, comme conséquence de son immolation :

« — *Dans le parterre de l'Église, je ferai fleurir de vigoureuses roses rouges d'amour !* »

*
* *

Le Samedi Saint, vers cinq heures du matin, il perdit connaissance et parut entrer en agonie. On récita à haute voix auprès de lui les prières des agonisants. Je l'appelais; ma parole demeura sans réponse. Alors comme l'heure s'avançait, et que ce sommeil énigmatique se prolongeait, je résolus de célébrer la sainte Messe. A mon retour, l'abbé Léopold, contre toute attente, ouvrit les yeux. Il jeta un regard circulaire et s'étonna de voir son entourage en pleurs. Il le rassura, le consola et même le fit sourire.

La journée fut calme. Le soir, le cher malade se montra très gai, malgré la souffrance. Pour divertir son entourage, il se mit à raconter une histoire de fantôme, apprise dans son enfance. Il paraissait ainsi jouer avec la mort. L'histoire était si amusante, que malgré la situation tragique, les personnes présentes ne purent s'empêcher de rire.

Alors, comme conclusion, l'abbé Léopold ajouta avec malice et ironie :

« — *Ainsi, on ne dira pas que j'étais un saint triste !* »

Le dimanche de Pâques, il communia et s'unit à l'Église dans la joie de la Résurrection. Au cours de la journée, pour l'amener à une perfection totale, je lui demandais de renoncer à une dernière attache à la volonté propre que j'avais remarquée en lui, les jours précédents. Le sacrifice lui fut pénible, mais il l'accepta de bon cœur.

« — *Je veux être généreux jusqu'au bout,* me dit-il, *car je désire rester fidèle à l'esprit de ma vocation de Prêtre et de Victime. Pour faire plaisir au Bon Dieu, je ferai tous les sacrifices.* »

Alors, son visage qui s'était contracté sous l'effort se rasséréna. Sa paix devint plus intense et un doux sourire illumina sa face. Quelques instants plus tad, il me dit :

« — *Es-tu content? As-tu encore quelque chose à me demander pour me conduire à une perfection définitive?* »

Je lui répondis que j'étais édifié de sa générosité et de son esprit de sacrifice; que personnellement je ne remarquais plus en lui aucune imperfection; que bientôt le Bon Dieu l'appellerait à Lui pour le récompenser et couronner tous ses mérites. Il ajouta :

« — *Je suis heureux!* »

|Le soir il me fit venir près de son lit et me dit avec une sorte de tristesse :

« — *Voici le jour de Pâques terminé et je suis toujours sur la terre! J'aurais été heureux de célébrer la Résurrection au ciel, mais je m'abandonne au bon Plaisir de Dieu!* »

Le lundi de Pâques, 9 avril, fut très pénible. Toute l'après-midi, une fièvre ardente brûla le pauvre corps amaigri du malade. Un moment l'abbé Léopold dit :

« — *Je souffre horriblement!* »

Le soir, toujours dans le même état, il dit encore :

« — *Je ne pensais pas que l'on dût tant souffrir pour mourir. Ah! je souffre, mais je ne désire pas moins souffrir...* »

*
* *

Durant la nuit du lundi au mardi de Pâques, je fus appelé plusieurs fois auprès de lui. La toux était incessante, et l'abbé

Léopold ne pouvait dormir. Vers 5 heures et demie du matin, mon frère complètement épuisé me dit malgré sa souffrance :

« — *Je veux être généreux pour obtenir la perfection dans l'esprit de sacrifice !* »

Ce furent ses dernières paroles.

Exténué de fatigue, miné par la fièvre, anéanti par la souffrance, il s'endormit. Au cours de ce sommeil, sa respiration devint rauque, irrégulière et haletante; son pouls se ralentit.

A onze heures et demie du matin, sans avoir repris connaissance, doucement, après trois aspirations de plus en plus espacées, l'abbé Léopold rendait le dernier soupir.

Étaient présents en ce moment suprême : au pied du lit, Mme la Comtesse de Maleissye; à droite de l'abbé Léopold, Mlle de Maleissye; à gauche, moi-même. En pleurs, je donnais à mon frère tant aimé, une dernière absolution et une suprême bénédiction. C'était fini. Dans l'allégresse des fêtes pascales, cette âme de feu, cet assoiffé de sacrifice, ce « prêtre-victime » était aller chanter au ciel, avec les anges et les élus, l'alleluia éternel !...

CHAPITRE XI

LES FAITS MYSTIQUES

Lorsque j'ai parlé antérieurement de la mystique, j'ai fait remarquer qu'on la divisait en deux parties : la première, relative à l'oraison contemplative; la seconde, aux phénomènes extraordinaires ou « charismes » qui viennent parfois se greffer sur elle. L'oraison contemplative fait partie des grâces « *gratum facientes* »; elle est sanctifiante et conduit l'âme à une intimité de plus en plus profonde avec le Créateur. Les « charismes », au contraire, ou grâces « *gratis datæ* », ne sont pas sanctificateurs en eux-mêmes; ils sont donnés au profit d'autres âmes que celles qui les reçoivent, confirment une mission surnaturelle, révèlent directement aux hommes, la volonté de Dieu ou un fait de la vie surnaturelle difficile à être connu d'une autre manière. Les plus habituels sont les visions, les auditions, les révélations, les prophéties, la stigmatisation, la lévitation, la bilocation, le pouvoir de faire des miracles. Il ne sera question ici que de visions et d'auditions.

Il existe trois sortes de visions et d'auditions surnaturelles : elles peuvent être *extérieures, imaginatives* et *intellectuelles.*

Elles sont *extérieures* si leur objet est externe et se trouve perçu par la vue ou l'ouïe des personnes qui en sont les bénéficiaires. Les apparitions de Notre-Seigneur à ses Apôtres après sa Résurrection, à saint Paul après son Ascension, ou encore celles de la Sainte Vierge à Bernadette, à Lourdes, furent des visions extérieures ou corporelles. De même, les paroles entendues par Adam et Ève au Paradis terrestre, après leur péché; celles ouïes par le jeune Samuel, dans le Temple; par Pierre, Jacques et Jean, au Thabor; par Saul, sur le chemin de Damas; par saint Thomas d'Aquin, devant le Crucifix qui lui dit : « Tu as bien écrit de moi, Thomas »; par Jeanne d'Arc, au cours de sa vie, furent, à leur tour, des auditions extérieures ou corporelles.

Les visions et auditions sont *intérieures* et *imaginatives* (1), si elles sont perçues à l'intérieur de l'âme, sous forme d'images pour les visions, et de sons pour les auditions. Ces visions et ces auditions sont beaucoup plus fréquentes que les visions et les auditions extérieures et corporelles. Bien qu'elles se passent à l'intérieur de l'âme, elles sont cependant objectives, parce qu'elles sont produites non par l'homme, mais par Dieu. De plus, elles sont reçues directement dans l'âme, sans l'intermédiaire des sens, de sorte que les personnes qui en sont favorisées voient et entendent surnaturellement, sans voir et entendre naturellement. En outre, ces visions et ces auditions sont si réelles que les personnes qui en sont gratifiées ne peuvent douter des images vues ou des sons perçus. Les songes de Joseph, fils de Jacob, ceux du Pharaon d'Égypte, les visions de saint Joseph et de saint Pierre, les scènes de l'*Apocalypse* contemplées et décrites par saint Jean, les apparitions dont furent favorisées sainte Gertrude, sainte Brigitte, sainte Thérèse d'Avila et sainte Marguerite-Marie furent des visions intérieures et imaginatives, accompagnées d'auditions de même nature.

Enfin les visions et auditions sont *intérieures* et *intellectuelles* si leur objet est spirituel ou supra-sensible (comme Dieu, ses perfections, les anges, les âmes humaines, les mystères et les vérités de la foi), ou même corporel et sensible (comme Notre-Seigneur, la Sainte Vierge et les saints), et apparaît dans l'âme d'une manière abstraite. On les définit ordinairement en théologie mystique : « des connaissances intuitives et surnaturelles de vérités ou de choses spirituelles et même corporelles, dégagées de toute forme sensible ». Parmi les vérités et les faits révélés, les uns dépassent absolument les forces naturelles de l'esprit, comme l'intelligence

---

(1) Le mot *imaginatif* n'a nullement le sens d'*imaginaire*. Il correspond à un fait réel et objectif qui se présente sous forme d'*image* ; d'où l'adjectif : *imaginatif*.

des mystères de la foi; les autres, quoique naturels en eux-mêmes, les dépassent par leur mode de manifestation. Ainsi, la victoire de Lépante, révélée à saint Pie V, fut une vérité naturelle, connue d'une manière surnaturelle.

Les visions intellectuelles se distinguent des autres connaissances intellectuelles par leur *objet*, qui est transcendant, au moins dans son mode de manifestation; par leur *forme*, car elles sont des intuitions soudaines et immédiates qui n'ont rien du travail, des lenteurs, des progrès successifs de la science humaine — elles sont reçues et non acquises, passives et non actives —; par leur *durée*, qui peut devenir perpétuelle, car leur oubli, au dire de sainte Thérèse d'Avila, devient en quelque sorte impossible; par leurs *effets*, car elles produisent l'humilité et fournissent des connaissances qu'il aurait été difficile d'acquérir naturellement.

De leur côté, les paroles intellectuelles, qui accompagnent d'ordinaire les visions intellectuelles, ont une nature différente des paroles imaginatives, car elles n'ont aucune forme capable d'être imaginée : ni son, ni articulation, ni cadence. Dieu parle sans parole, et ce qu'il dit au plus intime de l'âme, dans le plus profond secret du cœur, est si distinct et si lumineux, que le mode même d'entendre, où l'imagination ne peut avoir aucune part, rassure pleinement contre les risques de ses illusions ou les pièges du démon, qui pourrait tromper par elle. En même temps, l'admirable impression, que ces paroles toutes spirituelles produisent dans la partie supérieure de l'âme, y imprime la croyance inébranlable qu'elles viennent de Dieu. C'est la certitude même d'une perception expérimentale, sans image intermédiaire (1).

Si j'ai décrit ici les trois genres de visions et d'auditions, c'était pour mieux situer le sujet. Je tiens à prévenir le lecteur qu'il ne sera question, au cours de ce chapitre, que de visions et d'auditions *intérieures*.

En face des visions et des auditions surnaturelles, trois positions sont à envisager. Avec les rationalistes et les incrédules, qui déclarent les miracles impossibles et qui, au lieu d'examiner

---

(1) Voir Mgr FARGES : *Les Phénomènes mystiques*, p. 281 à 322.

loyalement les faits clairement constatés, les nient *a priori*, on peut de parti pris les rejeter et les considérer comme inexistantes.

Par ailleurs, aux antipodes des incrédules, se placent les gens trop facilement crédules, qui donnent un caractère surnaturel à des faits simplement naturels, ou ne se montrent pas assez exigeants dans l'examen des phénomènes mystiques.

Un prêtre appelé à se prononcer sur des faits de ce genre doit éviter ces deux excès. Il n'admettra aucun fait merveilleux sans preuve suffisante, et il sera tenu, pour y apporter son adhésion, de réclamer une démonstration convaincante; mais, leur caractère surnaturel une fois établi par une critique sévère, il se rappellera que la puissance de Dieu dépasse infiniment tout ce qui est imaginable, et, loin de s'étonner des merveilles constatées, il admirera en silence et « se laissera faire par la vérité ». C'était le conseil de sainte Thérèse en pareille circonstance.

« L'on dira peut-être, écrit-elle, que ce sont là des faits qui paraissent impossibles, et qu'il vaudrait mieux n'en rien dire pour ne point scandaliser les faibles. Que ceux-ci n'y croient pas, c'est un mal sans doute, mais ce serait un bien plus grand mal qu'un directeur ne voulût pas reconnaître ces éminentes faveurs dans les âmes à qui Dieu les accorde, afin qu'elles en profitent et que les autres s'en réjouissent... Dieu donne à ses créatures des marques encore plus éclatantes de son amour. Mais je puis vous assurer que ceux qui manquent de foi en cela ne recevront jamais de telles faveurs, parce qu'il prend plaisir à ne les répandre que sur ceux qui ne mettent point de bornes à sa puissance. Qu'il ne vous arrive donc jamais, mes filles, de tomber dans ce doute, alors même que Notre-Seigneur vous conduirait par d'autres voies (1). »

L'illustre mystique revient plusieurs fois sur ce point capital : « Comme la grandeur de Dieu n'a point de bornes, ses œuvres n'en ont pas non plus... Ainsi donc, ne vous étonnez pas de ce que j'ai déjà dit et de ce que je pourrais dire encore dans cet écrit :

---

(1) *Le château*, 1re Dem. ch. I.

tout cela est moins qu'un atome en comparaison des merveilles que Dieu pourrait accomplir (1). »

C'est pour avoir pris cette attitude moyenne que j'ai personnellement ajouté foi aux faits qui vont être décrits.

Le lecteur voudra bien me pardonner de me mettre ici en scène; mais qu'il me soit permis de dire que la publication de mes ouvrages, qui traitent principalement de la vie spirituelle, n'a pas été sans me mettre en relation avec de nombreuses âmes, favorisées parfois de grâces mystiques. L'illusion sur ce point est toujours à craindre, — car, si les visions sont possibles, il y a, hélas ! plus de visionnaires que de véritables voyants —; mais c'est au prêtre ou au directeur auxquels des faits de ce genre sont soumis de découvrir, par le « discernement des esprits » et les règles fournies par la théologie mystique, leur caractère surnaturel. Or, il semble, après une étude approfondie, non seulement des événements rapportés, mais aussi de la vie spirituelle des personnes qui les ont présentés, qu'on puisse admettre la réalité surnaturelle des faits mystiques qui vont suivre. Je les exposerai avec la plus grande simplicité et la plus entière sincérité; le lecteur de cette manière pourra se faire une opinion à leur sujet et tirer lui-même la conclusion.

*
* *

Le jeudi 22 mars, je recevais en visite une personne favorisée depuis de longues années de grâces exceptionnelles dont j'avais pu discerner le caractère vraiment surnaturel; elle avait très bien connu l'abbé Léopold et venait m'apprendre qu'elle avait été éclairée au cours de la sainte Messe sur la réalité prochaine de sa mort. J'étais moi-même préoccupé des nouvelles alarmantes que je recevais du château de « la Beuvrière » où se trouvait mon aîné, et je ne m'étonnais pas de l'avertissement grave qui m'était apporté, quand, tout à coup, au cours de la conversation qui se déroulait entre ma visiteuse et moi, au sujet de la maladie de mon frère, un dialogue s'engagea entre la personne qui me parlait et une voix qu'elle affirmait venir du Ciel.

---

(1) *Le château*, 7e Dem., ch. ı.

Voici fidèlement rapportées les paroles entendues et prononcées (1) :

« La Voix du Ciel : **Toutes les prières et toutes les mortifications doivent être appliquées à l'abbé Léopold pour faciliter son entrée au Ciel.**

La Visiteuse : **Doit-il mourir bientôt?**

La Voix du Ciel : **Vous devez toujours prier pour faciliter l'entrée au Ciel de ceux que vous aimez... »**

Le dialogue se poursuivit, mais des circonstances particulières m'obligent à en taire pour le moment certaines phrases. Après que la conversation céleste se fut prolongée quelque peu, elle se termina de cette manière :

« La Voix du Ciel : **L'abbé Paulin (2) et toi, tout pour l'abbé Léopold.**

La Visiteuse : **Mais, qui me parle, qui m'inspire?**

La Voix du Ciel : **Rappelle-toi que c'est le mois consacré à saint Joseph! »**

Inutile de dire que ce fait dont j'étais témoin produisit sur moi une profonde impression. En effet, il venait confirmer mon pressentiment relatif à la mort de mon frère et solliciter « *des prières et des mortifications* » à l'intention du cher malade, afin de « *faciliter son entrée au Ciel* ». Devant cette révélation, je demeurais perplexe, mais je remarquais immédiatement que pour rester fidèle à ces paroles de l'Évangile : « *Soyez prêts... Je viendrai à vous comme un voleur... Vous ne connaîtrez ni le jour ni l'heure...* », le message n'apportait aucune précision, ce qui m'invitait à donner croyance à son origine surnaturelle. En outre, si la voix elle-même se taisait sur sa propre origine, on pouvait conclure, après déduction, que l'avertissement émanait de saint Joseph, patron de la

---

(1) Je n'ai pas personnellement perçu les paroles venues du ciel, puisque l'audition était intérieure, mais j'ai noté au fur et à mesure de la conversation céleste, les paroles prononcées par ma visiteuse. Ensuite, avec son aide, j'ai pu reconstituer tout le dialogue.
(2) Mon prénom.

bonne mort, en la fête duquel mon frère s'était offert en victime, au cours de l'année 1927...

Après coup, ne peut-on pas considérer cette communication comme une réponse du Père Nourricier du Sauveur, à la prière du prêtre qui avait placé sa vie victimale sous sa protection et réclamé son intercession pour l'heure de la mort? Cette opinion paraît légitime...

Quoi qu'il en soit, cet événement ne fut pas, en raison de la nouvelle grave qu'il m'apportait, sans me laisser quelque peu dans l'angoisse. Deux jours après, du reste, le samedi 24 mars, je recevais par courrier, des nouvelles très mauvaises, relatives à la santé de l'abbé Léopold. Muni de cette double documentation, je résolus de quitter le Nord, au plus vite, pour gagner « la Beuvrière », où j'arrivais le dimanche 25 mars dans l'après-midi. Au cours de la conversation intime que j'eus avec mon frère, je lui fis part du fait mystique dont j'avais été témoin. L'abbé Léopold écouta mon récit avec calme et me fit remarquer qu'aucune précision n'était donnée, mais qu'il fallait tenir compte de l'avertissement. Dès lors, je réclamais « *des prières et des mortifications* » de toutes les personnes qui s'intéressaient à mon aîné et décidais, de concert avec lui, de commencer, dès le lendemain, à célébrer une série de messes à son intention (1).

Ce premier avertissement très caractéristique allait d'ailleurs être suivi d'autres non moins intéressants, émanant cette fois d'une source différente. Si les indications complémentaires avaient été apportées par la même personne, on aurait pu rester dans l'expectative et poser un point d'interrogation sur l'origine vraiment surnaturelle des faits relatés; mais le Ciel, semble-t-il, voulut confirmer par une autre voie la première indication fournie. Elle devait venir, cette fois, d'une personne placée directement sous ma direction spirituelle et favorisée depuis bientôt douze ans de révélations de Notre-Seigneur, reçues à la manière de sainte

---

(1) L'Église nous apprend qu'on peut offrir le saint sacrifice de la Messe pour les vivants et les morts. La coutume s'est établie de faire célébrer surtout aux intentions des âmes du Purgatoire. Peut-être serait-il bon de ne pas oublier qu'on peut aussi faire bénéficier les vivants des grâces procurées par le saint sacrifice...

Gertrude et de sainte Marguerite-Marie, et qui semblent indiquer une mission future à remplir dans l'Église. Je ne puis en dire davantage sur ce point pour le moment...

Or, tandis que j'étais près de mon frère, cette personne m'envoya plusieurs relations de grâces mystiques dont elle avait été bénéficiaire. Je ne rapporterai que celles relatives à mon aîné. Les voici :

Tout d'abord, le vendredi 30 mars, jour du renouvellement de l'offrande en victime de mon frère, je reçus une lettre de ma fille spirituelle, accompagnée de la relation d'une vision qu'elle avait eue la veille. La voyante décrivait le fait de cette manière :

« Ce matin, je vis mon Père spirituel et son frère devant Jésus. Mon Père semblait présenter son frère au Divin Maître et le faisait avancer vers Lui. Jésus se pencha, prit le frère de mon Père, le serra sur son cœur et referma les bras sur lui. »

Ce texte, très concis, relate une vision intérieure qui, comme je l'ai expliqué au début de ce chapitre, se passe dans l'âme de la voyante, sous forme d'images. Dans ce genre de vision, certains personnages peuvent y figurer, sans affirmer par le fait leur état d'élévation spirituelle. Les animaux qui furent vus par saint Pierre dans une vision célèbre et qui symbolisaient les Gentils à accepter dans l'Église sont une preuve de cette assertion (1). Du reste, la vision de ma fille spirituelle, tout en paraissant étrange à première vue, était assez caractéristique, car elle se présentait sous une forme à la fois symbolique et prophétique; on sait, en effet, que les visions surnaturelles sont très souvent accompagnées de ce double caractère : pour s'en convaincre, il suffit de rappeler celle de Joseph, fils de Jacob, qui vit le soleil, la lune et onze étoiles symbolisant son père, sa mère et ses frères, s'incliner devant lui, en raison de son élévation future aux fonctions de premier ministre d'Égypte, et celles du Pharaon qui, par les sept épis pleins et les sept épis vides, les sept vaches grasses et les sept

---

(1) *Actes des Apôtres,* ch. x, 9, 18.

(Cliché Bonnaire)

Pierre tombale du monument funéraire de l'abbé Léopold Giloteaux,
à Fourmies (Nord).

vaches maigres, était averti d'avance des sept années d'abondance et des sept années de disette qui devaient se succéder dans son pays.

Or, on retrouve ici la même signification symbolique et prophétique. En effet, par sa vision, ma fille spirituelle, sans être à « la Beuvrière », était avertie à distance, des faits qui s'y déroulaient, car l'affirmation que je semblais « *présenter mon frère au Divin Maître et le faire avancer vers Lui* » n'était-elle pas le symbole des lumières que je lui avais apportées par le commentaire de sa formule d'offrande pour lui permettre de mieux réaliser son sacrifice, et de l'oblation en victime qu'il allait effectuer le lendemain par l'intermédiaire de mon ministère, puisque je devais *l'offrir en hostie* à la sainte Messe, en union à la divine Victime ?

Par ailleurs, la vision paraissait également prophétique, car elle proclamait que l'offrande accomplie, « *Jésus se pencherait vers mon frère, le recevrait sur son Cœur et* **refermerait les bras sur lui** ». La fin du texte, en effet, était assez suggestive. N'affirmait-elle pas qu'après son oblation en victime, l'abbé Léopold quitterait prochainement la terre pour aller au ciel jouir des tendresses de son Bien-Aimé ? C'était là une déduction qui découlait du récit lui-même et qui, en raison des circonstances et du développement de la maladie de mon frère, fournissait une indication très précise à retenir.

Je donnai connaissance à l'abbé Léopold de cette vision, qui lui procura, au milieu de ses souffrances, une grande consolation, car elle lui apportait l'assurance de l'efficacité de son oblation et du bonheur qui en résulterait pour lui dans la suite. La documentation, d'ailleurs, allait se faire de plus en plus précise.

Le jour du Vendredi Saint, 6 avril, ma fille spirituelle eut une nouvelle vision. Notre-Seigneur lui apparut, et un dialogue s'engagea entre le Sauveur et son épouse mystique. Voici de quelle manière la voyante rapporte le fait :

« Ce matin, comme je m'unissais à Jésus pendant la communion de la messe des présanctifiés, je Lui disais :

« — Tu es mort pour nous, mon Amour ! »

Jésus répondit aussitôt :

« Et je vis pour vous » (*dans l'Eucharistie*).

Puis, comme je ne pouvais communier en ce jour du Vendredi Saint, je demandais au Sauveur d'unir mon âme à la Sienne d'une manière spirituelle. Il le fit avec tendresse. Je sollicitais la même faveur pour le frère de mon Père spirituel.

Alors, Jésus me dit :

« — Pour lui : la communion éternelle ! »

Cette nouvelle vision venait, semble-t-il, confirmer la précédente et affirmer cette fois que la mort très prochaine de mon aîné serait suivie pour lui du bonheur des élus. Ce fait particulier, en raison de l'édification que donnait le malade à son entourage, n'était pas sans provoquer chez moi un adoucissement à ma peine... Comme précédemment, je transmis le texte de cette relation à mon frère, qui, très bien préparé à la mort, attendait de jour en jour, dans un abandon admirable, son départ pour le Ciel. Ses dernières journées, d'ailleurs, malgré les souffrances physiques qui l'accablaient, furent pour lui, pleines de suavité, car cette vision lui avait apporté la quasi-certitude qu'il allait bientôt pouvoir participer avec les bienheureux à la « *communion éternelle* ».

L'abbé Léopold, on le sait, mourut dans la matinée du mardi de Pâques, 10 avril. Le lendemain, avant d'avoir appris la nouvelle par courrier, ma fille spirituelle en fut pour ainsi dire avertie par une vision, dont elle m'envoya aussitôt la relation exprimée en ces termes :

« Ce matin, je vis le frère de mon Père spirituel à droite de Jésus. Il avait les mains pieusement croisées sur la poitrine. Il souriait avec tendresse et paraissait jouir d'un bonheur infini. »

Cette nouvelle vision, corrélative aux précédentes, semblait cette fois proclamer, en raison de l'expression de béatitude remarquée sur le visage de mon frère, sa félicité au ciel !...

Il est assez curieux de constater, d'ailleurs, que cette communication ait été donnée à ma fille spirituelle, alors même qu'elle ignorait encore le trépas de l'abbé Léopold. Cette révélation invitait donc à croire que mon frère était entré dans la gloire, mais il aurait été téméraire de proclamer le fait sur cet unique témoignage...

Toutefois, pour ma part, j'enregistrais toutes ces communications avec une certaine émotion et un intérêt toujours croissant. Or, voici qui est digne de remarque et paraît concluant. Le ciel, en effet, voulait multiplier les révélations pour procurer une certitude. Un nouveau fait allait venir s'ajouter aux autres et clore cette série de phénomènes mystiques.

Les funérailles de mon frère eurent lieu le mardi 17 avril, à Fourmies. Le matin de ce jour, la première personne qui m'avait prévenu de la mort prochaine de l'abbé Léopold, et à l'audition surnaturelle de laquelle j'avais assisté, recevait de son côté, après la sainte communion, une nouvelle faveur spirituelle. Elle entendit nettement à l'intérieur de son âme un nouveau message qui semblait émaner de la même source que le premier. La Voix lui dit ceci :

« Le 22 mars, il vous a été dit : « Tout pour l'abbé Léopold « pour faciliter son entrée au Ciel. »

Aujourd'hui : « Tout pour l'abbé Léopold pour qu'il soit « tout-puissant sur le Cœur de Dieu. »

Cette fois, la conclusion paraissait s'imposer. Ces paroles venues du ciel n'affirmaient-elles pas que l'abbé Leopold était définitivement entré dans la gloire et pouvait obtenir une prodigieuse puissance d'intercession auprès de Dieu? Par leur précision, en effet, elles pressaient les âmes à réclamer les suffrages du nouveau serviteur de Dieu, suppliant le Seigneur de faire éclater par lui sa puissance et sa gloire. En conséquence, cette concordance surprenante de faits mystiques, émanés de sources différentes, permet de croire à une spéciale Providence de Dieu, désireux de manifester ainsi la vertu de son Serviteur...

*
* *

Tels sont les faits mystiques que j'avais annoncés et que j'ai voulu relater, en toute simplicité, au cours de cet ouvrage. En réalité, j'aurais pu les passer sous silence et me contenter d'exposer la psychologie surnaturelle de mon aîné, mais je n'ai pas cru pouvoir conserver pour moi seul des assurances qui paraissaient venir du ciel et qui étaient susceptibles d'éclairer les âmes.

Certains souriront peut-être à la lecture de cette relation. L'esprit rationaliste, qui sévit à l'heure actuelle, invite, en effet, nos contemporains à nier ou à minimiser le surnaturel. Du reste, des écrivains, même ecclésiastiques, se sont efforcés de combattre la mystique; mais, en dépit de leurs attaques, elle demeure entière avec sa réalité et ses lois. Le miracle est possible et des faits semblables à ceux signalés se sont déroulés au cours des âges. N'en déplaise aux rationalistes et aux modernistes, Dieu est aussi puissant au vingtième siècle qu'au premier, où il avait coutume de multiplier les « charismes ». Il peut, quand il lui plait, les renouveler, et c'est aux bons chrétiens et aux vrais catholiques d'en admettre la réalité transcendante, lorsque celle-ci paraît donner des garanties d'une origine divine.

D'ailleurs, les phénomènes mystiques que j'ai signalés avaient un double but : affirmer le passage rapide de l'âme de l'abbé Léopold de la terre au ciel, et attirer l'attention sur sa puissance d'intercession possible dans la gloire. Arrêtons-nous à considérer ici le premier de ces deux points, pour envisager le second dans la conclusion.

En réalité, il y aurait eu quelque témérité à proclamer la félicité éternelle de l'abbé Léopold après sa mort, sans intervention mystique, mais avec ces données, et à cause de l'élévation surnaturelle de son âme, cette félicité paraît non seulement vraisemblable, mais fondée.

Mon frère, en effet, on a pu le constater antérieurement, a pratiqué toutes les vertus chrétiennes avec courage et a fait preuve, au terme de son existence, d'un réel esprit de sacrifice. Il avait fait le vœu du plus parfait, qu'il observait avec fidélité, et paraissait être parvenu, au soir de son existence, au sommet de la vie spirituelle. Après avoir été purifié par la souffrance et avoir acquis par elle une somme considérable de mérites, il était normal qu'il aille recevoir très tôt, après sa mort, sa récompense.

Cette première raison serait déjà suffisante pour expliquer la béatitude éternelle de mon frère, mais il en existe une seconde qui vient militer encore en sa faveur. En effet, à la prière dans laquelle il demandait à Dieu de « *prendre les moyens utiles* » pour le conduire à l'état de perfection auquel il était prédestiné, l'abbé Léopold avait l'habitude de joindre, chaque jour, la récitation de celle-ci :

« *Père Éternel,*
  je vous offre le Sacré-Cœur de Jésus
     avec tout Son amour,
         toutes Ses souffrances
           et tous Ses mérites :
pour expier tous les péchés que j'ai commis
     aujourd'hui et durant toute ma vie ;
pour purifier le bien que j'ai mal fait
     aujourd'hui et durant toute ma vie ;
pour suppléer au bien que j'aurais pu faire et que j'ai négligé
     aujourd'hui et durant toute ma vie ;
pour remercier de toutes les grâces que vous m'avez accordées
     aujourd'hui et durant toute ma vie (1). »

Cette prière est douée, paraît-il, d'une prodigieuse efficacité, car, récitée quotidiennement par une pauvre clarisse, elle fut la cause, pour celle-ci, de l'exemption des flammes purificatrices de l'au-delà. Cette religieuse, en effet, apparut après sa mort à son abbesse, qui priait pour elle, et lui dit : « *Je suis allée droit au ciel, car, par le moyen de cette prière récitée chaque soir, je payais toutes mes dettes et j'ai été préservée du purgatoire.* »

Si cette prière fut efficace pour la religieuse clarisse, pourquoi ne l'aurait-elle pas été pour mon frère, qui la récitait chaque jour avec piété ?

Enfin, il est un troisième motif qui explique mieux encore la

---

(1) Après chaque formule : « *Aujourd'hui et durant toute ma vie* », on doit réciter un *Gloria Patri*. La prière de la religieuse clarisse ne comportait que les trois premières formules. L'abbé Léopold y ajouta : « *Pour remercier de toutes les grâces que vous m'avez accordées aujourd'hui et durant toute ma vie.* » Mon frère avait trouvé cette prière sur une feuille imprimée recouverte d'une approbation de l'autorité ecclésiastique.

prompte béatitude de l'abbé Léopold, c'est le vœu héroïque qu'il fit et par lequel il avait offert ses propres satisfactions au profit des âmes du purgatoire avec les suffrages qui devaient lui être appliqués après sa mort. Dieu, semble-t-il, ne devait pas rester insensible à pareille générosité. Puisque mon frère, dans un acte de charité envers le prochain, s'était dessaisi de ses satisfactions, susceptibles de remettre en son âme les peines dues à ses péchés, il était naturel que Jésus et sa divine Mère se montrassent secourables envers lui et laissassent à saint Joseph, patron de la bonne mort, le soin de faire connaître à la terre, que celui qui s'était ainsi sacrifié pour les âmes du purgatoire, était allé goûter très tôt après sa mort, le bonheur réservé aux âmes qui, par amour de Dieu, aiment leur prochain comme elles-mêmes et servent le Seigneur avec toute la générosité de leur amour...

Saint Joseph paraît avoir apporté ce message. Qu'il en soit à jamais béni, remercié, exalté, et que l'abbé Léopold, du haut du Ciel, pour prouver sa puissance d'intercession, multiplie les prodiges. S'il révèle de cette manière son désir de travailler avec ardeur à la gloire de Dieu, il n'y aura plus de doute possible sur l'origine surnaturelle des faits mystiques exposés au cours de ce chapitre...

CHAPITRE XII

LES FUNÉRAILLES

L'abbé Léopold avait rendu son âme à Dieu dans la matinée du mardi de Pâques 10 avril 1928. Sa dépouille mortelle demeura exposée trois jours au château de « la Beuvrière », dans l'attitude que l'on peut voir sur deux photographies renfermées dans ce volume. Le vendredi 13 avril, s'effectuèrent la mise en bière et le départ pour le Nord, où devaient avoir lieu, à Fourmies, le service funèbre et l'inhumation, le mardi 17 avril, à 10 heures du matin.

Ce jour, un nombreux clergé et une foule de parents et d'amis vinrent rendre un suprême hommage au prêtre qui au cours de sa vie avait suscité autour de lui de multiples sympathies. Un silence imposant se fit remarquer au cours du convoi funèbre et de la cérémonie religieuse, qui se déroula à l'église Saint-Pierre, où l'abbé Léopold avait été baptisé, fait sa première communion et chanté sa messe solennelle de prémices. La messe de *Requiem* fut célébrée par M. le curé de la paroisse, assisté à l'autel de ses deux vicaires; l'absoute fut donnée par M. le chanoine Arnould, vicaire général du diocèse de Cambrai. A l'issue de la cérémonie religieuse, le convoi funèbre se dirigea vers le champ du repos pour l'inhumation. Au moment de la mise au tombeau, quelques flocons de neige, symbole de la pureté de l'âme du défunt, tombèrent sur le cercueil et l'assistance recueillie...

*
* *

Après la cérémonie funèbre, les parents et les amis venus en très grand nombre des villes voisines se réunirent pour un repas collectif. A la fin de ces agapes, en raison des faits mystiques précédemment exposés, je crus pouvoir faire l'éloge funèbre de l'abbé Léopold, à peu près en ces termes.

« Mes chers amis,

« Vous êtes venus rendre un pieux hommage à celui que vous avez connu, que vous avez aimé et qui est maintenant entré dans la béatitude éternelle.

« Au cours de ces dernières journées, j'ai reçu de nombreuses marques de sympathie où l'on exaltait surtout les qualités de ce prêtre intelligent, bon, délicat, distingué, essentiellement surnaturel, dont j'étais indigne d'être le frère. Je vous remercie des témoignages de cordialité que vous m'avez donnés et des preuves de vénération que vous avez accordées à l'abbé Léopold, qui, vous le savez, n'a vécu que pour Dieu, les âmes et le ciel.

« Vous l'avez apprécié jadis, à cause de ses éminentes qualités, et cependant, je puis le dire, vous ne l'avez connu, pour la plupart, que dans sa fleur; vous ne l'avez pas connu dans sa maturité spirituelle.

« Depuis cinq ans, l'abbé Léopold avait quitté le Nord, à cause d'une santé ébranlée, avec l'espoir d'y revenir pour se dépenser davantage encore au service de Dieu; mais le Ciel en a décidé autrement. Pendant ce laps de temps, le Seigneur l'a visité par la souffrance, pour l'amener peu à peu au perfectionnement surnaturel auquel il voulait le conduire. L'abbé Léopold est mort épuisé par la maladie, mais aussi consumé par l'amour de Dieu.

« Maintes fois, depuis mon retour à Fourmies, j'ai surpris sur les lèvres de ceux qui me parlaient de lui, ces mots : « C'était « un saint ! c'est un saint ! »

« *Vox populi, vox Dei!* Souvent la voix du peuple est la voix de Dieu !

« Évidemment, je n'ai pas personnellement à « canoniser » mon frère, mais je puis en toute simplicité vous faire part de mes impressions. Si la plupart d'entre vous n'ont connu l'abbé Léopold que dans sa fleur, j'ai eu personnellement le bonheur et la douleur de vivre avec lui ses quinze derniers jours et d'assister à ses derniers moments. Dans ces conditions, j'ai pu me rendre compte de l'épuration de son âme et de l'épanouissement définitif de toutes ses vertus. C'est pourquoi, sans vouloir préjuger en rien les décisions de Notre Mère la Sainte Église, je crois qu'il m'est permis de dire : « C'est un élu que nous pleurons; bien plus, « c'est un saint dont nous pouvons dès maintenant invoquer la « puissance d'intercession ! » ·

« Peut-être allez-vous dire que je m'égare, trompé par mon affection fraternelle. Non. Il est des faits particuliers qui m'invitent à penser que l'abbé Léopold a maintenant reçu sa récompense dans la Patrie. Aussi, vous ne vous étonnerez pas si, à la fin du repas, où d'habitude, en pareille circonstance, on dit le *De profundis*, je vous invite à bénir avec moi le Seigneur d'avoir accompli son œuvre en son serviteur et à réciter avec piété et reconnaissance le *Magnificat* et le *Te Deum*. »

*
* *

Et maintenant les restes corporels de l'abbé Léopold reposent au cimetière du Centre de la Ville de Fourmies, à l'ombre de la Croix du Christ, près de laquelle se trouve notre caveau de famille. Le monument funéraire se dresse à gauche, au bord de l'allée circulaire qui entoure le tertre du Calvaire. Sur la partie centrale du monument on voit gravés les prénoms et noms de notre père et de notre mère, avec les dates de leur naissance et de leur mort :

LÉOPOLD	PAULINE
GILOTEAUX	BERTEAUX
1857-1893	1855-1921

En bas, sur la pierre tombale, apparaît une croix noire, entourée d'une couronne d'épines, au centre de laquelle sont placés un calice et une hostie, le tout rappelant le sacerdoce et l'offrande en victime de mon frère tant aimé.

A la partie inférieure de la croix, on lit :

ABBÉ LÉOPOLD GILOTEAUX
1886-1928

Au-dessous, se trouve taillé en relief, ce texte latin de saint Paulin, approprié à la vie et à la mort du défunt :

« FUIT VICTIMA SACERDOTII SUI
ET SACERDOS SUÆ VICTIMÆ » (1)

qui pourrait se traduire :

« IL S'EST SACRIFIÉ A CAUSE DE SON SACERDOCE
ET FUT LE PRÊTRE DE SA PROPRE IMMOLATION »

Pouvait-on mieux symboliser la vie et la mort d'un prêtre qui à l'exemple de Jésus, Prêtre et Victime, avait voulu unir à sa vie sacerdotale la vie victimale?

« Il faut que le grain de blé tombe en terre pour germer et produire », dit l'Évangile. Dès lors, il n'est plus qu'un souhait à formuler, c'est que du haut du ciel, l'abbé Léopold, dont le corps est au tombeau, fasse désormais fleurir dans le parterre de l'Église, selon son vif désir, une foule innombrable de « Prêtres-Victimes »...

----

(1) Littéralement : « Il fut victime de son sacerdoce et prêtre de sa victime.

CONCLUSION

La sainteté est l'une des quatre marques de la véritable Église.
Sur ce point, le catholicisme a fait ses preuves, car il a engendré
au cours des âges une multitude de saints. Sa vitalité s'est affir-
mée constante à travers les siècles, et sa puissance de perfectionnement surnaturel des âmes se manifeste à notre époque en raison directe, pourrait-on dire, de la croissance du genre humain.
Jamais il n'y a eu autant de saints qu'en notre temps. La Sacrée
Congrégation des Rites, chargée de l'examen des procès de béatification et de canonisation des serviteurs de Dieu, voit sans
cesse affluer vers elle, une foule de suppliques en faveur des personnages remarquables par l'éclat de leurs vertus et de leurs
œuvres surnaturelles. Si à cause de l'athéisme et du laïcisme
contemporains, il y a énormément de mal dans le monde, il y a
aussi beaucoup de bien; il semble même que Dieu, pour garder
l'équilibre, veuille contrebalancer l'influence de l'ange des ténèbres
par une poussée de plus en plus puissante de la grâce dans les
âmes, afin d'y opérer une foule de merveilles.

Mais ce qu'il y a de caractéristique, c'est que les saints modernes,
pour atteindre les cimes de la vie spirituelle, se soumettent sans
difficulté aux nécessités de la vie contemporaine, et font fleurir
la perfection dans tous les domaines. Le christianisme, en effet,
s'adapte à tous les tempéraments et à tous les caractères; il engendre
la sainteté sous toutes les latitudes et dans tous les milieux sociaux :
dans le monde aussi bien qu'au cloître, dans le clergé séculier
et régulier, dans le célibat et le mariage. Aucune situation n'échappe
à son influence. La parole de Jésus : « *Soyez parfaits comme votre
Père céleste est parfait* », s'adresse aux hommes de tous les siècles.

En outre, la perfection des saints de notre temps devient de
plus en plus aimable et accessible. La doctrine spirituelle de

l'Église, en effet, — je l'ai fait remarquer au cours de cet ouvrage, — se développe comme le dogme et se simplifie pour se libérer, semble-t-il, de ce qu'on appellerait en philosophie scolastique les « accidents » de la perfection, afin de n'en plus conserver que « l'essence », c'est-à-dire l'amour et le sacrifice. Nos saints modernes n'ont plus rien de l'appareil effrayant des saints des premiers âges. Ils paraissent plus humains, tout en conservant le même degré d'héroïcité surnaturelle. Or, s'ils nous présentent une sainteté de plus en plus attrayante, n'est-ce pas pour nous engager à les suivre sur les sentiers de la perfection ?

Sainte Thérèse de l'Enfant-Jésus a été pour beaucoup dans cette bienfaisante influence et ce rayonnement salutaire. Modeste moniale d'un Carmel, elle est venue prêcher au monde la magnifique doctrine de l'enfance spirituelle et même inviter les âmes à s'offrir en victime, sans réclamer de ses disciples autre chose que la pratique des vertus d'humilité, de confiance et d'abandon, inspirées par un très grand amour de Dieu. Elle a mis la sainteté à la portée de toutes les âmes, afin de mieux les entraîner vers les cimes.

Et voici que trente ans après sa mort, apparaît à son tour un simple prêtre du clergé séculier qui a vécu sans bruit dans le professorat et le ministère paroissial. A son exemple, il vient prêcher aux âmes une sainteté aimable et accessible. Le fait mérite quelque considération...

Loin de moi, cependant, la pensée d'assimiler, pour le moment, mon frère à la sainte de Lisieux, et de proclamer solennellement et officiellement son état de perfection, — je n'en ai ni le pouvoir ni la charge, et au début de cet ouvrage, en me soumettant filialement au décret du pape Urbain VIII, j'ai fait à ce sujet les réserves utiles et nécessaires —; mais, en raison de l'état apparent d'élévation surnaturelle de l'âme de mon aîné, il est permis de poser un point d'interrogation et de se demander, au cas où l'Église daignerait s'intéresser à sa cause, ce qui pourrait militer en sa faveur et révéler dans sa vie spirituelle une mission surnaturelle. C'est à cet examen que j'ai réservé cette conclusion.

*
* *

Tout d'abord, on peut le remarquer, la vie spirituelle de l'abbé Léopold ne présente rien d'extraordinaire. Aucun phénomène mystique ne vient se greffer sur elle : aucun miracle, aucun prodige, aucune révélation. Sans doute, mon frère a été gratifié de l'oraison contemplative et a goûté par elle les charmes de l'amour de Dieu, mais cette oraison n'est pas extraordinaire en elle-même; elle reste dans le cadre de la vie spirituelle et se trouve être, au dire des théologiens, le développement normal de « la grâce des vertus et des dons ». Quant aux phénomènes mystiques qui ont encadré sa mort, ils ne le touchaient pas directement; ils ont été donnés à d'autres âmes pour révéler son état d'élévation surnaturelle et attirer l'attention sur sa sainteté possible. Il semble même, par là, que Dieu ait voulu écarter ces faits de la propre existence de mon frère, pour mieux prouver que la sainteté ne réside pas dans la réception des « charismes ».

En second lieu, on ne trouve aucune trace, dans la vie de mon aîné, de mortification farouche. L'abbé Léopold, cependant, aimait la mortification. Il en avait saisi l'esprit et la valeur; mais, s'il se mortifiait, il le faisait d'une manière raisonnable et discrète. Sa mortification consistait à se gêner, à remplir ponctuellement ses devoirs d'état, à faire toujours le plus parfait, puisqu'il en avait prononcé le vœu, et, à la suite de sainte Thérèse de l'Enfant-Jésus, à présenter perpétuellement à Jésus de menus sacrifices.

Au siècle dernier, un prêtre du clergé séculier, le saint curé d'Ars, s'est présenté au monde avec l'appareil effrayant de macérations redoutables; ici, au contraire, rien que de la douceur et de l'aménité. Ce n'est plus un athlète qui se révèle, mais un prêtre délicat de santé qui vit cependant héroïquement de sacrifice.

En troisième lieu, mon frère présente la sainteté d'une manière intelligente, en la dépouillant de toute extravagance. Plusieurs saints, en effet, au cours des siècles, sont apparus avec certaines notes d'originalité parfois déconcertantes : tels saint Benoît-Joseph Labre, qui, par esprit de sacrifice, ne voulait pas se débarrasser de la vermine qui le rongeait, et saint Philippe de Néri, qui se couvrait de vêtements ridicules pour provoquer autour de lui le mépris et l'abjection. L'abbé Léopold, avec l'intelligence qui le caractérisait, a banni de sa vie spirituelle ces fantaisies inutiles. Il est allé droit au cœur de la perfection pour en découvrir l'esprit et le vivre avec toute sa générosité. La sainteté, pour lui, consistait dans la plénitude en son âme de la vie surnaturelle, réalisée par l'effacement de l'homme en face de Dieu, la pratique de toutes les vertus chrétiennes et l'épanouissement de la vertu de charité dans le sacrifice.

En effet, si l'abbé Léopold a simplifié en quelque sorte le problème, il est resté foncièrement traditionaliste. Il s'est soumis aux règles de l'ascèse chrétienne en pratiquant l'humilité, la pauvreté, la chasteté, l'obéissance, et, par elles, les vertus de prudence, de justice, de force, de tempérance; puis, aux vertus morales, il a joint les vertus théologales de foi, d'espérance et de charité, car l'abandon qu'il a si bien vécu est la synthèse de ces trois vertus qui nous unissent directement à Dieu.

De plus, à la pratique des vertus inhérentes au christianisme, l'abbé Léopold a uni un esprit de prière très élevé. Il s'adonnait avec exactitude à ses exercices de piété. L'oraison, la sainte messe, la visite au Saint-Sacrement, étaient pour lui les rendez-vous où il aimait à retrouver son Dieu, afin de vivre avec Lui dans une intimité suave; l'oraison avait pour lui des charmes; il prolongeait son action de grâces très tardivement dans la matinée; la visite au Saint-Sacrement le remplissait de joie : on pourrait dire qu'il faisait de son existence une prière perpétuelle. Il est à noter, cependant, que si l'intimité avec Notre-Seigneur le ravissait, il connut comme les autres âmes, au cours de sa vie spirituelle, les aridités et les sécheresses. C'est à force de fidélité qu'il parvint progressivement aux joies élevées de l'oraison contemplative. Ne prouve-t-il pas, de cette manière, que l'âme, pour atteindre la perfection, ne doit pas s'éterniser dans un genre d'oraison, ni se servir toujours de méthodes compliquées de méditation? La prière, pour lui, était une conversation avec le Créateur, une union de charité avec les trois personnes divines, une sorte de communion à leur essence, dans un perpétuel « baiser d'amour ».

La dominante de la vie spirituelle de l'abbé Léopold, en effet, qui constitue d'ailleurs celle de tous les saints, a été la pratique de l'amour de Dieu. Les pages sublimes qu'il a écrites sur ce sujet prouvent surabondamment quelle a été l'union de son âme avec le Tout-Puissant. Comme les amants qui aiment à cacher leur amour, mon frère n'avait jamais voulu rien dire de son intimité avec son Bien-Aimé; il gardait jalousement pour lui les « secrets du Roi », et n'en révéla seulement le caractère que quelques jours avant son départ pour le ciel. Bien plus, il aurait même détruit, à cette époque, ses pages relatives à la charité divine, si son entourage immédiat ne s'y était opposé après en avoir pressenti la valeur...

En outre, à l'amour de Dieu, l'abbé Léopold joignit dans un parfait équilibre la charité envers le prochain. Il vécut de nobles et saintes amitiés, se plut à pardonner à ses ennemis, se dévoua dans l'apostolat qu'il avait à exercer, et, parce qu'il ne put se dépenser comme il l'aurait voulu dans l'exercice du zèle, pour prouver qu'il aimait les âmes en quelque sorte plus que lui-même, il fit le vœu héroïque en faveur des âmes du purgatoire, se dessaisissant à leur profit de ses satisfactions et des suffrages qui lui seraient appliqués après la mort.

Puis, comprenant que l'amour se traduit par le sacrifice, il aima la souffrance en fonction de sa double efficacité : l'expiation et la sanctification. Il voulut par elle expier ses propres fautes et surtout celles des pécheurs; ensuite, à son contact, il désira se sanctifier et travailler dans le « corps mystique » du Christ, à la conversion des pécheurs et à une sanctification toujours plus grande des âmes des justes.

Toutefois, en pratiquant toutes ces vertus, l'abbé Léopold ne faisait que remplir le programme de vie chrétienne imposé à toutes les âmes. Il est à présumer que rien ne serait venu attirer l'attention sur lui si sa vie spirituelle en était demeurée là; — il y a tant de saints qui jouissent au ciel de la lumière de gloire, et qui sont demeurés méconnus après leur mort —; mais il est une note particulière qui est venue s'ajouter à la vie surnaturelle de mon aîné : son offrande en victime et sa vie d'holocauste. Si l'abbé Léopold doit jouer un rôle dans la vie de l'Église et si Dieu lui confie une mission au Ciel, ce sera de faire connaître, par sa puissance d'intercession, la beauté de la vie victimale, et d'inviter les prêtres à la réaliser à leur tour dans leur vie.

Nous touchons ici au point le plus élevé et le plus important de la vie spirituelle de mon frère. En effet, beaucoup d'âmes, malgré la doctrine si belle de sainte Thérèse de l'Enfant-Jésus, s'effraient encore de l'offrande en victime, pour ne pas en avoir compris l'esprit et la simplicité. L'abbé Léopold vient attirer à nouveau l'attention sur le sujet. Il montre que cette vie sublime n'a rien de redoutable, qu'il suffit de la vivre dans le saint abandon, et que, pour la réaliser dans toute sa plénitude, il faut l'orienter vers les quatre fins du sacrifice; l'adoration, l'action de grâces, la demande et la réparation.

Bien plus, si la sainte de Lisieux, en demandant à Jésus « de se choisir en ce monde une légion de petites victimes dignes de son amour », a sollicité l'efflorescence de vocations d'hosties spirituelles parmi les âmes religieuses et les personnes du siècle, elle ne s'est pas adressée, sur ce point directement aux âmes sacerdotales; mais voici maintenant un prêtre qui, après avoir vécu avec sublimité la vie de victime et en avoir expérimenté les douceurs, se tourne vers le Sauveur et, à l'exemple de la « Petite Thérèse », lui formule une prière : « *celle de laisser tomber un regard de bonté sur les Prêtres et de faire naître de son sacrifice une foule innombrable de vocations sacerdotales et de Prêtres-Victimes* ». La demande de sainte Thérèse de l'Enfant-Jésus a été entendue, puisque de tous côtés se lève une légion de vocations d'hosties spirituelles. Pourquoi la supplique de l'abbé Léopold, prêtre et victime, ne serait-elle pas agréée à son tour par Jésus, Prêtre et Victime ?

Il semble bien, d'ailleurs, que ce soit là la mission que Dieu ait confiée dans la gloire à mon frère, celle de favoriser la multiplication des vocations sacerdotales et surtout de « *faire fleurir dans le parterre de l'Église de vigoureuses roses rouges d'amour* ». La société contemporaine, en effet, en raison du mal qui s'y pro-

(*Cliché Bonnaire.*)

Tombeau de l'abbé Léopold Giloteaux, à Fourmies (Nord).

page, a besoin de nombreux lévites et surtout de saints prêtres qui, avec intrépidité, iront jusqu'au bout de la doctrine chrétienne pour unir à leur sacerdoce son complément : la vie de victime. Toute période tourmentée, où le mal se manifeste, réclame des sacrifices de plus en plus nombreux et généreux. Or, c'est au prêtre, en raison de ses fonctions, à donner l'exemple et à vivre d'immolation. Que Jésus exauce donc la prière de mon frère et fasse germer dans l'âme de ses prêtres des vocations fécondes de « Prêtres-Victimes ».

Si |Dieu consent à effectuer ce prodige, l'abbé Léopold, de son côté, pourra y contribuer d'une manière efficace. Saint Joseph n'a-t-il pas proclamé, après la mort de mon frère, la possibilité de sa puissance d'intercession ? Les saints ne restent pas inactifs dans la gloire. Sainte Thérèse de l'Enfant-Jésus a affirmé qu'elle ne prendrait aucun repos jusqu'à la fin du monde; elle a dit à son entourage : « Après ma mort, je ferai tomber une pluie de roses... Je veux passer mon ciel à faire du bien sur la terre... » A son tour, l'abbé Léopold a proclamé : « Je passerai mon ciel à faire plaisir à mes amis !... » Sa parole est significative. Si les prêtres veulent devenir ses amis, en suivant son exemple, ils recevront de lui, lumière, force et courage, pour gravir comme Jésus la montée du Calvaire, afin de s'offrir avec le Divin Maître, à la sainte messe, en holocauste surnaturel.

D'ailleurs, si la puissance d'intercession de l'abbé Léopold doit se manifester, elle éclatera dans tous les domaines, Dieu lui permettra de révéler son activité surnaturelle, pour remplir sa mission. Son office, cependant, sera surtout de développer dans les âmes une charité de plus en plus ardente, qui provoquera chez elles, un plus grand esprit de sacrifice à dépenser au service de la gloire de Dieu.

L'abbé Léopold, d'ailleurs, depuis sa mort, a déjà donné des marques de son intercession. Des grâces d'ordre matériel et spirituel ont été obtenues par son intermédiaire (1). Bien plus, il s'est plu à redescendre sur la terre pour confirmer son dire et sa

---

(1) Les personnes qui recevraient des grâces, par l'intercession de mon frère, sont priées de me les faire connaître. Écrire : Abbé P. Giloteaux, Institution Saint-Jean, Douai (Nord).

mission. Dans une apparition à la personne qui l'avait réconforté avant sa mort, il dit solennellement : « *J'agirai, Dans les âmes, je répandrai l'Amour !* » Qu'il tienne donc sa promesse et que, par cet ouvrage qui le fera connaître, il jette dans les cœurs, avec l'esprit de sacrifice, le feu ardent de la charité divine. Qu'il allume sur la terre, pour consumer les âmes en holocauste et glorifier le Saint des Saints, un immense incendie d'amour !...

*
* *

J'ai maintenant rempli ma tâche. Après avoir exposé la vie spirituelle de mon frère, il ne me reste plus, puisqu'il est dans la gloire, qu'à faire monter vers Lui mon cœur par la prière.

« O mon cher Léopold, depuis bientôt deux mois que je vis en ton intimité, en méditant tes « notes spirituelles », afin de mieux les révéler au monde, j'ai pu découvrir les précieux trésors que recelait ton âme et l'ardeur généreuse de ton amour de Dieu.

« Par modestie, au cours de ta vie, tu m'as dissimulé toutes ces richesses. Il a fallu l'approche de ta mort pour que je puisse admirer le prodigieux travail opéré par la grâce en ton âme, et, devant ce spectacle, louer avec toi le Seigneur. Mais si, en raison de l'affection fraternelle, j'ai été le premier à contempler toutes ces merveilles, je n'ai pas cru devoir les conserver pour moi. J'ai voulu, au contraire, en faire bénéficier mes frères dans le sacerdoce et les âmes des fidèles, qui stimulés par ton exemple, désireront peut-être s'offrir comme toi en holocauste à l'Éternel. Ma besogne est désormais finie. Voici la tienne qui commence. Révèle ta puissance; manifeste ton action; accomplis ta mission...

« Par la rédaction de ces pages, je me suis fait modestement ton secrétaire, et je pourrais, pour ce motif, réclamer mon salaire; mais je veux sur ce point demeurer silencieux. Écoute plutôt le secret désir de ma prière...

« Toi, qui habites maintenant avec les bienheureux, prosterne-toi avec vénération devant les âmes de notre père et de notre mère. Remercie-les de nous avoir donné le jour, pour nous permettre de glorifier comme elles le Créateur. Dis leur ma gratitude et mon souhait d'aller un jour les retrouver dans la Patrie.

« Je dois aussi te remercier personnellement d'avoir donné à ma vie une orientation sérieuse et définitive. Si j'ai pris la route du sacerdoce, n'est-ce pas à ton exemple que je le dois ? Peut-être, par mes ouvrages, t'ai-je éclairé sur le chemin qui mène à la vie victimale; de ton côté, du haut du ciel, répands la lumière sur mon âme, et conduis-moi au sommet de la sainteté. Reste mon frère; sois désormais mon guide et mon soutien.

« Alors que tu étais près du tombeau de la « Petite Thérèse », dans un désir ardent du plus parfait et pour rester fidèle à l'abandon et à la vie de victime, tu n'as rien demandé à la sainte de Lisieux, sauf un plus grand amour de Dieu. Dans un esprit d'imitation, je ne solliciterai de ta puissance aucune faveur terrestre. Je te demande seulement, ô mon frère tant aimé, de m'accorder la grâce de me consumer sans cesse, sur cette terre, en holocauste, pour employer le reste de mes forces, dans cette double vie sacerdotale et victimale que j'ai faite mienne, à travailler toujours à l'extension du règne de Dieu en ce monde, en d'autres termes, à ton exemple..., à faire aimer l'Amour !.., »

TABLE DES GRAVURES

TABLE DES MATIÈRES

**En vente chez l'Auteur : Institution Saint-Jean, DOUAI (Nord)
et à l'Imprimerie de Montligeon, la Chapelle-Montligeon (Orne.)**

1º **IMAGE SOUVENIR de 4 pages,** comprenant le portrait, le résumé de la vie et le texte de l'offrande en victime de l'abbé Léopold Giloteaux.

Prix : l'unité : 0 fr. 25; *franco* : 0 fr. 40. — La douzaine : 2 fr, 50; *franco* : 2 fr. 75. — Le cent : 20 fr.; *franco* : 21 fr.

2º **ALBUM de 12 cartes postales** représentant :

1º — L'abbé Léopold Giloteaux à 40 ans.

2º — La maison natale de l'abbé Léopold Giloteaux.

3º — L'abbé Léopold Giloteaux enfant et sa mère.

4º — L'abbé Léopold Giloteaux après son ordination sacerdotale.

5º — Intérieur de l'église Saint-Pierre de Fourmies.

6º — Le château de « Kervihan ».

7º — Le château de « la Beuvrière ».

8º — Le crucifix de l'abbé Léopold Giloteaux.

9º — L'abbé Léopold Giloteaux sur son lit de mort.

10º — L'abbé Léopold Giloteaux après sa mort.

11º — Le convoi des funérailles.

12º — Le monument funéraire.

Prix de l'album : 2 fr.; *franco* : 2 fr. 30.

3º **PORTRAIT** de l'abbé Léopold Giloteaux à 40 ans (Phototypie, cliché de 18 × 24).

Sur papier de 25 × 32. Prix : 1 fr. 50; *franco* en rouleau : 1 fr. 75.

DU MÊME AUTEUR

La Sainteté. — Ce qu'elle n'est pas. — Sa notion. — Ses étapes. — Ses facteurs. — Son double aspect. — Plaquette in-12; 3e édition. — Prix : 1 fr. 50; *franco*, 1 fr. 75.

Le Sens de la Vie, ou solution chrétienne de la question : « La vie vaut-elle la peine d'être vécue ? » — Plaquette in-12. — Prix : 0 fr. 50; *franco*, 0 fr. 65.

« Ces deux opuscules de M. l'abbé Giloteaux méritent d'être propagés dans les catéchismes de persévérance, les maisons catholiques, les cercles d'études pour jeunes gens et jeunes filles. La première brochure expose « ce que n'est pas » la sainteté chrétienne, puis « ce qu'elle est », avec ses vrais caractères et les conditions pour y tendre. La seconde brochure apporte la réponse de l'Eglise du Christ à la question fameuse : « La vie vaut-elle la peine d'être vécue ? » Idées justes et nettes. Doctrine élevée. Langue claire et française. »
Yves DE LA BRIÈRE.
Études du 20 mars 1922.

Montée ascétique de l'Amour de Dieu, ou : **Méditations affectives et progressives sur la charité divine.** — In-12; 2e édition. — Prix : 4 fr.; *franco*, 4 fr. 50.
(Ouvrage publié en langue anglaise).

« Cet ouvrage, comme l'indique son titre, décrit l'ascension spirituelle que l'âme chrétienne doit faire pour arriver au terme de l'amour de Dieu.

« Il se compose de trois parties comprenant chacune trois chapitres.

« La première partie expose la « Mise en marche de l'âme vers l'union à Dieu » par : 1° la protestation d'amour de Dieu; 2° le témoignage d'amour de Dieu; 3° la consécration d'amour de Dieu. — La deuxième partie : la « Réalisation de l'union à Dieu » par : 1° l'amour de la souffrance; 2° l'amour de réparation; 3° l'amour d'union. — La troisième partie : la « Consommation de l'union à Dieu » par : 1° l'amour d'abandon; 2° l'amour de victime; 3° l'amour de transformation.

Composé sans recherche et sans prétention, avec le seul souci de faire progresser les âmes dans les sentiers de la vie spirituelle, cet ouvrage, au dire de son censeur, constitue « un excellent travail appelé à faire beaucoup de bien, d'autant plus qu'il est écrit avec clarté, onction et mesure »

« Les méditations de M. l'abbé Paulin Giloteaux, sur la charité divine, sont dignes d'être recommandées aux chrétiens et aux chrétiennes d'élite, pour les initier avec justesse et clarté aux règles de la vie ascétique. Non seulement la doctrine est correcte, mais il y a, dans le livre tout entier, un accent de zèle et de piété qui touche le lecteur, et qui le stimule au désir et à la recherche de l'amitié de Dieu. En même temps qu'instructives, ces méditations sont émouvantes; elles révèlent, chez l'auteur, un cœur d'apôtre... »
Yves DE LA BRIÈRE.
Études du 20 novembre 1922.

Sainte Thérèse de l'Enfant-Jésus. — Physionomie surnaturelle. — In-12; 8ᵉ édition. — Prix : 5 fr.; *franco*, 5 fr. 50.

(Ouvrage publié en langue anglaise, polonaise, espagnole,
portugaise et italienne).

« La béatification récente de Sœur Thérèse de l'Enfant-Jésus vient d'apporter un nouvel éclat à la gloire déjà si rayonnante de l'Ange du Carmel.

« Son histoire est universellement connue, mais bien des âmes n'ont pas encore découvert la beauté de sa doctrine; certains ont même traité de puérile son autobiographie et cependant la nouvelle Bienheureuse, sous une allure candide, est loin de manquer de profondeur.

« Un jeune auteur, déjà remarquable par ses travaux relatifs à la vie intérieure, M. l'abbé Paulin Giloteaux, vient de mettre en relief la spiritualité de la petite sainte. Après avoir brièvement raconté la vie de son héroïne, esquissé ses qualités naturelles, revélé l'idée directrice de son existence et exposé ses vertus monastiques, il arrive à son sujet. Dans les trois chapitres centraux de son ouvrage, il analyse l'esprit d'enfance de Sœur Thérès e décrit sa charité envers le prochain, et, à l'encontre des âmes qui, dans l'autobiographie de la sainte de Lisieux, auraient uniquement trouvé des roses, il s'attache à démontrer son amour de la croix. L'ange du Carmel, en effet, s'est offerte en victime à l'amour miséricordieux de Jésus, et cette offrande suppose chez elle, avec une immolation perpétuelle, un immense esprit de sacrifice. Enfin, après avoir parlé de l'esprit de prière de Sœur Thérèse indiqué les faits extraordinaires de sa vie, constaté son attirance particulière sur les soldats de la grande guerre, l'auteur arrive à sa conclusion, où il montre le rôle providentiel que doit jouer la Sainte en notre siècle... »

« Cet ouvrage de grande élévation de pensée rencontrera près du public le succès qu'il mérite : en même temps qu'il fera mieux connaître la petite sainte dans sa vie intérieure, il entraînera les âmes vers les sommets, leur découvrant que par la « voie d'enfance spirituelle » la sainteté est accessible aux âmes de bonne volonté »

G. L.
Août 1923.

« M. l'abbé Giloteaux, par la publication de son livre, insiste, avec un rare bonheur et avec toute la pénétration d'un fin psychologue, sur le caractère particulier et personnel de la petite sainte; il se complaît à décrire les trois vertus qui constituent sa perfection : l'enfance spirituelle, la charité divine et l'amour de la souffrance. Il compose ainsi des pages toutes de clarté et d'édification que liront avec intérêt et profit ceux mêmes qui ont lu et relu l'autobiographie de l'angélique moniale.

L'étude de M. Giloteaux mérite une place de choix dans toutes les bibliothèques chrétiennes. Elle n'est pas — l'auteur nous en avertit d'ailleurs dans la préface — une étude de critique sévère ou une exposition doctrinale réservée aux érudits et aux savants, — ce qui n'intéresserait qu'un nombre fort restreint de lecteurs, — mais une œuvre destinée à faire comprendre Sœur Thérèse « d'une manière moins vague et moins sentimentale », afin que les âmes s'efforcent de lui ressembler dans ses vertus. »

E. DRUART.
« *Revue des Auteurs et des Livres* », octobre 1923.

Les Ames Hosties. Les Ames Victimes. *Précisions doctrinales.*
— In-8º de 388 pages. — Prix : 15 fr.; *franco*, 16 fr.
(Ouvrage publié en langue anglaise).

« A lire le titre, on croirait et l'on serait sans doute fondé à croire qu'il faut distinguer les « âmes hosties » des « âmes victimes ». Il n'en est rien. Les deux appellations sont ici synonymes. L'une et l'autre s'appliquent pareillement à un des états les plus élevés de la vie spirituelle; l'une et l'autre désignent les âmes qui, obéissant généreusement à un attrait surnaturel, se vouent, par une vie de prière, de souffrance et de zele, à l'œuvre du salut du monde, s'unissant à Jésus dans son immolation pour perpétuer son sacrifice sur la terre.

« L'auteur écrit spécialement pour les personnes pieuses et sérieusement désireuses de perfection qui, au milieu de peines et d'épreuves de différentes sortes, semblent encore chercher leur voie, au point d'en paraître plus ou moins désorientées. A celles-là en particulier, il peut être utile de connaître exactement et de façon raisonnée un des sommets de la spiritualité, auquel la Providence semble leur frayer l'accès. En cette matière, deux excès contraires sont à craindre : d'un côté, il serait dangereux de vouloir, sans préparation convenable et sans vocation spéciale, pousser ou s'abandonner à de chimériques désirs, à d'illusionnantes ambitions; d'autre part, on aurait tort de repousser toujours et sans examen ce qui s'écarte tant soit peu des chemins battus, dans lesquels s'avance la multitude. M. l'abbé Giloteaux sait les règles de prudence et de discrétion qui s'imposent et il vise manifestement à se tenir à égale distance d'un enthousiasme exagéré et d'une réserve excessive.

« Son plan général est d'une belle ampleur. A la première partie, surtout historique, qui traite du sacrifice et des victimes de l'Ancien Testament, de la Grande Victime du Nouveau Testament, des victimes dans l'Église, succède une seconde, à la fois dogmatique et morale, où sont étudiés l'esprit de victime dans l'Église, l'état et la fonction de victime, l'acheminement à l'état de victime, la vocation et vœu de victime. La troisième partie est un aperçu ascétique et mystique sur la véritable attitude, les armes, l'oraison, les croix et les dévotions de l' « âme victime ».

« Dans toutes ces questions, l'auteur n'avance généralement rien qu'appuyé sur les meilleurs théologiens. Touchant les états d'oraison, les purifications passives et autres problèmes analogues, il s'adresse à des guides tels que sainte Thérèse, saint Jean de la Croix, saint François de Sales... »

J. FORGET,
Professeur à l'Université de Louvain.
Ephemerides Theologicæ Lovanienses. Oct. 1924.

« Sur une matière qui offre des occasions dangereuses d'inexactitude théologique et d'illuminisme sentimental, M. l'abbé Paulin Giloteaux expose une doctrine parfaitement prudente et correcte. Son ouvrage sera un guide digne de confiance pour les âmes méditatives et généreuses que la grâce intérieure incline à l'oblation totale d'elles mêmes pour l'une des quatre fins du « sacrifice » de suprême hommage auquel a droit la divine Majesté. »

Yves DE LA BRIÈRE.
Professeur de l'Institut Catholique de Paris.
Études du 20 août 1924.

Sainte Thérèse de l'Enfant-Jésus et la vie de victime. —
In-12; 3e édition. — Prix : 5 fr.; *franco*, 5 fr. 50.
(Ouvrage publié en italien et en anglais).

TABLE DES MATIÈRES

Introduction.

PREMIÈRE PARTIE

Généralités sur la vie de victime.

DEUXIÈME PARTIE

Sœur Thérèse et la vie de victime.

TROISIÈME PARTIE

Moyen pratique de réaliser la vie de victime.

Conclusion.

Patriotisme et Internationalisme. — In-12 de 286 pages. — Prix : 10 fr.; *franco*, 10 fr. 75.

TABLE DES MATIÈRES

INTRODUCTION.

PREMIÈRE PARTIE
La Patrie.

DEUXIÈME PARTIE
La guerre.

TROISIÈME PARTIE
La Paix.

QUATRIÈME PARTIE
L'internationalisme.

CINQUIÈME PARTIE
La Société des Nations.

CONCLUSION.

« Nous avons eu l'occasion de dire plusieurs fois déjà, en 1924 et en 1925 notamment, tout le bien que nous pensions des ouvrages ascétiques et mystiques de M. l'abbé Giloteaux. Nous n'avons pas à changer de ton aujourd'hui, pour apprécier le livre d'un genre nouveau qu'il nous donne : nous retrouvons bien ici sa manière, faite de clarté, de simplicité et de consciencieux travail.

« Son but est de semer des « idées saines, capables de favoriser le senti-« ment patriotique, sans toutefois porter préjudice à l'amour de l'humanité ». Pour y parvenir, il rassemble des articles qu'il a publiés dans un bulletin d'anciens combattants, et il réussit ainsi à intéresser et à instruire. On goûtera plus particulièrement, croyons-nous, les chapitres de la seconde partie, sur la guerre, dans lesquels on le voit, avec joie, rejeter le paradoxe inadmissible de J. de Maistre sur la guerre « divine », et les dernières pages sur la « Société des Nations ».

« Puisse ce livre, selon le souhait du critique éminent qui l'a préfacé, le P. Yves de la Brière, avoir « un rayonnement salutaire », car en montrant « combien les exigences de la morale et du bien commun trouvent leur pleine « et heureuse synthèse dans la double conception catholique du devoir « national et du devoir international », il répond pleinement aux désirs de S. S. Pie XI, le pape de la paix ! »

Revue des Lectures. 15 novembre 1928.

Ouvrages de M. Élie DANIEL

Serait-ce vraiment la fin des temps?... — Fort in-8º couronne de 448 pages. — Prix : 18 fr.; *franco* : 19 fr.

« Voilà un livre fort curieux qui ne sera pas sans intriguer une grande partie du public. Il vient bien à son heure, car le problème de la fin du monde a toujours passionné les esprits; et, si certains n'y songent guère, si d'autres, au contraire, en reportent la solution à une lointaine échéance et à une date indéfinie, l'état d'instabilité politique et économique du monde actuel, les catastrophes inouïes que nous avons vues après et y compris la grande guerre, tendraient à prouver que le redoutable cataclysme pourrait bien ne pas être aussi éloigné qu'on le pense communément.

« M. Élie Daniel a entrepris de résoudre ce problème d'une manière exclusivement religieuse et critique en passant en revue les prophéties relatives au sujet. C'est là une attitude assez originale dans notre siècle encore imprégné de rationalisme, fort éloigné du surnaturel, et où l'on n'attache presque plus d'importance aux diverses prédictions, fussent-elles fondées et sérieuses. L'auteur n'en reste pas moins ferme sur le terrain où il s'est établi.

« Dans la première partie de son ouvrage, il considère les prophéties contenues dans la Sainte Écriture et extraites des prédictions de Jésus, de saint Paul, de saint Pierre et de saint Jean l'Évangéliste, donnant les signes précurseurs de la fin du monde. A la lumière de l'histoire, il prouve que ces signes sont en partie réalisés.

« Dans la seconde partie de son travail, il étudie longuement la fameuse prophétie des Papes, dite de saint Malachie, qui fournit sous forme symbolique l'énumération de tous les Souverains Pontifes jusqu'à la fin du monde. Cette prophétie vient renforcer les conclusions tirées des premières, puisqu'elle proclame que, seuls, sept papes restent à s'asseoir sur la Chaire de Saint-Pierre avant la fin des temps.

« Enfin, dans la troisième partie de son livre, qui n'est pas la moins intéressante ni la moins originale, l'auteur esquisse, d'après les prophéties modernes, dont quelques-unes émanées de grands saints, les faits importants qui doivent se dérouler jusqu'à la redoutable catastrophe. Elles s'accordent toutes, principalement, sur une prochaine révolution, probablement compliquée d'une nouvelle guerre, et sur une restauration monarchique dans notre pays. Ce dernier point ne manquera pas de piquer l'intérêt, car les textes mis en lumière sont très explicites; ils la font toujours suivre par l'annonce d'une période de prospérité relativement courte, mais extraordinairement brillante pour l'Église et pour la France : consolante perspective que l'auteur ménage charitablement à tous ceux qui souffrent, qui peinent et qui prient dans ce espoir.

« L'auteur a conduit son étude avec intelligence, pondération et un incontestable esprit de critique. On ne sent d'ailleurs chez lui ni passion, ni haine, pas plus qu'aucun emballement mystique ni qu'aucun préjugé ou prévention. Il expose les textes, scrute leur origine, soupèse leur valeur et en tire les conclusions possibles. En raison de son caractère, son ouvrage sera peut-être discuté, attaqué, combattu,... il n'en sera pas moins, pensons-nous, apprécié par beaucoup de lecteurs qui adopteront ses conclusions ou, tout au moins, seront heureux de se documenter sérieusement et à fond sur cette question mystérieuse. Nous lui souhaitons pour notre part un gros et, à notre avis, bien légitime succès. »

E. S.

Les martyrs de Quiberon (1795). *Épisode de la Révolution française.* — Grande brochure in-8° de 78 pages avec une planche hors texte et une carte de l'expédition de Quiberon. — Prix : 4 fr.; *franco*, 4 fr. 50.

PLAN DU TRAVAIL

   I. Les préparatifs de l'expédition.
  II. L'occupation de la presqu'île de Quiberon.
 III. Le désastre de Sainte-Barbe.
 IV. La capitulation.
  V. Après la capitulation.
 VI. Le massacre.
VII. Les restes des martyrs
VIII. Conclusion.

IMPR. DE MONTLIGEON, LA CHAPELLE-MONTLIGEON (ORNE). — 20621-2-30.